Cahiers libres

Patrick Belissen

avec Philippe Angèle, Nadia Chemoun, Ode Punsola,
Jacques Sangla et Jeanine Vergès

Paroles de Sourds

À la découverte d'une autre culture

Préface de Benoît Drion

Traduit de la langue des signes française par le CETIM

La Découverte
9 *bis*, rue Abel-Hovelacque
75013 Paris

L'édition de cet ouvrage a été assurée par François Gèze.

Pour les références en note des documents cités disponibles en ligne, les adresses url correspondantes sont données dans leur version raccourcie produite grâce au précieux site non marchand <ur1.ca>.

Présentation du livre en langue des signes

Des vidéos de présentation du livre en langue des signes française (LSF) sont accessibles sur le site de l'association OSS2007, à l'adresse suivante : **<www.oss2007.org/paroles-de-sourds>**
ou par ce code QR :

On y trouve des interviews des narrateurs, ainsi que la traduction en LSF de la préface du docteur Benoît Drion, de l'avertissement du traducteur par Patrick Gache et de l'introduction de Patrick Belissen (la préface et l'introduction ont été traduites par Vice & Versa).

Composition Facompo, Lisieux
Dépôt légal : janvier 2018

ISBN 978-2-7071-9802-0

« La culture sourde, telle que les Sourds en préconisent aujourd'hui le mode d'emploi, est aux antipodes de [la] vieille conception : à une proposition à la troisième personne, je serai tenté de dire "neutre" et sans sujet ("Voilà ce que sont les Sourds"), ils en substituent une autre à la première personne : "Voilà ce que nous sommes, que cela plaise ou non." Un changement de place qui change tout et qui permet que des échanges puissent alors commencer. »

Bernard MOTTEZ, *Les Sourds existent-ils ?*,
L'Harmattan, Paris, 2006.

Préface

« Être sourd, c'est une autre manière d'être humain »

par Benoît Drion[1]

La demande de préface que m'a faite Patrick Belissen pour cet ouvrage, qu'il a coordonné et porté, m'a d'abord questionné. J'ai compris que ce n'était pas mon expertise de médecin qui était convoquée, mais ma place d'observateur privilégié, immergé dans le monde des Sourds depuis près de trente ans, qui pouvait justifier cet honneur. Ma légitimité n'est effectivement pas celle d'un spécialiste de l'audition que je ne suis pas, elle vient de ma rencontre quotidienne des Sourds dans leur langue, depuis plusieurs dizaines d'années. Ce n'est donc pas le médecin qui parle ici, c'est surtout l'homme, témoin du scandaleux affront fait à nos concitoyens sourds, au nom d'une médecine se voulant « réparatrice » mais ignorante des réalités de leur vie. Là où les collègues experts en surdité les réduisent à des « déficients auditifs », dont il conviendrait d'activer la fonction déficiente, je rencontre des personnes pour tous types de problèmes de santé, dont la surdité est, étonnamment et systématiquement, absente.

J'ai toujours pris garde de ne pas tomber dans l'écueil consistant à s'installer sur l'estrade et à pérorer en cénacles,

1 Praticien des hôpitaux, coordinateur du réseau « Sourds et santé Nord-Pas-de-Calais », chef de service de l'Unité d'accueil et de soins des Sourds, Groupement des hôpitaux de l'Institut catholique de Lille.

au nom d'une expertise usurpée. En 1989, le célèbre neurologue Oliver Sacks écrivait déjà, dans son livre pionnier *Des yeux pour entendre. Voyage au pays des sourds* : « Être sourd, c'est une autre manière d'être humain. » Préfacer ce nouveau livre défendant autrement la même conviction me permet de conserver cette place d'observateur entre ces deux manières d'être humain, celle des entendants et celle des Sourds. Fini, donc, les autres livres de médecins, d'anthropologues, de psychologues ou de sociologues entendants parlant à leur place : objets d'études, ces Sourds prennent aujourd'hui la parole. Leurs mains racontent leur épopée, disent l'amour et la colère, la révolte et la frustration. Ce ne sont pas les historiens qui parlent dans ce livre, ce sont les témoins de première ligne.

Ces histoires singulières, traduites de la langue des signes – on lira avec profit l'« avertissement » qui suit du responsable de ces traductions –, témoignent de destins contrariés, terriblement proches de ceux que j'entends tous les jours dans ma pratique médicale. Au XXIe siècle, après l'ère du téléphone qui les a exclus, les Sourds peuvent comme n'importe qui publier enfin leurs commentaires et réflexions, participer aux débats ou revendiquer, en laissant parler leurs mains sur les réseaux sociaux. La langue des signes, longtemps considérée par une médecine « audiocentrée » comme le stigmate d'une déficience, est aujourd'hui la langue du peuple sourd, comme l'appellent Patrick Belissen et ses amis. Faire le choix d'une traduction en français écrit d'histoires de vies dites dans leur langue permet aux Sourds qui témoignent ici d'utiliser la langue de ceux qui croient les connaître et parlent d'habitude en leur nom.

De Paris à Milan : l'histoire en marche en 2013

Lorsqu'en mai 2013 Patrick Belissen et ses amis entreprirent leur fameuse marche de Paris à Milan – souvent évoquée dans ce livre, car elle en a été à l'origine –, nombreux furent ceux qui ont pu les suivre à distance grâce aux réseaux sociaux.

Leur aventure était éminemment symbolique, allant de Paris – là où, au XVIIIe siècle, l'abbé de l'Épée utilisa pour la première fois la langue des signes pour permettre aux enfants sourds l'accès au savoir – jusqu'à Milan, où en 1880 l'histoire des Sourds retient l'interdiction *de facto* de leur langue – comme Patrick Belissen l'explique bien dans son introduction. Même si cette interdiction fut levée en France cent ans plus tard, elle reste aujourd'hui dans les faits largement suivie par les médecins et rééducateurs de l'audition, qui ont pris le pouvoir sur l'éducation des enfants sourds. Ceux qui se trouvent au sommet de la pyramide décisionnelle pour la prise en charge des enfants sourds sont en effet des chirurgiens spécialistes de la cochlée (l'oreille interne). Or, c'est un euphémisme de dire que la formation en chirurgie prépare assez mal aux notions pédagogiques et linguistiques nécessaires à l'enseignement des Sourds… Ces professionnels, dont les compétences spécifiques ne sont évidemment nullement en cause, restent pourtant les plus influents en la matière. Les enfants pris en charge sont ainsi évalués à l'aune de leurs capacités articulatoires, par l'« échelle de Nottingham » (qui entend mesurer l'intelligibilité par les entendants de la verbalisation des jeunes Sourds). C'est une imposture, dont certains ignorent même que, ce faisant, on n'évalue ni les compétences langagières ni l'acquisition des savoirs de base, mais uniquement le support audio-oral de la langue. En quelque sorte, peu importe ce qu'il dit, ce qui compte, c'est que l'enfant le dise oralement.

Alors que l'abbé de l'Épée avait compris que l'utilisation de la langue des signes permettait aux enfants sourds un accès aisé au savoir, ces médecins héritiers du congrès de Milan inscrivent la maîtrise du français oral comme un préalable à l'enseignement. Mais ont-ils seulement conscience qu'un enfant sourd ne découvre ainsi la langue orale que via des procédures médico-rééducatives qui lui imposent d'apprendre une langue déjà normée par l'adulte entendant et façonnée par l'usage ? Ce qui est très différent de l'apprentissage d'un enfant entendant, lequel s'approprie progressivement la parole en produisant inévitablement des fautes jugées « mignonnes », que les linguistes appellent « fautes logiques ». C'est pourquoi l'enfant entendant élevé dans un environnement linguistique oral et l'enfant sourd élevé dans un environnement linguistique signé développent tous deux naturellement leurs compétences cognitives, tandis que l'enfant sourd privé de langue des signes peine à capitaliser un savoir technique appris par la rééducation. Les enfants sourds parfaitement « oralisés » et formés à la lecture labiale font certes moins de « fautes » que les petits entendants du même âge, ce qui a pour effet de rassurer l'observateur attendri. Mais ils sont ainsi contraints à un rapport biaisé au langage – l'outil premier qui constitue l'homme et sa culture – qui altère gravement leurs facultés cognitives.

Notre travail nous amène à rencontrer annuellement plus de cinq cents Sourds de naissance, c'est plus que ceux rencontrés par un médecin ORL durant toute sa carrière. Voilà pourquoi nous ressentons les témoignages rassemblés dans ce livre avec tant d'émotion. Ils confirment les constats que nous faisons en écoutant les Sourds rencontrés après l'adolescence, qui pratiquent souvent une langue orale scotchée au niveau le plus trivial du réel, avec des difficultés d'accès à la symbolisation. Ils articulent pourtant parfaitement, peuvent lire un texte à haute voix et sont intelligibles (en général, mais pas toujours) pour les entendants qui les écoutent, alors qu'eux n'ont pas nécessairement accès au sens du texte. En revanche, lorsqu'ils s'approprient la langue des signes, parfois tardivement, comme en témoignent les témoignages réunis dans ce livre, leur appétence au débat est sans fin, leurs réflexions subtiles et leur lucidité clairvoyante.

La langue de leur vie, interdite aux enfants sourds

Nous assistons ainsi régulièrement à de vraies traversées du miroir, faites par de jeunes Sourds (avec un S majuscule, signant l'identité sourde), prenant conscience en consultation qu'ils sont sourds et qu'ils ont été privés de la langue qui leur était naturellement accessible. En 2017, j'ai par exemple revu une jeune fille sourde qui m'avait consulté il y a près de dix ans. Elle était parfaitement oralisée, brillante étudiante et faisait la fierté de ses parents. La consultation s'était terminée par des pleurs, elle me demandant de l'« aider à rencontrer ses semblables ». Je lui ai donné quelques adresses d'associations. Elle m'a recontacté plus tard, très émue, pour me remercier. Elle vit aujourd'hui le grand amour en langue des signes avec un jeune Sourd, au grand désespoir de ses parents. C'est cela la langue des signes : la langue de la vie et de l'amour, de la révolte et des réunions entre amis, de la liberté et du lien social. C'est bien autre chose qu'une langue qu'on apprend à articuler chez l'orthophoniste.

Me revient à l'esprit une conversation avec mon ami Cyril Courtin (1971-2010), prématurément disparu. Cyril était un grand scientifique sourd, chercheur au CNRS et auteur de nombreux travaux publiés dans d'éminentes revues scientifiques, mais aussi militant associatif pour la reconnaissance des droits des Sourds. Il me disait que, pendant longtemps, les rééducateurs des enfants sourds avaient prétendu que les Sourds qui défendaient la langue des signes le faisaient par idéologie. Jusqu'aux années 1990, on ne disposait effectivement que de peu de travaux scientifiques montrant en quoi la langue des signes était utile au parcours des enfants sourds. Il ajoutait que l'idéologie avait changé de camp, la chose étant désormais clairement établie.

La langue des signes est aujourd'hui proposée à des bébés entendants par des associations qui en assurent la diffusion dès la crèche. Cette langue est également enseignée dans certains lycées et peut être présentée comme épreuve au baccalauréat. Elle a aussi (parfois) sa place à l'université. Aux États-Unis, l'université Gallaudet propose même l'ensemble du cursus en langue des signes. Les seuls auxquels la langue des signes reste déconseillée en France sont les enfants sourds et leurs parents. Dans quelle société vivons-nous pour qu'eux seuls ne puissent pas devenir bilingues ? Pire, comme nous le rappellent les Sourds qui témoignent dans ce livre, dans les lieux d'accueil des enfants sourds, les rééducateurs, les enseignants, les éducateurs, les directeurs, etc. ignorent souvent cette langue. La plupart du temps, ils en ont au mieux quelques notions, mais très rarement un niveau qui permet la conversation. Dans certains lieux fréquentés par les enfants sourds, on se retrouve donc avec une langue de la vie quotidienne mieux maîtrisée par les élèves sourds que par les entendants qui les ont en charge. Comment envisager une transmission du savoir dans ces conditions ?

Certes, près de 95 % des enfants sourds ont des parents entendants et la langue naturelle de la famille est donc la langue orale. Pourtant, si la plupart de ces parents font le choix de la langue orale pour leur enfant, ce n'est pas pour cette raison : ils choisissent simplement, et logiquement, ce que le monde de la médico-rééducation de l'enfant sourd leur présente comme le mieux. À la fin des années 1990, j'avais fait un voyage en Suède pour découvrir le système de prise en charge des Sourds. N'ayant rencontré là que des parents entendants d'enfants sourds qui apprenaient la langue des signes, alors qu'ils étaient très rares en France, j'avais fait part de mon étonnement à la présidente de l'association des parents d'enfants sourds de ce pays. Elle m'avait répondu n'avoir jamais connu de parents d'enfant sourd refusant la langue des signes. La raison en était toute simple : à la différence de ce qui se passait en France, les médecins suédois, dans la foulée de l'annonce de la surdité, présentaient comme une évidence, en parallèle à la prise en charge médico-rééducative, la nécessité de la langue des signes pour l'enfant. Je ne sais quelle est la situation en Suède vingt ans plus tard, mais c'était en tout cas révélateur de la manière très différente dont les choses étaient vécues à l'époque.

Dans le système en place aujourd'hui en France, tout contribue à agir comme si l'enfant n'était pas sourd. On le rééduque à l'oral exclusivement, on le met en « intégration » dans des écoles avec des petits entendants. Là, on pense sans doute que, par osmose, il va devenir entendant. Les stigmates de la surdité semblent disparaître, l'enfant adopte effectivement un comportement d'entendant, et cela rassure tout le monde. N'oublierait-on pas que les enfants concernés restent sourds ? Ces enfants, privés d'une langue parfaitement partagée, ne seraient-ils pas dans l'illusion de ces ombres de la caverne de Platon, la langue des signes constituant alors pour eux la lumière au sortir de la grotte qui ouvre à la réalité du monde ? La traversée du miroir vécue par certains Sourds prenant conscience de leur identité, qu'il nous est arrivé de rencontrer, nous le laisse à penser.

La toute-puissance de l'oral et du paraître, l'obsession du sonore

Cela peut sembler invraisemblable à ceux qui ne connaissent pas le monde de la surdité, mais aujourd'hui encore, en France, la plupart des enfants sourds sont effectivement privés de langue des signes en bas âge. Tels les révoltés du *Bounty*, ceux du collectif OSS2007 (Opération de sauvegarde des Sourds), qui s'expriment dans ce livre, s'insurgent contre l'oppression dont ils estiment avoir été victimes et qui se perpétue encore maintenant avec les petits Sourds. Ces anciens sont maintenant apaisés et leur colère vise surtout à protéger les enfants sourds d'aujourd'hui, embarqués sur le bateau qu'ils ont connu et dont ils ont depuis longtemps débarqué leurs rééducateurs. Ce qu'ils nous racontent, c'est aussi à quel point la rencontre de la langue des signes leur a ouvert les portes de la socialisation. Quel plaisir ils ont à vivre pleinement leur vie d'humains, sans limite linguistique, sans effort, naturellement, à se laisser porter au plaisir des rencontres et des amitiés. Plus des trois quarts de la vie d'un Sourd se feront hors du cercle familial et on les prive en bas âge de la langue qui sera celle de leur quotidien pour le reste de leur vie.

Comme Patrick Belissen et ses amis, la plupart des Sourds que nous rencontrons peuvent dater assez précisément la première fois qu'ils ont vu de la langue des signes et à quel point cela les a perturbés et remués. Les rares parents entendants d'enfants sourds qui ont partagé ce moment avec leurs enfants nous disent parfois, un quart de siècle plus tard, combien, dans le souvenir qu'ils partagent avec leur fils ou leur fille, il reste un moment bouleversant.

Et pourtant, dans leur majorité, les professionnels français de la surdité continuent à souvent prescrire, comme solution miracle garantissant la guérison de la surdité, la pose d'« implants cochléaires » aux jeunes enfants sourds. L'implant cochléaire est une prothèse qui permet de court-circuiter la partie de l'oreille interne qui ne fonctionne pas. Les implants actuels sont composés d'une partie externe, avec un contour d'oreille qui peut faire penser à un appareil auditif classique, et d'une partie interne, nécessitant l'introduction par voie chirurgicale d'une électrode dans la cochlée. Les sons captés sont transmis au nerf auditif, à partir de cette électrode. Cette technique est présentée par le monde de la médico-rééducation comme la solution parfaite en matière de réactivation de la fonction auditive déficiente. Elle pourrait toutefois ne l'être que très temporairement, jusqu'à la prochaine révolution technologique ou génétique. Certains généticiens annoncent effectivement qu'il sera sans doute un jour possible de faire repousser les cils lésés à l'intérieur de la cochlée. L'implant proposé aujourd'hui, dont l'électrode détruit l'intérieur de la cochlée, entrera peut-être un jour en compétition avec la thérapie génique.

Lorsque les voies auditives sont atteintes plus en aval, certains proposent maintenant un implant du tronc cérébral, qui court-circuite un niveau anatomique en plus. Sont-ce là les étapes ultimes, avant la transplantation d'une tête complète ? Je caricature évidemment, de manière un peu provocante, mais la logique qui consiste à focaliser exclusivement sur la capacité du cerveau des Sourds à capter des sons néglige totalement l'essentiel : l'acquisition d'une langue naturellement accessible. Si ces techniques permettent à bon nombre d'enfants sourds d'articuler correctement lorsqu'on les évalue selon l'échelle de Nottingham, la langue des signes, qui sera la langue de leur vie, est presque systématiquement absente dans cette filière audio-centrée. Je rencontre régulièrement de jeunes Sourds victimes de cette obsession sonore : alors qu'ils articulent bien, ils ressentent un terrible isolement social et linguistique.

Au lieu de leur apprendre à gérer leur implant en fonction de leurs besoins, on les a rendus dépendants d'un matériel à l'avenir incertain. Il m'est arrivé de proposer à une jeune fille sourde d'une douzaine d'années, en plein questionnement identitaire, clairement gênée par son implant, d'enlever de temps en temps ses contours d'oreille. Cela avait clairement un effet apaisant sur elle et je lui avais suggéré de ne brancher son implant que lorsqu'elle pensait qu'il était utile. Cette proposition est arrivée aux oreilles des rééducateurs qui l'avaient en charge, et j'ai été assez vivement interpellé sur les conséquences graves que cela pourrait avoir pour cette enfant. On ne m'aurait pas reproché autre chose si j'avais proposé de débrancher un pacemaker.

Aux parents qui nous questionnent à ce sujet, nous répondons que, dans notre expérience au contact des Sourds, nous n'avons jamais rencontré de jeune Sourd qui fasse le reproche à ses parents de lui avoir ouvert les portes de la langue des signes. En revanche, nous ne comptons plus les Sourds qui, passé l'adolescence, font le reproche insistant à leurs parents de n'y avoir pas été plus ouverts. La culpabilité de ces parents, qui ont évidemment fait pour le mieux ce qu'on leur a dit de faire, est parfois difficile à accompagner.

Notre conviction, fondée sur une expérience de près de trois décennies au contact des Sourds, est qu'il faut écouter ce que nous disent leurs aînés, comme ceux qui témoignent dans le livre. Puissent ces paroles de Sourds éclairer enfin le monde de la médico-rééducation des enfants sourds et donner à leurs parents la force nécessaire pour résister héroïquement à la pression médicale. Même s'ils la pratiquent imparfaitement, la langue des signes est le plus beau cadeau que les parents d'un enfant sourd puissent lui faire. Elle fera de lui un adulte bilingue, qui pourra piloter sa vie en toute autonomie. « Signes non comme on copie, mais comme on pilote », écrivait Henri Michaux.

Puisse la révolte qu'expriment ces paroles de Sourds pousser à la réflexion sur la manière dont notre société accueille la surdité ! Puisse-t-elle éclairer mes collègues médecins qui, aujourd'hui encore, privent les enfants sourds de la langue de leur vie !

Avertissement du traducteur

par Patrick Gache[1]

Paroles de Sourds est un recueil d'histoires de vie de personnes sourdes s'exprimant en langue des signes. Elles nous disent la place qui leur est faite dans la société. Leurs récits ont été traduits par les étudiant-e-s du Centre de traduction, d'interprétation et médiation linguistique (CETIM), sous la supervision de certains de leurs professeurs. Le CETIM, département de l'université de Toulouse Jean-Jaurès placé sous la tutelle de l'UFR des langues, est un centre de formation de professionnels de haut niveau de la traduction et de l'interprétation. C'est aussi le premier centre français formant des interprètes en langue des signes française dans un parcours commun aux traducteurs professionnels. Il accueille chaque année une vingtaine d'étudiants sourds et entendants.

Ce travail de traduction a indéniablement présenté de nombreuses difficultés. La première tient à la nature même de la langue des signes. Celle-ci est une langue iconique, c'est-à-dire qu'elle donne à voir. S'exprimer dans cette langue, c'est dire tout en montrant. Dans l'« espace de signation » du locuteur, le discours s'inscrit en trois dimensions auxquelles

1 Responsable de la formation master CETIM-filière LS, université Toulouse Jean-Jaurès.

s'ajoute la dimension temporelle. Nombreux sont les procédés d'iconicisation : mise en scène, prise de rôle, mise en jeu du corps, expressions du visage… le tout se mettant en œuvre quasi simultanément. S'il est clair pour le traducteur que l'activité traduisante ne consiste pas à faire du mot à mot mais à restituer une idée, un message, dans une autre langue et donc une autre culture, il s'appuie néanmoins sur les mots qui ont été prononcés ou écrits dans la langue de départ. Ici, pas de mots mais des images mouvantes se succédant avec logique et cohérence ; il s'agit de passer d'une langue visuo-gestuelle, quadridimensionnelle, à une langue audio-phonatoire et donc linéaire… Cela n'est pas une mince affaire !

Les autres difficultés rencontrées tiennent à d'autres aspects : il s'agissait d'effectuer la traduction de propos dits en langue des signes, enregistrés sur des fichiers vidéographiques, vers le français, certes. Mais aussi de passer d'un discours oral – un Sourd s'exprimant en langue des signes est bien dans l'oralité – à un écrit. La difficulté est toutefois surmontable. Mais ajoutons à cela le fait que ces récits font parfois état de ressentis douloureux et en tout cas très intimes, exprimés avec émotion… Et, pour corser encore l'affaire, énoncés par certains locuteurs dans une langue des signes parfois approximative car apprise très tardivement, en tout cas maîtrisée de manière intuitive… À n'en pas douter, la tâche a été rude pour les étudiants traducteurs !

Il faut signaler également que plusieurs des témoignages traduits qu'on va lire l'ont été à plusieurs mains. En effet, certaines vidéos volumineuses ont été fragmentées pour être distribuées aux étudiant-e-s afin de mieux répartir la charge de travail. Aussi, le lecteur constatera peut-être quelques ruptures dans le style d'écriture dans un même témoignage. Si les professeurs ont été attentifs, Patrick Belissen, commanditaire de ce travail et coordonnateur du présent ouvrage, a eu la lourde charge d'y apporter les ultimes corrections et finalement de valider les traductions, après qu'elles ont été revues par les témoins. Que les uns et les autres soient excusés pour les imperfections qu'elles pourraient encore comporter.

Un aspect des difficultés rencontrées tient à l'histoire et mérite certainement quelques explications pour le lecteur non averti. Contrairement aux idées reçues et aussi étonnant que cela puisse paraître, la langue des signes n'est pas enseignée aux Sourds dans les écoles spécialisées. Il n'y a pas si longtemps, c'était même plutôt le contraire, elle leur était cachée, l'État faisant résolument le choix de la méthode « oraliste » : faire entendre et parler (vocalement) les Sourds pour prétendument mieux les intégrer. Rééduquer l'audition – par toutes sortes d'appareillages – et la parole – orthophonie, articulation et lecture labiale – requiert beaucoup de temps et d'énergie. Tout cela au détriment de l'histoire, de la géographie, des sciences et, triste ironie, de la maîtrise du français. Non pas que ces matières ne soient pas enseignées, mais parce qu'elles le sont en français oral à des enfants... qui n'entendent pas. L'échec scolaire est patent : en France, le taux d'illettrisme chez les Sourds est d'environ 80 %. C'est depuis le tristement célèbre congrès de Milan de 1880 que la méthode dite « oraliste » y a pris le pas sur la méthode « gestualiste », pourtant née en France vers 1770, remportant un vif succès et s'exportant dans d'autres pays. À l'époque, la langue des signes, sous couvert des progrès de la médecine promettant de « soigner » les Sourds et pour bien d'autres raisons encore, s'est vue interdite. Aujourd'hui encore en France, même si la langue des signes a obtenu un semblant de reconnaissance avec la loi de février 2005, la plupart des enseignants et éducateurs, dits « professionnels de la surdité », ne connaissent pas cette langue ou n'en ont que quelques vagues rudiments et ne peuvent, en tout état de cause, constituer des modèles linguistiques fiables pour les jeunes Sourds – et encore moins agir efficacement auprès d'eux. Ce n'est que depuis un peu plus d'une trentaine d'années que des adultes sourds sont recrutés dans certains établissements spécialisés, bien que souvent isolés parmi leurs collègues entendants.

C'est suite à l'« éveil des Sourds » à la fin des années 1970, mouvement qui a vu des Sourds militer pour la reconnaissance de leur langue et de leur culture, que des parents d'enfants sourds, sourds et entendants, se sont battus pour que soit instaurée une éducation bilingue, associant langue des signes et français écrit. La première devant être enseignée pour elle-même et être langue d'enseignement pour toutes les autres matières, le français écrit y compris. Incontestablement, ce type d'enseignement fait ses preuves. Les enfants sont véritablement instruits et s'y épanouissent. Et pourtant, dans la France de 2018, on ne compte que moins d'une dizaine de ces classes bilingues, accueillies dans des établissements scolaires ordinaires, tant les résistances restent grandes et tant les mentalités peinent à évoluer.

Introduction

Nous parlons avec nos mains, nous entendons avec nos yeux

par Patrick Belissen

Cher lecteur entendant, vous êtes embarqué à bord de ce livre d'un genre particulier pour un voyage à destination du monde des Sourds et des Sourdes. Ce n'est pas un vol au long cours à la rencontre d'une peuplade au fin fond de la forêt amazonienne, dans les steppes de la toundra ou dans les déserts de Tanzanie. Les Sourd-e-s, au nombre de 70 millions d'individus selon la Fédération mondiale des Sourds – je garderai par la suite cette orthographe masculine de notre qualification, consacrée par l'usage, même si je n'ignore évidemment pas que les Sourdes sont aussi nombreuses que les Sourds –, sont disséminé-e-s dans tous les pays. Il y a des Sourds papous, des Sourds inuits, des Sourds amérindiens, des Sourds roms, des Sourds américains, des Sourds russes... Bref, de toutes les nationalités. Des sédentaires comme des nomades. De tous les âges, de toutes les couleurs, de tous les milieux socioculturels, des pauvres comme des riches, des prolétaires comme des gens de la haute... Une infinité de figures se regroupent sous le terme « Sourds ». Les mœurs du pays, les histoires individuelles, les hérédités et mille caractéristiques différencient les uns des autres, mais, chose remarquable, ils se reconnaissent tous du même peuple : le peuple sourd. Leurs mains-paroles marquent leur ethnicité et ils se positionnent dans la distinction commune d'avec ces autres que sont les entendants, de ceux qui parlent avec leur bouche et entendent avec leurs oreilles. Une vaste diaspora aux dimensions de la planète. Sa singularité tient à la modalité visuo-gestuelle de ses langues. Les Sourds s'expriment avec leurs mains et leur corps. Ils entendent avec leurs yeux. Si les langues signées ont des caractéristiques universelles permettant une certaine flexibilité dans la communication entre locuteurs sourds de pays différents, chaque pays a sa propre langue visuo-gestuelle, voire plusieurs variétés.

Qui sont les Sourds ?

On estime que 95 % des Sourd-e-s sont nés de parents entendants, si bien que la transmission de leur langue ne se fait pas à l'intérieur de la famille. Parmi les 5 %, une petite minorité descend d'ancêtres sourds depuis plusieurs générations. En France, selon les données officielles qui pèchent par un étonnant flou artistique dans la définition des Sourds, ils et elles seraient entre 1 et 7 millions. Une étude publiée en 2014 par la Direction de la recherche, des études, de l'évaluation et des statistiques (DREES) du ministère de la Santé portait même le chiffre à 10 millions[1]. En fait, ce calcul est à géométrie variable selon les acceptions que leur donnent les différentes catégories professionnelles concernées. Les médecins oto-rhino-laryngologistes qui reçoivent des patients sourds dans leur cabinet n'ont pas la même perception de leur statut que certains acteurs sociaux qui les rencontrent dans leurs lieux de vie. Pire, on est bien loin de la définition que s'attribuent les premiers concernés, les Sourds eux-mêmes... Au niveau mondial comme au niveau national, l'imprécision dans l'estimation de la population sourde est

1 Laurence HAEUSLER, Thibaud DE LAVAL et Charlotte MILLOT, *Étude quantitative sur le handicap auditif à partir de l'enquête « Handicap-Santé »*, DREES, *Document de travail. Série études et recherches*, n° 131, août 2014, <url.ca/r2c8d>.

significative du déni dominant de la « réalité » sourde et de cette culture.

L'écart considérable entre les différentes sources vient de ce qu'il n'y a pas consensus dans la définition des Sourds. Qui sont-ils ? Quel nom leur donne-t-on ? En fait, il n'y a pas un seul terme pour nous désigner, mais plusieurs : « déficients auditifs », « malentendants », « sourds profonds », « sourds sévères », etc. Nous ne nous reconnaissons pas dans ces appellations et elles nous font même nous hérisser d'indignation. Nous refusons en effet d'être définis à partir de nos oreilles déficientes. De même, nous rejetons le terme souvent utilisé de « handicapés ». En revanche, nous nous désignons fièrement sous le terme « Sourd », que nous écrivons avec un S majuscule. Ce faisant, nous mettons un point d'honneur à appartenir à une ethnie linguistique et culturelle : le peuple sourd. Ce livre est une ouverture vers cette vision.

Pour l'instant, préparons-nous au voyage. Ce n'est pas un voyage dans la distance ni dans le temps, même si nous allons faire un bref survol dans le siècle des Lumières. Les Sourds sont insérés dans le tissu social et dans l'actualité. Vu leur nombre relativement important, vous avez certainement eu l'occasion d'en côtoyer au supermarché du quartier, dans le voisinage, dans un restaurant, dans les rues. Ils sont partout où vous portent vos pas. Ils partagent les mêmes espaces sociaux que vous. Dans une foule, vous ne les distinguez pas comme ces aveugles dont on reconnaît le handicap à leur déambulation hésitante et leur canne blanche, comme certaines personnes dont la manière particulière de se déplacer avec ou sans fauteuil roulant leur vaut d'être étiquetées « à mobilité réduite » ou « handicapés physiques ». La visibilité sociale des Sourds n'apparaît qu'en certaines circonstances. À deux ou à plusieurs, leurs mains signent leur visibilité quand ils parlent entre eux. Ces organes qui avec leurs yeux, leur visage et le haut de leur corps servent à la communication, fondent leur identité sociale, leur être au monde. Là où malheureusement bon nombre d'entendants continuent à ne voir que des oreilles cassées...

C'est un voyage dans la pensée que vous allez faire. Ce livre ne vous invite pas à attacher votre ceinture de sécurité, mais simplement à desserrer votre éventuel carcan culturel. Pour aller à la rencontre des Sourds, pour les comprendre, il faut en effet vous écarter un tant soit peu de votre culture normo-centrée. Dans notre parler, cette culture qui tourne essentiellement autour de l'audition, nous l'appelons « entendo-centrisme ». Un barbarisme qui a une signification lourde de conséquences, comme l'atteste notre histoire. Pour rencontrer les Sourds, donc, il faut penser autrement. Pour chacun, entendant ou sourd, la rencontre avec des gens d'une culture différente de la sienne implique nécessairement une décentration plus ou moins prononcée de ses modes habituels de pensée. De même, les Sourds invitent les lecteurs entendants de ce livre à un remaniement profond de leur perception. Sans le savoir, en effet, vous êtes dans la croyance que le monde tourne autour de l'audition. Une croyance qui façonne à notre encontre tout un programme de normalisation. En effet, la médecine nous considère comme des malades de l'oreille et, depuis plus d'un siècle, elle s'attache à nous « réparer ». À réparer nos oreilles déficientes par le recours à la biotechnologie et par l'immersion forcée dans le monde du son.

Pour vous, le son est important. Il est au centre de votre monde. Vous êtes nés dedans, vous avez grandi autour, l'audition fait partie de vous. Nous, par contre, vivons en dehors du son. Il ne conditionne pas directement notre vie. Et, par-dessus tout, cela ne nous manque pas ! S'il est difficile pour vous, entendants, de concevoir cela, c'est parce que vous ne nous connaissez pas. Ce livre entend vous ouvrir à notre existence. Nous espérons que votre regard sur nous changera, et que vous nous comprendrez mieux. Nous souhaitons être considérés d'un regard plus bienveillant que celui de ces médecins qui se focalisent sur nos oreilles, occultant ainsi de multiples pans de notre existence, car ils ne nous voient que dans leur cabinet ou à l'hôpital.

Faire tomber le mur entre la société et le peuple sourd

Avant toute chose, voici votre carte de voyage : dans ce livre, vous allez rencontrer des personnes sourdes, des hommes et des femmes. Comprendre un peuple, c'est s'imprégner de la vie de ses indigènes, de leur histoire, de leur univers. En chacun, on retrouve ce qui constitue un peuple. Quelque chose de l'ordre de l'expérience, du ressenti, fait dire qu'on connaît un groupe social. Même si les études ethnographiques nous aident à y mettre des mots et des concepts, nous ne pouvons en acquérir une connaissance approfondie sans l'avoir vécue. Cela vaut d'ailleurs pour le ou les groupes auxquels nous appartenons : il y a toujours des zones d'incertitude et c'est cela qui fait le charme de la vie, avec son surgissement incessant d'imprévus...

Un peuple, nous pouvons tous nous en approcher. C'est cette opportunité que ce livre voudrait offrir, par la narration de récits de vie de quelques personnes sourdes, à travers lesquels, nous l'espérons, *c'est tout un peuple qui vous parlera*, dont la parole fera écho en vous. Un peuple qui, au fil de votre lecture de ces histoires de vie, paraîtra moins étranger, qui accueillera peut-être votre sympathie. Nous, Jeanine, Jacques, Ode, Philippe, Nadia et Patrick avons tenu à raconter notre histoire, des séquences de notre vie. Nous parlons de notre vécu, de nos expériences, de nos rêves, de nos souffrances, de nos rapports au monde, de nos stratégies de communication... Bref, de tout ce qui constitue la trame d'une existence humaine.

Nous parlons avec nos mains et une caméra enregistre, imperturbable, le fil de notre narration. Nos mains, c'est notre langue. Une langue officiellement appelée « langue des signes française » (LSF). Pour arriver à ce livre, nous nous sommes réunis plusieurs fois dans des endroits différents, toujours sur le mode de la convivialité, animés par le plaisir de raconter notre vie, entre nous. Comme quand on se retrouve entre amis. Quand l'un de nous prend la parole, les autres le regardent et l'écoutent avec leurs yeux. Car nous entendons avec nos yeux. Nos yeux font effectivement office d'oreilles pour entendre la parole.

Au départ, nous avons décidé de raconter notre vie tout simplement dans la perspective de nous faire connaître des entendants par le biais de la trace écrite. Aucun entendant n'était parmi nous lors de ces rencontres épisodiques. La caméra, c'est votre œil qui nous regarde, qui nous écoute à travers ce livre. Cet œil, nous l'espérons bienveillant, comme celui d'un ami qui nous découvre et qui assiste au dévoilement d'une parole nouvelle. Telle une plante qui sort d'une terre que l'histoire a rendue infertile. Une terre qui nous marque du sceau de l'étrangeté. Car nous nous sentons souvent étrangers sur cette terre qui nous a vus naître et grandir.

C'est pourquoi la réalisation de ce livre est le fruit d'un projet ardu et complexe : avec d'autres créations culturelles d'activistes sourds visant le même objectif, encore trop rares[2], il a fallu un siècle pour parvenir jusqu'à vous à travers ces lignes. Si nous avons commencé à entreprendre son écriture il y a quatre ans, en 2014, la parole du peuple sourd a mis cent ans pour se dévoiler. Car cette parole, on le verra, porte le poids de l'interdit, celui de la langue qui la porte.

Nos paroles ont donc été enregistrées sur vidéo au fil de nos réunions. Cela représente un important volume d'heures, dont l'enregistrement a été confié au Centre de traduction, d'interprétation et médiation linguistique (CETIM) de Toulouse. Comme l'a expliqué précédemment son directeur Patrick Gache, les membres de ce centre ont bien voulu prendre en charge gracieusement la traduction de nos paroles, travail qui a pris plus de deux ans. À ma connaissance, c'est la première fois qu'un livre est écrit de cette manière, passant de la forme des paroles manuelles filmées à la forme écrite. Par ce biais,

2 Comme le remarquable International Visual Theater (<http://ivt.fr/>), lieu de ressources dédié à la recherche artistique, linguistique et pédagogique sur la langue des signes et les arts visuels et corporels, créé en 1976 et dirigé depuis 2002 par la comédienne sourde Emmanuelle Laborit.

nous avons choisi de livrer la forme brute de la narration orale sans la travailler outre mesure pour coller aux standards de la littérature. Il ne s'agit pas d'un roman qui aurait arrangé nos histoires pour rendre leur lecture palpitante. Ces récits, enregistrés en plusieurs séances pour chacun d'entre nous, nous les livrons tels qu'ils ont été exprimés dans la spontanéité d'une parole vivante, dans leur véracité et leur naturel, avec leurs maladresses de forme et leurs balbutiements. Pour vous permettre en quelque sorte de nous entendre, ou plutôt de nous sentir, comme si vous étiez face à nous, les narrateurs et narratrices.

Ce livre a ainsi été conçu dans la perspective d'inviter sa lectrice ou son lecteur à pénétrer dans nos réalités de vie, à travers quelques monographies à la façon d'Oscar Lewis. C'est-à-dire une restitution en premier plan de paroles dans le vif de l'instantanéité sans passer par le filtre de l'analyse scientifique. Habituellement, les ouvrages sociologiques prenant pour objet l'analyse d'une ethnie mentionnent quelques paroles d'indigènes pour appuyer leur thèse. Dans cette situation, le lecteur est tributaire du regard du chercheur qui choisit certains éléments de la réalité étudiée et place de ce fait les indigènes dans le statut d'objets de l'étude. C'est une approche de la réalité par un regard extérieur, un regard non indigène. Cette approche prévaut d'ailleurs dans les études conduites par des non-Sourds qui prennent pour objet la surdité et les Sourds.

Nous avons choisi une approche différente : celle qui vous permettra, nous l'espérons, d'*appréhender notre réalité à travers notre regard et nos mots*. Et aussi à travers nos silences. Les récits figurent donc en premier plan. Cette introduction sert à donner quelques clés pour mieux les comprendre. Les histoires que vous allez lire émanent de personnes en chair et en os. C'est une situation rare. Il est en effet rare que nous nous livrions aux entendants, même à ceux qui vivent dans notre proximité. Nous sommes bien souvent des inconnus pour notre famille et les professionnels entendants qui s'« occupent » de nous. Il n'y a pas que la barrière de langue. Même à ceux qui parlent notre langue, nous ne nous livrons pas facilement. Nous dévoilons seulement quelques facettes de notre univers. Nous tenons secrètes nos pensées et nos émotions profondes. Une barrière a été érigée autour de notre parole. Ce livre franchit cette barrière du secret et de la réserve.

À travers les écueils de l'histoire, l'enjeu de la rencontre

La rencontre, ce n'est pas simple. On peut passer des années à côtoyer une personne sans la rencontrer, sans la connaître. On peut croire la connaître. Comme ces nombreux professionnels de la surdité qui, pour avoir travaillé avec des Sourds durant des dizaines d'années, disent nous connaître, mais sont incapables de tenir la moindre conversation avec nous ! Il n'y a pas entre eux et nous un minimum de familiarité. Ils peuvent tenir sur nous des discours savants, cohérents et crédibles, dans lesquels pourtant nous ne nous retrouvons pas du tout. Bien des études, des rapports, des conférences sont émaillés d'une telle incohérence : *parler des Sourds et ne pas savoir parler avec eux !* Ne serait-ce pas une démarche plus sensée de se questionner sur ce que nous pensons, d'aller vers nous, de parler avec nous, de nous écouter ? Enfin, s'agissant du rapport avec nous, il y a des logiques dans la pensée de ces entendants qui nous sont incompréhensibles. Notre histoire atteste de bien des absurdités, non pas du fait de notre surdité, mais du fait de l'ignorance de certains entendants.

Les livres et les films peuvent donner une idée approchante de notre réalité. Il y en a de bons qui ont été réalisés par des observateurs entendants ayant fait la démarche authentique d'aller vers nous et de nous comprendre. Pour fidèles qu'ils soient, l'image et l'écrit ne peuvent toutefois donner qu'un aperçu partiel de notre réalité. Le prisme déformant des *a priori*, des préjugés et des projections ne facilite pas l'approche. La déformation tient beaucoup, en ce qui nous concerne, à la culture du son qui nous écarte de notre normalité – c'est une histoire que nous évoquerons plus loin. Quoi qu'il en soit, de tels documents qui dévoilent notre univers sont rarissimes. En tout cas, s'il est difficile de pénétrer dans notre monde, cela l'est d'autant plus qu'on ne parle pas notre langue et qu'on ne corrobore pas ses observations avec notre parole.

Les médecins qui croient en toute bonne foi faire ce qui est le mieux pour nous, en réparant notre « tare » auditive, sont dans cette situation. Il ne leur vient même pas à l'idée de mettre en question leur position, tant est profondément ancré le postulat : les Sourds sont malades, donc il faut les soigner. Tous les médecins ne sont certes pas dans une position aussi réductrice et mécaniciste. Quelques-uns ont fait la démarche honnête d'aller vers nous. Ils parlent notre langue et partagent notre conception que notre langue, la langue des signes, est le vecteur de notre normalité. Malheureusement, leur thèse ne fait pas encore contrepoids. Le regard que la société porte sur nous demeure toujours empreint de la vision médicale prévalente : nous sommes des « déficients auditifs ».

Ce livre porte l'enjeu de notre rêve : celui d'*être reconnus dans notre normalité*, dans notre droit de vivre avec notre différence, avec notre langue et dans notre culture. Paradoxalement, *cette différence nous rapproche de vous car elle fait de nous vos semblables*. Car notre langue, la langue des signes, fait de nous des êtres humains. Des êtres humains comme vous.

Ce n'est pas qu'un rêve. C'est aussi une supplique ! Nous voulons faire cesser les souffrances et les injustices. L'entrave à notre langue naturelle et la stigmatisation de notre culture, celle du peuple sourd, sont des expériences douloureuses. Celles de l'amputation, celles de l'exil... En filigrane, les cris et les pleurs transparaissent, tels des murmures, à travers les récits.

Quand ils se retrouvent entre eux, les Sourds se racontent souvent leur vie, leurs tribulations dans le monde. Il y a le plaisir de parler avec les mains. Il y a aussi ce besoin de mettre en mots certains aspects de leurs expériences. Ceux qui leur font question, ceux qui leur sont source de souffrance. Il y a aussi, bien sûr, le partage des aspects positifs de leur existence. Et l'échange des savoir-faire utiles pour vivre dans le monde des entendants.

Les attitudes et comportements des entendants échappent bien souvent à notre compréhension. Nous avons besoin d'y mettre de la lumière. Celle de l'entendement. C'est un besoin vital de parler, de se parler et de voir en l'autre l'écho de nos propres paroles. C'est de cette manière que nous nous repérons dans le monde, que nous construisons le sens de notre vie. Des savoirs, des expériences circulent entre nos mains et se transmettent de génération en génération. Cela reste toutefois en boucle fermée. Les tentatives de porter nos expériences à la connaissance des entendants à l'occasion de manifestations militantes, lors des colloques, par la voie des médias ou encore à travers la littérature sont rares et parcellaires. Si elles ont contribué à des avancées dans la prise en compte de nos besoins, nous sommes encore loin de la reconnaissance pleine et entière de notre parole. Notre volonté de nous faire connaître se heurte à la problématique de la construction de notre parole collective.

Avec la marche Paris-Milan de 2013, la lente émergence d'une parole collective

Il a fallu une circonstance particulière pour que ce projet du livre émerge. Nous, les narrateurs, nous sommes en effet trouvés dans une situation telle qu'il a été possible de nous engager dans un projet aussi conséquent : celui de l'écriture d'un ouvrage collectif. En mai et juin 2013, six d'entre nous avons organisé une longue marche de protestation de Paris à Milan – on verra plus loin la raison du choix de Milan – durant quarante-deux jours sous l'égide de l'association française OSS 2007 (Opération de sauvegarde des Sourds). Cette marche avait pour objectif d'interpeller la société sur notre existence par la voie des médias : nous voulions nous faire connaître.

Durant le parcours se sont formés entre nous, les marcheurs et les acteurs du collectif, des liens de confiance. Cela explique que nous avons pu nous prêter à l'épreuve du dévoilement de notre intimité, de nos expériences troubles autant que de nos souvenirs heureux. Nous nous sommes réunis à plusieurs reprises dès 2014 sur une durée de plusieurs mois tantôt au domicile de l'un, tantôt de l'autre. La caméra nous accompagnait à chaque fois pour enregistrer les paroles dites avec les mains. Chaque narrateur était libre de raconter sa vie, c'est-à-dire qu'il n'était aucunement orienté par le choix de thèmes par un tiers, par le coordinateur en l'occurrence. Nous étions donc libres de parler sur nos expériences à différents épisodes de notre vie, notre enfance, notre scolarité, la vie d'adulte… C'est pourquoi nos récits ne respectent pas forcément la chronologie des événements. Ils suivent leur propre logique au gré des émotions du moment et du jaillissement des souvenirs. Nous racontons ce qui passe dans notre tête, en direct, sans une élaboration intellectuelle et raisonnée préalable à la construction du récit.

Ces récits n'ont pas été établis avec l'objectif explicite d'exprimer ce que nous voulons dire aux entendants comme aux autres Sourds, ce que nous voulons expliquer de nous. Cela aurait faussé notre parole, l'aurait placée sous l'injonction de ce qu'il faut ou ne faut pas dire. Non, ensemble, nous avons mis en commun notre parole, en sachant que, grâce à la caméra, une porte vous serait ouverte pour vous inviter parmi nous. Ce ne sont pas des discours d'universitaires, ce ne sont pas non plus ceux de militants. Le but était de raconter, de montrer ce que nous sommes réellement, ce que nous pensons et ressentons. Nous ne cherchons pas à convaincre. Nous cherchons à nous montrer. *Tels que nous sommes.*

Nous étions entre nous, Sourds, entre partenaires d'un projet de société porté par la marche médiatique du printemps 2013. Cette action de grande envergure, unique dans l'histoire du peuple sourd, nous l'avions rêvée depuis longtemps et l'avions conçue, préparée et organisée durant deux années entières. Sur le chemin de plus de mille kilomètres, scandé par notre slogan « Le siècle sourd en marche », la météo peu clémente tissait le fil de nos enthousiasmes et de nos souffrances. Nous avons partagé des moments forts, notre rêve faisait écho aux nombreux soutiens reçus sous des formes diverses, aussi bien en France qu'en Italie. Notre appel a donné lieu à une mobilisation importante du peuple sourd, qui suivait notre parcours jour après jour, grâce aux nouvelles que nous diffusions quotidiennement sur notre site Web et que relayait notre page Facebook. Notre arrivée à Milan a été le théâtre d'une formidable liesse populaire avec force banderoles, ballons bleu turquoise, tintamarres, acclamations. Nous étions 2 000 Sourds français et italiens à la fête de l'arrivée des vaillants marcheurs et cet événement a été intensément suivi par 100 000 Sourds du monde entier. Nous, Sourds de tous les pays, portons en effet le même rêve : être reconnus comme ethnie linguistique et culturelle : le peuple sourd. Rêve aiguisé par une histoire dramatique de stigmatisation de notre langue et de relégation au statut misérable de « tarés » à réparer et à soigner.

Lors de la longue marche, nous voulions effectivement rallier l'opinion publique à notre combat. Nous voulions la sensibiliser à notre existence, à nos valeurs et aussi à notre drame : l'interdit de notre langue. Ainsi, nous avons beaucoup investi dans notre médiatisation, allant jusqu'à solliciter les services d'une importante agence de presse. Si notre appel a suscité de nombreux échos positifs de la part du peuple sourd, notamment de France et d'Italie mais aussi de différents pays des cinq continents, force est de reconnaître qu'il est en revanche resté lettre morte auprès du public entendant, des politiques et même des différentes catégories professionnelles œuvrant dans le champ de la surdité. Les médias sont en général restés indifférents, à l'exception de quelques encarts dans la presse locale de certaines villes traversées, d'une intéressante diffusion sur une radio locale, d'une demi-heure d'interview par France Inter à une heure matinale de faible audience et de quelques textes remarquables diffusés par deux journaux en ligne. Cruelle déception ! Le rêve nous avait portés bien haut, nous avions cru qu'une opération de ce genre, pour inhabituelle et originale qu'elle soit, attirerait les médias. Une marche de mille kilomètres entreprise par un groupe de « handicapés auditifs » ne devait pas passer inaperçue, pensions-nous. C'était naïveté de notre part ! La chute fut terrible, fracassant nos espoirs contre l'indifférence médiatique.

Entre joies et douleurs, entre rêves et doutes, l'investissement dans l'opération s'échelonnant sur deux années et l'expérience de la marche pendant quarante-deux jours nous ont unis, nous ont rapprochés. Des liens de confiance se sont formés. Notre parole a pris une plus grande liberté au fil de nos pas, dans nos pauses, autour de repas pris en commun, dans le partage des activités du quotidien. Notre esprit d'équipe parfois mis à l'épreuve des difficultés de la marche s'est renforcé, ce qui explique la configuration particulière dans laquelle nous nous trouvions face au projet du livre.

D'autant que sur notre chemin, nous avons rencontré bien des sympathies de la part de nombre de passants croisés, de certains conseillers municipaux des villages, d'hôtes de camping et de gîtes où nous avions fait halte. Ces rencontres ont donné lieu à des échanges riches. La communication passait généralement bien, après les premiers instants de la surprise. Les entendants étaient en effet surpris de voir pour la première fois des Sourds en chair et en os. Notre abord sympathique les a vite rassurés. Il faut dire aussi que nous avons l'habitude de nous faire comprendre par notre expressivité gestuelle. Même s'ils ne connaissent pas la langue des signes, les entendants ont une certaine capacité à la communication par le corps : tous les enfants s'y mettent facilement et, s'ils perdent généralement cette faculté avec l'âge, elle reste latente et nous savons la susciter. Passées donc les maladresses du début, nos interlocuteurs y trouvaient même du plaisir. Nous aussi d'ailleurs ! La communication était bien sûr basique, réduite à la météo, à l'évocation de nos ampoules aux pieds, des difficultés de la marche et de mille petites choses. Au besoin, en complément, nous recourions à l'écrit, par des dessins, des mots ou des phrases. C'est simple comme bonjour et cela suffit généralement. À chaque rencontre, nous distribuions notre tract qui donnait des informations sur notre opération, son objectif, son déroulement et nos revendications. En somme, le geste et l'écrit établissaient le lien. Ils réduisaient le fossé de l'altérité. Par la rencontre et l'échange, nos interlocuteurs acquéraient de nous une autre représentation. *De handicapés de la parole, nous devenions à leurs yeux des êtres de parole, des individus vivants mus par le désir d'aller à la rencontre des autres et de communiquer.* La rencontre changeait tout et pour beaucoup de nos interlocuteurs croisés sur le chemin, c'était une révélation...

Si cette forme de communication permettait une large palette d'échanges, elle demeurait toutefois bien limitée lorsqu'il s'agissait d'engager des conversations élaborées ou complexes. Là, on se heurtait à la barrière de la langue. Ces échanges plus consistants ont été rendus possibles par la présence de deux jeunes femmes, stagiaires interprètes, qui nous ont accompagnés sur le chemin depuis Paris jusqu'à la frontière de l'Italie. En passant d'une langue à l'autre et vice versa, ces interprètes servaient de passerelle linguistique entre nos interlocuteurs entendants et nous. Elles ne nous « assistaient » pas, comme le croiraient ceux qui nous réduisent à notre incapacité à parler le français sonore-vocal. Elles permettaient tout simplement la rencontre de personnes ne parlant pas la même langue, comme ce serait le cas entre des locuteurs monolingues et tout autre locuteur de l'une des quelque 6 000 langues principalement parlées dans le monde aujourd'hui.

Notre combat ne laissait pas indifférents les badauds croisés et les conversations allaient bon train. À entendre notre langue traduite par les interprètes, nos interlocuteurs comprenaient qu'il s'agissait d'une langue visuelle aussi complexe et élaborée que toute autre langue sonore-vocale. Ils découvraient ainsi la culture, l'histoire et le mode de vie des Sourds. Ils avaient certes entraperçu à la télévision ces curieux personnages parlant un mystérieux langage des mains, les avaient croisés dans les rues et les magasins. Mais cela, comme pour tant d'autres, n'était pour eux réduit qu'à quelques clichés fugaces vite absorbés dans le fonds culturel enfermant les Sourds dans les arcanes de la médecine. Et pour cause, nous sommes communément pensés non pas en termes de peuple, d'ethnie linguistique et culturelle, mais en termes de « tarés » de la nature, de blessés de la vie. Ce qui est habituellement pensé de nous, c'est : « Ah, ces pauvres déficients, ils ne parlent pas ! »

La parole, fondement de notre humanité

Effectivement, ne pas parler, cela renvoie à une vie de misère. La parole est le fondement de notre humanité, elle fait de nous des individus, elle nous permet de vivre en société, elle nous ouvre au monde et à notre essence. Nous passons une grande partie de notre temps à parler, à parler entre nous, à nous parler à l'intérieur de nous-mêmes. La parole nourrit nos rêves, elle est produite par nos désirs et les désirs s'appuient sur elle pour tracer notre destinée. *« Nous », c'est-à-dire vous, les entendants, et aussi nous, les Sourds. Notre essence et notre substance sont tissées par la parole. Nous fonctionnons pareillement, mais nous nous exprimons de manière différente, vous par le son et nous par le geste-mouvement.* Même chez les professionnels de la surdité, rares sont les gens qui comprennent que la parole peut passer par une autre modalité que le son et qu'elle peut être geste. Cela, avec autant de puissance et la même portée de créativité. Cette méconnaissance est le nœud gordien sur lequel se fracasse notre existence. Et la pensée d'Aristote, penseur grec du IVe siècle avant notre ère, ne nous arrange pas la vie ! Elle imprègne notre culture qui porte le son au centre du monde. Dans son *Histoire des animaux*, il avait en effet laissé une trace malheureuse sur nous : « Les Sourds de naissance émettent des sons, mais n'ont pas de langage. »

Ces entendants rencontrés sur le chemin de Milan nous découvraient donc pour la première fois comme s'ils étaient parachutés sur une autre planète. Passé l'émoi des premiers instants de la rencontre, la sympathie prenait vite place et, grâce aux deux stagiaires interprètes qui se relayaient pour traduire d'une langue à l'autre et vice versa, les échanges allaient bon train. Nous étions à chaque fois surpris de constater l'ignorance flagrante de nos interlocuteurs pour tout ce qui concerne notre existence. En fait, avant la rencontre, beaucoup d'entre eux ne se posaient même pas de questions au sujet des Sourds. Leur connaissance s'arrêtait à cette idée : « Les Sourds, ce sont des handicapés qui n'entendent pas. » Ils n'entendent pas, donc ils ne parlent pas. La réflexion n'allait pas plus loin. Mais l'intérêt de nos interlocuteurs était ravivé par la rencontre et aussi par notre marche. Et les questions fusaient, sortant du carcan des préjugés. Notre langue opérait chez eux une certaine fascination et, bien souvent, leurs interrogations tournaient autour de cette langue et de notre culture. Généralement, à nous entendre parler, avec le truchement des interprètes, ils trouvaient d'emblée tout à fait normal que nous usions de la langue des signes pour communiquer. Ils pouvaient voir et entendre qu'elle nous permet d'élaborer une grande variété de discours, allant du calembour à la discussion philosophique. En somme, que notre langue est une langue comme une autre, mais qu'elle utilise un canal différent de celui du son. De ces échanges, nos interlocuteurs entendants retenaient en fin de compte l'idée que nous ne sommes pas si différents d'eux, que nous partageons les mêmes préoccupations existentielles. Par la rencontre, par la communication, le fossé de l'ignorance peut être comblé, rendant caducs les préjugés.

Cela était également vrai pour nous : cette situation nous a confortés dans la conviction que les entendants lambda ne nous sont pas foncièrement fermés. Leurs difficultés à nous aborder et à entretenir des rapports justes avec nous viennent de leur peur de l'inconnu et de leur crainte de ne pas savoir se comporter avec nous. Le fossé vient aussi de notre difficulté à construire une parole collective cohérente et à la rendre publique. Le mur séparant les deux mondes, la société des entendants et le peuple sourd, tombe grâce à la communication. Il n'est pas de meilleure situation de communication que la rencontre en direct, les yeux dans les yeux. C'est ainsi que nous écoutons, en regardant notre interlocuteur dans les yeux.

Ainsi, à travers la forme écrite des récits qu'on va lire, les lectrices et les lecteurs ne verront certes pas les narratrices et narrateurs, mais nous espérons que *le caractère direct et vivant de nos paroles transcrites les incarnera dans leur pensée.* C'est-à-dire que lectrices et lecteurs auront le sentiment de se trouver face à des êtres en chair et en os. Qu'ils et elles se rapprocheront des narrateurs et que leur supposée étrangeté se muera en familiarité. Cet ouvrage a pour ambition de combler le fossé de l'ignorance en permettant aux lecteurs de nous approcher à travers nos récits. Nous voulons tout simplement vous parler de nous. Mais ce n'est pas simple pour nous. C'est bien au contraire la quadrature du cercle ! On va le comprendre à travers un bref aperçu de l'histoire du peuple sourd.

L'affirmation progressive de la notion de peuple sourd

Les Sourds existent depuis la nuit des temps. On trouve quelques rares traces de leur existence dans la littérature de l'Antiquité. Des intellectuels se sont demandé s'ils ont une intelligence, s'ils peuvent accéder au verbe, si leurs gestes leur permettent de penser aux choses abstraites. Le philosophe Aristote dont la pensée influence notre culture a, nous l'avons vu, posé une étiquette négative sur les Sourds en les comparant à des animaux. Pour un penseur toujours cité avec vénération par les philosophes actuels, c'est un bien piètre raisonnement. S'il s'était donné la peine de s'interroger sur la vivacité des yeux des Sourds et sur l'habileté de leurs mains à décrire le monde avec précision, ses réflexions sur la pensée, le langage et la langue auraient été sans doute différentes. Et l'histoire aurait pris un autre cours. Pour cela, il aurait fallu qu'il rencontre des Sourds qui avaient pu développer leur langue. L'environnement de l'époque ne lui a sans doute pas offert cette opportunité.

Quelques rares esprits cependant ont tracé une image nettement plus valorisante des Sourds. Tel Léonard de Vinci qui, dans son *Traité de la peinture*, a écrit : « Ceux-là seraient bien enseignés qui imiteraient des Sourds qui parlent avec le mouvement des mains et des yeux et des sourcils et de toute leur personne dans leur volonté d'exprimer le concept de leur âme. »

Quoi qu'il en soit, en ces temps lointains, c'est de manière générale en des termes réducteurs que les Sourds étaient définis : ils n'entendent pas, ils ne parlent pas, donc ils ne pensent pas. Ils étaient considérés comme des idiots. Cette pensée a d'ailleurs perduré au Moyen Âge. Que pensaient les Sourds de cette dévalorisation sociale ? Comment se percevaient-ils eux-mêmes ? Avaient-ils une conscience d'eux-mêmes, de leur différence par rapport à leur entourage entendant ? Questions évidemment sans réponse tant les données historiographiques sont muettes à leur sujet. Cependant, nous pouvons supposer que, jusqu'à une date récente, les Sourds n'avaient pas de visibilité sociale en tant que porteurs d'une langue spécifique. Hors de l'audition et du son, il n'y avait pas de place pour le geste.

Ce n'est qu'à partir des années 1820 que la notion de peuple sourd a émergé dans les esprits sourds. Ferdinand Berthier (1803-1886) en a été l'instigateur. Il revendiquait l'émergence de ce qu'il appelait la « nation sourde ». Ce Sourd qui enseignait à l'Institut national des jeunes Sourds de Paris a pris conscience de l'importance de la langue des signes pour l'accès au savoir et pour la constitution de la culture sourde. Et pour cause, il avait été éduqué dans cette langue et elle avait fait de lui un homme lettré et cultivé. Un homme qui marque l'histoire des Sourds par sa vision d'avant-garde. Devenu professeur, c'est inlassablement qu'il contribua à l'éveil des consciences sourdes. Non seulement auprès de ses élèves en leur dispensant une instruction de haut niveau, mais aussi dans le cadre de ses activités associatives, politiques et littéraires. Dès 1834, il lança la tradition des banquets annuels pour honorer la mémoire de Charles-Michel de L'Épée, appelé l'abbé de l'Épée (1712-1789).

Une commémoration marquante à laquelle sont toujours attachés les Sourds actuels puisque ce religieux a créé dans la seconde moitié du XVIIIe siècle la première école de Sourds au monde. C'est en effet la première fois dans l'histoire que l'idée même que les Sourds puissent être éduqués par le moyen de leur langue des signes est entrée dans les mœurs. Du point de vue des Sourds, cet événement représente une révolution, puisqu'il les faisait passer du statut de déshérités irrécupérables à celui d'êtres humains. Jusque-là, seuls quelques rares Sourds issus de la noblesse bénéficiaient de l'instruction par la voie du préceptorat. Mais ces pratiques étaient peu connues et n'ont laissé que quelques traces insignifiantes dans les annales. L'abbé de l'Épée, lui, a vraiment fait changer l'histoire des Sourds. Il a institué un enseignement de masse en accueillant des enfants issus de toutes les couches sociales. Un enseignement fondé sur l'utilisation de la langue des signes comme vecteur pédagogique. Son initiative a ouvert une brèche dans la pensée dominante de l'époque, permettant un autre regard sur les Sourds. D'infirmes, de laissés-pour-compte et de victimes de l'infortune, les Sourds devenaient des personnes ayant une âme et douées de raison. Le champ des possibles s'ouvrait à eux en matière d'accession sociale et professionnelle. Y compris celui d'éduquer eux-mêmes les enfants sourds et même celui de diriger une école (il y avait au début du XIXe siècle sept écoles dirigées par des Sourds). Cette avancée sociale a pu se faire grâce à la langue des signes.

Contrairement à ce qu'on croit souvent, l'illustre pédagogue n'a pas créé cette langue. Elle existait avant lui au sein de groupements de Sourds à Paris comme l'atteste l'ouvrage de Pierre Desloges (1747-1792), *Observations d'un Sourd et muet, sur un cours élémentaire d'éducation des Sourds et muets.* Relieur de métier, il a écrit en 1779 ce qui est considéré comme le premier livre publié par une personne sourde, dans lequel il recommande l'utilisation d'une langue signée pour l'éducation des enfants sourds. La langue des Sourds et leur culture ont pris leur essor à Paris, dans les murs de l'Institut de « Saint-Jacques ». Le rassemblement des enfants sourds dans ce lieu formait en effet l'embryon de la communauté sourde et celle-ci a étendu sa filiation dans le monde entier et jusqu'à nos jours, avec plus ou moins de bonheur. À une certaine époque, nous allons le voir, elle a été gravement compromise au point de frôler l'extinction.

L'abbé de l'Épée était convaincu que, grâce à la mimique, qu'il appelait aussi la langue des signes, les Sourds pouvaient devenir « de bons chrétiens et de bons citoyens ». Idée qu'il n'avait de cesse de faire valoir dans ses ouvrages pédagogiques et dans les séances publiques auxquelles les notables de la Cour étaient conviés. Le parler charismatique qu'il avait acquis lors de sa profession première d'avocat et les démonstrations des élèves répondant avec intelligence aux questions éblouirent l'assistance. Imaginez le décorum, l'époque était à la croyance en la bestialité des Sourds et on assistait là à un spectacle extraordinaire : sous de beaux habits, les « enfants de l'infortune » discouraient avec emphase et répondaient avec pertinence aux questions dans quatre langues différentes ! Ces séances visaient à solliciter les générosités et les appuis, pour subvenir à l'éducation des enfants et à leur intendance. Et à se constituer également un réseau d'alliés convaincus par la thèse de la langue des signes, car les détracteurs n'étaient pas loin... La nouvelle se propagea vite et bon nombre de pédagogues de France et de différents pays vinrent apprendre auprès de l'abbé de l'Épée sa nouvelle pédagogie. En un laps de temps relativement court, des écoles furent créées dans le monde entier. Rien qu'en France, dans la seconde moitié du

XIXe siècle, soit un siècle après la fondation de la première école, on en comptait une centaine. Cela donne une idée de la rapide propagation de la doctrine de l'abbé de l'Épée. De plus, en cette période, ces écoles comportaient un nombre significatif de Sourds dans le personnel éducatif et de service, entre un quart et un tiers des effectifs. Il y avait une dizaine de directeurs sourds. À la lumière de l'évolution des représentations sur les Sourds depuis l'Antiquité, les XVIIIe et XIXe siècles représentent donc une exception : les Sourds peuvent alors recevoir une instruction et devenir acteurs et même promoteurs de l'éducation de leurs pairs. Nous sommes loin de l'idée qui prévalait depuis des siècles : les Sourds sont des idiots. Une bascule à 180 degrés !

Cependant, cette ascension fulgurante fut de courte durée. Elle fut mise à mal par le courant antagoniste : l'oralisme. Du temps de l'abbé de l'Épée, ce courant était notamment représenté par Jacob Rodrigue Pereire (1715-1780). Ce pédagogue privilégiait la « démutisation », la lecture sur les lèvres, l'apprentissage précoce de la lecture et utilisait la « dactylologie », système manuel d'épellation de l'alphabet français qui n'a rien à voir avec le parler naturel des Sourds. Cette doctrine, qui entretenait l'idée de faire accéder les Sourds à la « normalité » par la parole vocale-sonore, eut de nombreux partisans au sein même du gouvernement.

Le congrès de Milan de 1880, un coup de massue dans la destinée des Sourds

Pour contrer l'ascension de ceux qui utilisaient la langue des signes, l'institution Pereire organisa un Congrès international sur l'« amélioration des sourds-muets » à Milan du 6 au 11 septembre 1880. Cette institution exclusivement oraliste avait été fondée en 1875 à Paris par les riches banquiers Isaac et Eugène Pereire, respectivement petits-fils et arrière-petit-fils de Jacob Rodrigue Pereire. Le congrès bénéficia de l'appui du gouvernement français qui y dépêcha deux délégations, celle du ministère de l'Intérieur et celle de l'Instruction publique. Y participaient en grande majorité des pédagogues entendants (deux cent vingt-cinq entendants pour seulement trois Sourds) acquis à la doctrine oraliste. Les partisans de l'abbé de l'Épée, les Sourds *a fortiori*, furent évincés du débat.

Ce rassemblement international des experts de l'éducation des Sourds n'était pas porté par un esprit impartial de confrontation des différentes figures pédagogiques, de recherche objective des meilleures solutions pour les enfants sourds. Bien au contraire, en amont, les participants avaient été choisis pour leur adhésion à la doctrine oraliste. Les frais de leur participation étaient financés par les riches banquiers Pereire. Le nombre très restreint de participants acquis à la pédagogie de l'abbé de l'Épée ne put infléchir les débats qui mirent en avant les prouesses la méthode oraliste. Le congrès de Milan était en effet une mise en scène savamment orchestrée, avec des démonstrations publiques falsifiées et force pécules et pots-de-vin pour imposer la thèse oraliste. La voix des partisans de la langue des signes fut étouffée. À l'issue des débats fut clamée à l'unanimité la fatidique sentence « Viva la parola ! » La thèse avancée était la suivante : « Les Sourds peuvent et doivent apprendre à parler et à lire sur les lèvres », dans une approche pédagogique excluant totalement la langue des signes.

Par la suite, cette conclusion servit aux délégations françaises à officialiser la méthode oraliste. Par sa prétendue dimension internationale – alors que la représentation des différents pays était très déséquilibrée, les Italiens et les Français fervents de la doctrine oraliste étant majoritaires – et par les titres des congressistes présentés comme des experts de l'éducation des Sourds, ce congrès servit à légitimer et à accélérer la réforme de la pédagogie vers le « tout oraliste ». Dès décembre 1880, le ministre de l'Intérieur, Adolphe Franck, fit établir un rapport où il demandait que tous les établissements français se soumettent aux résolutions du congrès de Milan et conclut : « Il faut que l'enseignement de l'articulation en soit la règle générale, la règle absolue[3]. »

Cette réforme (l'injonction de la « méthode orale pure ») fut progressivement mise en application par le gouvernement français dans les différents établissements. Les premiers à en subir les conséquences furent les professeurs sourds : dans les établissements privés, ils furent exclus de l'accès à la fonction d'enseignant par un arrêté dès 1884[4] ; dans les instituts nationaux, ils furent purement et simplement renvoyés en 1887. Des mesures coercitives furent prises à l'encontre des directeurs d'établissement refusant d'appliquer la méthode orale pure : baisse, puis suppression des subventions d'État.

On le voit donc : si la langue des signes ne fut frappée d'aucune interdiction formelle en tant que telle, tout fut mis en place pour son éradication. Dans la pratique pédagogique comme dans la vie des enfants sourds qui étaient pour la plupart en internat, tout fut mis en œuvre pour écarter son apprentissage et sa diffusion. Outre les mesures évoquées (renvoi des enseignants et directeurs sourds, fermeture ou conversion forcée des établissements pratiquant la langue des signes), les pratiques de coercition étaient d'une sauvagerie inouïe : séparation des élèves mettant les anciens bénéficiaires de la méthode gestuelle à l'écart des nouveaux pour éviter leur « contamination » par la langue des signes, sanctions sévères à l'encontre de ceux qui étaient pris en flagrant délit

3 *Rapport au ministre de l'Intérieur et des Cultes sur le Congrès international réuni à Milan du 6 au 12 septembre pour l'amélioration des sourds-muets et sur l'état de l'instruction des sourds-muets dans les principaux établissements qui leur sont consacrés en Italie*, *Journal officiel*, 18 décembre 1880.

4 Arrêté du 3 septembre 1884 du ministère de l'Intérieur, instituant des certificats d'aptitude à deux degrés pour « les personnes qui se destinent ou sont employées à l'enseignement des sourds-muets élèves-boursiers des départements ou des communes ». Les épreuves des certificats portent sur l'enseignement de la parole et de la lecture sur les lèvres. Les Sourds en sont exclus et ils ne peuvent plus postuler à un emploi de professeur après cette date (cité par Florence ENCREVÉ, *Les Sourds dans la société française au XIXe siècle*, Créaphis Éditions, Grane, 2012).

de parler avec leurs mains (jusqu'à la mise en cachot), et aussi effacement des écrits et des œuvres artistiques témoins de l'apogée du bienfaiteur des Sourds. Le congrès de Milan a ainsi constitué une douloureuse tragédie pour les Sourds : celle d'être exclus de l'usage de la langue des signes, de leur langue. Celle de l'exil. Car la langue est tout un territoire.

On peut s'étonner de l'impact du congrès sur l'éducation des Sourds, entraînée vers l'exclusion massive et sans merci de la langue des signes, alors que celle-ci avait, dans nombre d'écoles, donné la preuve de son efficacité. Ce revirement brutal a été facilité par le contexte de l'époque, qui voyait la convergence de plusieurs influences : l'unification de la langue française sous le gouvernement de Jules Ferry réprimant par ailleurs les langues régionales et minoritaires, l'apparition des premiers appareils acoustiques et le prestige naissant de la médecine allopathique qui se faisait fort de résoudre la question du déficit auditif et de ramener les Sourds à la « normalité ».

En l'espace de quelques années, la bascule vers un système éducatif totalement régenté par la doctrine oraliste a plongé les peuples sourds français et italien dans un obscurantisme qui durera plus d'un siècle. Et l'influence néfaste du congrès de Milan s'est étendue à nombre d'autres pays, ceux de la Scandinavie et les États-Unis ayant été dans une certaine mesure épargnés. En l'espace de quelques décennies, l'écart entre ces derniers pays et la France est devenu net pour ce qui est du niveau culturel général des Sourds : là où les Sourds suédois et américains accédaient à de hauts postes universitaires, les Français étaient au mieux cantonnés aux métiers manuels.

Malgré la volonté politique de ceux qui cherchaient à l'éradiquer, la langue des Sourds s'est transmise dans la clandestinité, déjouant la vigilance des éducateurs oralistes. Et puis le réseau des groupements de Sourds a perduré, notamment à travers la pratique vivante des sports, les rencontres, les activités d'entraide ou les fêtes, ce qui a permis à la langue de se perpétuer de génération en génération. Par ailleurs, les

5 % d'enfants sourds nés de parents sourds ont assuré la transmission de la langue des signes, contribuant ainsi fortement à sauver notre patrimoine linguistique.

Reste que notre langue a été gravement mise à mal et a failli disparaître. Sur cent ans, les entraves à son usage lors de la scolarité et sa stigmatisation entretenue par l'environnement sociopolitique ont entraîné son appauvrissement et une baisse notable du niveau culturel des Sourds. Le congrès de Milan a provoqué le déclin de leur vie intellectuelle. En témoigne, entre autres effets pervers, la chute des productions littéraires et des périodiques qui servaient de lien entre les Sourds et cimentaient une vie associative particulièrement riche au XIXe siècle. En quatre décennies, de 1880 à 1920, le nombre annuel d'œuvres littéraires est passé de cinq à zéro et celui des périodiques de vingt à un seul. Puis plus rien jusqu'à 1975. Ce fut la mort des lettres et des arts sourds.

La version sourde de la Belle au bois dormant : le « réveil sourd »

Comme dans le conte de Charles Perrault, il a fallu attendre presque cent ans pour que, dans les années 1970, sous l'influence des États-Unis et de la Suède qui ont préservé l'héritage de l'abbé de l'Épée, le peuple sourd français se réveille et commence à s'affranchir de l'obscurantisme engendré par le congrès de Milan. Curieux revers de l'histoire, c'est grâce à un Sourd français élève de l'abbé de l'Épée, Laurent Clerc (1785-1869), qu'en un siècle s'est développé sur le sol des États-Unis tout un réseau d'écoles s'inspirant de la pédagogie de cet ecclésiastique. L'université des Sourds de Gallaudet à Washington (DC), qui accueillait en 2017 3 000 étudiants sourds, en constitue le fleuron en matière d'éducation des Sourds et est unique au monde. On peut y voir la preuve de la portée immense de la langue des signes : les domaines pointus de la physique nucléaire, de la biologie moléculaire, du droit international, de la paléoclimatologie, etc. y sont parfaitement accessibles aux Sourds.

Pour la première délégation de Sourds français qui visitait ce pays en 1978, cette découverte des possibilités alors insoupçonnées fit l'effet d'une déflagration, comme s'ils atterrissaient sur une autre planète ! Dans ce pays à fort brassage linguistique, la langue des signes est reconnue comme quatrième langue nationale.

À cette période, appelée le « réveil sourd », un mouvement militant émerge et se développe en France. Rassemblant des professionnels de l'éducation, des chercheurs et des parents, Sourds et entendants, il interpelle les pouvoirs publics sur l'échec massif de la méthode oraliste et sur le droit des Sourds de recevoir un enseignement dans leur langue. Dès 1976, à Paris, le premier cours de LSF (langue des signes française) est créé et rapidement d'autres villes suivent l'exemple. La question des Sourds, de leur langue et de leur culture fait l'objet de recherches pluridisciplinaires : sociologie, pédagogie, linguistique, psychologie, etc. Dans les années 1980, l'université reconnaît à la langue des Sourds le statut de langue à part entière au même titre que toute autre langue vocale-sonore. La communauté sourde est alors considérée comme une ethnie ayant une culture spécifique : la culture sourde. Dans notre pensée d'alors, cet événement a un caractère inouï ! Imaginez un peu, nous vivions dans la honte de nos mains et de notre condition de Sourd depuis un siècle et, un beau jour, les hauts lieux de la science les magnifiaient ! Quel bouleversement pour nous !

Petit à petit, les Sourds acquièrent une autre vision d'eux-mêmes, se détachant ainsi de la longue influence de la doctrine oraliste. Ils entrent sur la scène politique, clamant leur identité linguistique et culturelle, prennent en main leur destinée en investissant différents domaines de la vie sociale, notamment l'éducation. D'objets longtemps asservis au culte de la parole sacro-sainte, ils deviennent des citoyens-acteurs luttant pour leurs droits. Le fer de lance de leur combat est la reconnaissance de leur langue et de leur culture. Cependant, le cheminement vers leur émancipation n'est pas aisé, tant les institutions françaises et les mentalités, même chez les Sourds, sont fortement imprégnées de l'héritage de « Milan ».

La situation actuelle

En 1991, l'« amendement Fabius » à la loi n° 91-73 du 18 janvier reconnaît aux familles le droit de choisir une communication bilingue, langue des signes/français, dans l'éducation de leur enfant sourd. C'est la première fois que la langue des Sourds est inscrite dans les textes de loi.

Les années 1980 voient la création de quelques classes bilingues. Même si leur bilan se révèle nettement positif, leur développement n'est toujours pas assuré trente ans plus tard. Il est tributaire de l'aval accordé par les instances locales et régionales, et de l'investissement militant des parents et des Sourds. En 2016, seulement 150 enfants bénéficiaient d'une filière bilingue complète de la maternelle au lycée sur 60 000 enfants sourds en scolarité. L'annexe XXIV quarter de la loi du 30 juin 1975, dite « loi d'orientation en faveur des personnes handicapées », a instauré une politique massive d'« intégration » en milieu ordinaire, c'est-à-dire dans les écoles d'entendants. Une grande majorité d'enfants sourds est ainsi écartée de la communauté sourde (les grandes institutions d'antan, regroupant plusieurs dizaines d'élèves, jusqu'à 300 ou 400 pour certaines, sont en effet la préfiguration de cette communauté). Ils sont de ce fait écartés de la langue des signes et un grand nombre d'entre eux ne la découvrent qu'une fois sortis de leur parcours scolaire, à l'âge adulte.

Si son interdiction est officiellement abrogée en 1977 et si la loi « pour l'égalité des droits et des chances, la participation et la citoyenneté des personnes handicapées » du 11 février 2005, dite « loi handicap », accorde aux parents le choix entre une éducation bilingue et une éducation oraliste, le gouvernement n'encourage pas pour autant l'orientation des enfants sourds vers les filières bilingues. Les parents qui ont fait le choix de la langue des signes doivent se livrer à un véritable parcours du combattant. Les différents acteurs de l'éducation des Sourds sont en effet majoritairement portés par l'option de l'oralisme. Et la langue des signes, si elle n'est pas explicitement rejetée, n'est bien souvent considérée que comme un complément, un dernier recours, un palliatif.

En somme, pour résumer la situation, si la loi handicap appelle en principe à un équilibre des offres dans les deux options, l'oralisme et le bilinguisme, dans les pensées et les applications, *la vision médicale et rééducative prédomine et oriente prioritairement le choix des parents* vers la première. En amont, préalablement à la décision des parents, les dispositifs d'information sur les différentes facettes de l'existence des Sourds sont lacunaires, voire inexistants, pour tout ce qui touche aux dimensions linguistiques, historiques et culturelles du peuple sourd. En tout cas, rares sont les Sourds qui y sont associés en tant qu'acteurs pour informer eux-mêmes les parents.

De surcroît, la transition vers le bilinguisme a été freinée avec l'avènement de l'implant cochléaire. Cet implant électronique vise à fournir un certain niveau d'audition pour des personnes atteintes d'une surdité profonde (surdités endocochléaires profondes) ou sévère et pour des personnes souffrant d'acouphènes. Des électrodes posées chirurgicalement permettent de stimuler directement les terminaisons nerveuses de l'audition situées dans la cochlée. Le premier implant cochléaire date de 1974. Depuis, il est appliqué à une vaste échelle. Son développement est facilité par la prise en charge totale par la Sécurité sociale. Le coût global de l'implant cochléaire est estimé à environ 45 000 euros. Il comprend les bilans préopératoires, l'opération, l'implant lui-même et la prise en charge postopératoire (réglages, longue rééducation orthophonique).

Du premier cornet acoustique à l'implant cochléaire, l'espoir a toujours été de guérir la surdité. Les mêmes mots se retrouvent autour de la dernière avancée médicotechnologique : la solution est là ! Les mêmes espoirs, les mêmes promesses... Et les mêmes illusions. Les confusions demeurent et, avec l'implant cochléaire qui nécessite un lourd appareil chirurgical et rééducatif, elles prennent dans la politique actuelle un tour encore plus pernicieux. Pratiquement aucune marge n'est laissée aux parents pour envisager la surdité autrement que comme un problème médical. Ainsi, fragilisés par un désarroi bien compréhensible, face à la réponse unilatérale de la toute-puissante science, ils sont maintenus dans une forme de déni au lieu d'être accompagnés dans la reconnaissance de la réalité de leur enfant. Les résultats sont loin des promesses. Les lacunes, les limites, les échecs voire les accidents de cette médecine sont passés sous silence. Et les mains des Sourds sont encore plus emprisonnées dans l'interdit de parole.

L'arrêté du 23 avril 2012 relatif à l'organisation du dépistage systématique de la surdité néonatale entérine plus que jamais l'orientation de la politique de santé à l'égard des Sourds. Elle consiste à *normaliser* les enfants dans le registre du sonore par le recours à la biotechnologie et par une assimilation prolongée dans la culture des entendants lors de leur scolarité. Les enfants sourds sont en grande majorité canalisés dès les premiers jours dans la filière de soins, dans un parcours qui effleure à peine la langue des signes, quand elle ne l'exclut pas complètement. Un parcours qui en tout cas la stigmatise. L'importance est tout entière donnée à la rééducation auditive et à l'acquisition de la parole vocale-sonore. La Belle Sourde au bois dormant serait-elle condamnée à retourner à sa léthargie ?

Bien souvent, les enfants sourds qui grandissent dans un tel contexte découvrent à un âge tardif une communauté obéissant à des règles de communication inconnues d'eux et régie par toute une histoire et un réseau international. Ils découvrent alors un monde nouveau dont on les a tenus à l'écart plus ou moins sciemment. On imagine le choc...

Du silence à la parole

Le contexte historique donne sens aux récits qu'on va lire. Si les Sourds existent depuis la nuit des temps, l'existence d'une communauté s'affirmant en tant que dépositaire d'une langue et d'une culture est relativement récente. Sous l'influence de Ferdinand Berthier et d'autres leaders sourds qui ont bénéficié de l'enseignement dans la langue des signes, ce concept a émergé dans leur esprit dès le début du XIXe siècle. Il existait bien auparavant, dans les grandes villes tout au moins, des groupements de Sourds. Cependant, la recherche historique sur le sujet, encore balbutiante, ne nous dit pas comment ils étaient constitués, quels étaient les modes de socialisation, quelles relations existaient entre les différents groupes, comment s'opéraient les contacts avec les entendants, etc.

À partir du moment où les Sourds se sont reconnus comme ethnie linguistique et culturelle, ils ont commencé à revendiquer leur reconnaissance sociale. Ferdinand Berthier et à sa suite quelques meneurs se sont attachés à se rendre visibles auprès des politiques, des écrivains, des journalistes et autres personnages influents de l'époque. Ils ont compris que leur sort dépendait des appuis d'« en haut », notamment de leur inscription dans la législation en tant que citoyens à part entière.

L'ouverture des Sourds à l'éducation de masse reposant sur leur langue naturelle a déclenché leur ascension sociale. Une communauté se forme alors avec le développement de diverses activités intellectuelles, culturelles, ludiques et sportives. Non seulement les Sourds se retrouvent entre eux, mais ils organisent des passerelles avec les entendants. La littérature et les périodiques qui étaient nombreux pendant la seconde moitié du XIXe siècle attestent leur préoccupation de se faire connaître et de prendre une place effective dans la société. En un laps de temps très court, les échanges internationaux se développent. Ils ouvrent le regard sur la diversité des modes de vie et aussi sur la similitude des problèmes rencontrés dans les relations avec les entendants. Et, surtout, les Sourds se reconnaissent à travers un mode de communication partagé : la communication visuo-corporelle. Cette composante essentielle de leur identité tant individuelle que communautaire les distingue justement des entendants. Des expériences et des savoirs s'échangent et se capitalisent. Sur ce terrain, les Sourds se sentent renforcés dans une identité partagée et se découvrent même une supériorité par rapport aux entendants. Leurs langues visuelles, si elles sont dissemblables d'un pays à un autre, présentent en effet une flexibilité telle qu'elle permet facilement de contourner les barrières linguistiques. Cette caractéristique que n'ont pas les langues vocales confère aux langues des Sourds une portée universelle.

Cependant, malgré l'ascension fulgurante de leur socialisation, la situation des Sourds est très fragile. Elle dépend en effet des ouvertures que leur accorde la société. Nous avons vu que, sous la pression du mouvement oraliste, les vents ont tourné jusqu'à l'aboutissement tragique de l'interdiction de la langue des signes dans l'éducation. Le congrès de Milan a porté un coup fatal à la culture sourde et s'en est ensuivie une longue période obscurantiste. La résistance sourde qui s'est organisée pour contrer les effets pervers de ce congrès s'est amenuisée au bout d'une vingtaine d'années. Un voile s'est abattu sur ce qui tient lieu dans notre mémoire collective de « belle époque ».

Après les fastes du XIXe siècle qui a vu éclore au sein du peuple sourd des richesses artistiques et littéraires, y compris celle de la langue des signes qui s'est développée à un haut niveau durant plus d'un siècle, le silence s'est installé, les mains se sont tues... Les jeunes vies sourdes ont été désormais sacrifiées sur l'autel de l'oralisme pur et dur. Toutefois, le fait qu'elles vivent groupées dans les grandes institutions les a sauvées de l'anéantissement linguistique et culturel. La transmission de la langue des signes a pu s'y poursuivre dans la clandestinité et grâce à l'apport des enfants de parents sourds. Ceux-ci ont pu, par leurs contacts avec une communauté sourde, bénéficier d'une filiation linguistique.

Cette langue était néanmoins vivante en dehors des murs des institutions, un réseau associatif subsistant notamment grâce à la pratique des sports. Malgré l'interdit, la langue des signes, notre langue, n'a pas disparu et a pu se transmettre jusqu'à nous. Cependant, du fait d'une répression massivement soutenue sur une longue période, elle s'est considérablement appauvrie. Le dégât le plus terrible est que cette répression porte atteinte aux fondements de notre identité tant individuelle que collective. Nous ressentons dans notre chair ses méfaits dans notre difficulté à affirmer notre dignité d'êtres humains. Dans notre difficulté à élaborer et à dire notre parole.

Le « réveil sourd » des années 1970 marque, en France et en Europe, un tournant important dans l'histoire des Sourds sous l'influence de certains pays qui ont été épargnés par les retombées du congrès de Milan. Au cours de cette période où nous sommes sortis de l'obscurantisme lié à l'interdit de notre langue, une autre vision de notre condition a émergé dans nos esprits : nous sommes passés du statut de handicapés au statut d'êtres humains dépositaires d'une langue et d'une culture spécifiques.

Transformations, évolutions, traversées...

Ainsi, nous, narrateurs, avons vécu cette heureuse transition. Nous sommes passés d'une éducation toute vouée au culte de l'oralisme à un contexte valorisant la langue et la culture des Sourds. Même si certains d'entre nous étaient en contact avec cette langue durant leurs jeunes années, la conscience de sa valeur linguistique et de son lien avec la communauté sourde n'est survenue qu'à l'âge adulte. Comme vous pourrez le lire dans les récits, cette découverte a agi comme un révélateur, enclenchant tout un processus de transformation et d'évolution.

Processus plus ou moins laborieux selon les parcours. En tous les cas, ce passage de la dénégation à la valorisation de la langue des signes et de la culture des Sourds amène les protagonistes à vivre de nouvelles expériences en matière de communication, de nouveaux rapports à soi et à l'autre, une redéfinition de ces autres que nous appelons les « entendants ». De cela, nous parlons plus ou moins. C'est pour nous une démarche difficile. La réappropriation de sa propre langue marque l'entrée dans un autre système de pensée et dans la construction de nouveaux comportements. Les pas sont souvent mal assurés. Traversée plus ou moins douloureuse. Conquête incertaine de son individualité, tant sont prégnantes les marques de l'oralisme, cette doctrine qui sacralise le son et qui surtout dévalorise la culture sourde. En effet, on ne se détache pas facilement des valeurs acquises durant son enfance. À cela s'ajoute l'empreinte de la famille qui ajoute son lot de confusion. En effet, au sein de nos familles entendantes, la langue des signes était totalement absente. Et nous avons grandi sous la pression continuelle de leurs attentes. Attentes que nous intégrions une langue qui n'était pas la nôtre. Attentes que nous nous comportions comme des entendants, autrement dit que nous soyons autres que nous-mêmes ! C'est un poids bien lourd à porter... Et il est bien dur de s'en détacher !

On nous a inculqué l'idée que la parole est exclusivement vocale-sonore. Dans cette optique, le geste n'a pas l'attribut de la parole. Elle n'est que son et notre salut ne tenait qu'à cette parole-là ! Il fallait qu'on s'échinât à l'acquérir au prix d'un long entraînement orthophonique. Tant les éducateurs et les orthophonistes que les parents ne cessaient de nous exhorter dans cette voie. Tel un leitmotiv, on ne cessait de nous répéter : « Il faut parler ! » Par la bouche évidemment. Cette injonction, nous l'avons intégrée avec la force de l'évidence. Autant le son était sacralisé, autant le geste était honni. Les récits dévoilent à peine les blessures et les limitations causées par la double contrainte : l'interdit de notre langue et l'injonction oraliste. Il y a la question de la pudeur, mais pas seulement. La difficulté tient justement à élaborer une parole sur une expérience que notre entendement peine à saisir, à mettre en mots. Il n'est pas facile de dévoiler à soi-même la part sombre de son histoire. En effet, comment parler de la non-parole ? Comment parler de cette expérience paroxystique qui nous a condamnés au silence, à l'effacement de soi, à la dénégation de ce qui constitue la part intime, fondamentale et primale de son être ? Ce serait ouvrir la porte des douleurs longtemps refoulées.

Nous vivons dans une culture dans laquelle notre place se révèle problématique, dans laquelle notre expérience s'inscrit sous un mode conflictuel. Nous nous heurtons au présupposé vieux comme l'humanité que le verbe est sonore, que la langue est véhiculée exclusivement par le canal oral-vocal-sonore, de la bouche à l'oreille et vice versa, que la pensée est étroitement liée à la parole sonore. L'emprise du son est dans les esprits. Un Sourd qui articule des sons, même s'il est en deçà d'une réelle maîtrise de la langue orale-vocale, est communément valorisé. Cela rassure les entendants qu'il fasse l'effort de se rapprocher d'eux en optant les comportements linguistiques de ceux-ci, *en donnant l'apparence de la normalité*. Cette apparence rassure les entendants, mais ils ne voient pas que cette performance toute relative n'est atteinte qu'au prix de grandes contraintes physiologiques et psychologiques, d'une importante mais invisible dégradation de la personnalité. Les aptitudes de la créativité et de la conscience de soi sont considérablement entravées.

A contrario, un Sourd qui ne produit aucun son ou qui a une voix inintelligible est étiqueté « muet » même s'il parle brillamment la langue des signes. En fait, il n'est pas muet puisqu'il PARLE une langue que les entendants n'entendent pas avec leurs yeux. Nous entendons visuellement. Verbe, parole, langue, entendre, entendement... Autant de concepts révélateurs de la force de l'ethnocentrisme. Ils excluent nos manières de communiquer, de nous exprimer, de comprendre et de penser.

La marque est si profonde que, même si on acquiert une assise dans la langue des signes, il faut tout un remaniement conceptuel et psychique pour intégrer l'idée que *la parole peut se décliner sur le mode gestuel*. Pour arriver à penser « je parle » quand on utilise la langue des signes. Pour inscrire dans sa chair que *le geste est parole, qu'il est verbe*. Que nos mains sont parole. C'est une expérience difficile à partager avec vous, entendants, et les mots nous échappent. L'expérience de la non-parole qu'induit l'immersion prolongée dans une langue artificielle est spécifique à notre vécu. Le français oral-sonore demeure pour nous une langue artificielle, à cent lieues de l'aisance et des performances que permet la langue des signes. En notre vécu se cristallise tout un complexe de culpabilité, de honte, de confusion, de désintégration identitaire, de souffrance... Les points de suspension disent l'étendue du champ à explorer pour notre réhabilitation historique, pour la nécessaire reconnaissance institutionnelle de *notre légitimité d'êtres parlants*. Nécessaire parce qu'une société ne peut se dire évoluée si elle laisse une partie de ses citoyens à la frange de l'humanité.

C'est dans ce champ que s'enlise la sempiternelle opposition oralisme/gestualisme. Un faux débat parce que créé et entretenu par les partisans de l'oralisme, qui se tiennent si éloignés des réalités que nous vivons. Mais, portés plus par la passion que par la science, ces débats entachent lourdement les choix politiques et les orientations éducatives. Les expériences sourdes sont occultées dans la réflexion sur la question des Sourds ou sont si peu prises en compte. La différence de langue et surtout la corrélation implicite entre déficit auditif et infériorité intellectuelle rendent problématique leur appréhension. Pour le dire simplement : *on doute que les Sourds soient capables de penser leur condition et de trouver les solutions les meilleures*. Les experts de la surdité ne s'embarrassent pas en général de leur parole, qu'ils sont d'ailleurs incapables de comprendre. Ils choisissent le raccourci facile de les réduire à leur déficit auditif. De ce fait, ils mettent à l'ombre toute une science et toute une culture qui donnent la preuve d'une richesse extraordinaire. Science et culture qui montrent que le développement des capacités visuelles et corporelles, par l'usage sans restriction de la langue des signes, permet aux Sourds une vie pleine et heureuse.

Ce livre est une tentative de parole qui est à prendre comme telle : avec beaucoup de silences et d'interrogations. Notre histoire est un cheminement complexe et douloureux dans une culture dominante pour qui notre différence fait question. Le fossé entre la société et nous tient à l'ignorance : on nous connaît mal. En nous livrant, nous vous invitons dans notre monde. Puissent nos mots, nos histoires vous permettre de mieux nous connaître et surtout de nous voir comme des êtres humains bien vivants, comme vos semblables.

Bonne lecture, bonnes rencontres, bon voyage !

Nadia

Je vais vous raconter mon parcours de vie. Je suis née en Algérie en 1966, dans un petit village des montagnes de Kabylie. Très rapidement, ma grand-mère a remarqué que la petite fille que j'étais ne réagissait pas aux bruits. Mon entourage a donc automatiquement commencé à communiquer avec moi gestuellement, que ce soit ma famille ou mes voisins. J'ai ainsi passé mes premières années dans un environnement signant. Et c'est plus tard que j'ai découvert que toutes les autres personnes parlaient et moi non. Ma grand-mère m'a alors expliqué que moi, j'étais sourde, que les autres étaient entendants, mais que tout le monde communiquait en signes avec moi. J'ai intégré cette situation naturellement et je demandais souvent à ma grand-mère de m'expliquer les choses que je ne comprenais pas. Elle le faisait de bonne grâce et très patiemment, soit sur le moment, soit à la fin de la journée. Elle me racontait les liens entre les personnes, ma famille, les voisins… Ou bien alors, elle me contait des histoires de son invention.

Mon enfance dans les montagnes de Kabylie

Je l'accompagnais toujours pour garder les moutons. Elle se reposait près du troupeau pendant que je m'amusais à l'embêter. Parfois, je l'interrogeais sur ce que je voyais, par exemple, au sol, des traces qui ressemblaient à celles d'éléphants. Elle s'amusait à me faire peur en me racontant des histoires auxquelles je croyais : qu'il fallait faire attention aux éléphants qui venaient ici la nuit et qu'on ne remarquait pas la journée car ils s'en allaient au petit jour. C'était pure invention, mais moi, je la croyais.

Quand j'ai eu six ans, mes copains et copines, les enfants de mes voisins, ont commencé à aller à l'école. Une fille avait mon âge et je lui ai demandé si elle aussi allait à l'école. Quand elle m'a répondu qu'elle commencerait à y aller l'année suivante, j'ai été rassurée en me disant que j'irais moi aussi. J'ai dit à ma grand-mère et à ma mère que je voulais aller à l'école et elles m'ont répondu qu'il fallait que je patiente encore. Lorsque la rentrée est arrivée, je les ai suppliées de me laisser y aller. Elles n'étaient pas de cet avis mais ont fini par se laisser convaincre. Il a donc été décidé que j'irais accompagnée de ma cousine, de deux ans plus âgée que moi. Cette dernière m'a amenée jusqu'à ma salle de classe. J'étais ravie et fière d'aller à l'école, et pleine d'enthousiasme. Je pouvais enfin rêver d'un futur. C'était une porte qui venait de s'ouvrir.

Le sourire aux lèvres, je me suis assise dans la classe avec les autres élèves, toute fière d'être là. Les élèves étaient tous bien habillés, bien coiffés, les filles avaient les cheveux tirés et tenus par un ruban. Pour aller à l'école, il fallait être bien présenté. Le professeur a commencé à s'adresser à l'un des élèves en lui posant des questions auxquelles il devait répondre, tout cela bien sûr en parlant. Moi, tout en rêvant, j'observais les allers-retours entre le professeur et les élèves. Je n'arrivais pas à me croire enfin à l'école moi aussi. Et là, le professeur m'a désignée. Je me suis donc levée et j'ai commencé à parler, en articulant n'importe quoi. Le professeur s'est approché de moi et m'a donné une grande claque sur la joue. Je ne m'attendais pas à cette réaction. Toute la classe s'est mise à rire et à se moquer de moi. Ce fut un choc terrible et j'ai fondu en larmes. Alors que j'avais vraiment envie d'aller à l'école, je ne comprenais pas la raison de ces réactions. J'ai patienté jusqu'à la fin du cours. À la pause déjeuner, en me voyant dans tous mes états, ma cousine m'a raccompagnée à la maison.

Dégoûtée, je ne suis pas retournée à l'école. Je voyais mes copines s'y rendre et j'en étais envieuse : j'étais frustrée, j'avais aussi envie d'y aller. Quelque temps après, ma tante, elle-même professeur, m'a invitée à passer deux semaines chez elle. Depuis la fenêtre, je la regardais donner le cours à ses élèves. Parfois elle leur frappait les doigts avec une règle. Voyant cela, quand elle m'a proposé de venir dans sa classe, j'ai refusé. J'avais déjà été traumatisée par ma première tentative.

Pendant que les autres enfants étaient à l'école, j'aidais à la ferme. Je ramassais les olives tombées par terre et j'aidais mes grands-parents et ma mère quand ils avaient besoin de moi. Ils m'envoyaient faire des courses, acheter le pain. Ils me faisaient confiance et je leur rapportais ce qu'ils me demandaient. Je savais me débrouiller pour aller n'importe où et en profitais pour bavarder un peu avec les gens. À la fin de la journée, quand les enfants revenaient de l'école, j'étais contente car on jouait ensemble aux osselets ou à la corde à sauter. C'est ainsi que j'ai grandi au sein de ma famille.

Mon entrée à l'Institut national des jeunes Sourds de Paris (INJS)

Puis, un jour, mon père est venu pour organiser mon entrée à l'école. Il habitait alors à Paris, dans un appartement du Ve arrondissement qu'il partageait avec une partie de ma famille : mon grand-père et mon oncle. À cinq minutes de l'appartement, il avait trouvé une école pour moi : l'Institut Saint-Jacques. C'est en passant dans la rue qu'il avait vu cette école. Il a préparé le dossier administratif pour m'y inscrire. Ma grand-mère m'a alors annoncé que l'année suivante j'allais partir vivre en France (le signe que nous utilisions alors pour parler de la France était différent de celui qu'on connaît aujourd'hui). Moi, en France ? Là-bas ? Ma grand-mère m'a encouragée à y aller en me disant que c'était très bien et que, là-bas, j'apprendrais à écrire. Je n'étais pas si enthousiaste à l'idée de devoir m'éloigner et de quitter ma famille d'Algérie. J'étais inquiète de prendre l'avion pour la France et du fait que seule ma mère vienne avec moi. Ma grand-mère m'a rassurée en disant que je reviendrais les voir un peu plus tard. J'ai donc fini par me faire à cette idée.

Et, un jour, mon père est arrivé en Algérie pour organiser mon déménagement. On a préparé toutes mes affaires et mon père a commencé à m'apprendre à écrire. À mon arrivée en France, ça n'a pas été facile : partir de l'Algérie, perdre soudainement le lien avec mes proches, c'était un déchirement du cœur. À l'atterrissage, à la vue de cette grande ville qu'était Paris, j'étais complètement déboussolée. Rien à voir avec mon village natal : tout était plus grand, avec des voitures partout et des couples chics et hautains. Les supermarchés, comme Carrefour ou Auchan, étaient extrêmement bien rangés, avec une offre beaucoup plus diversifiée. Je me souviens d'avoir vu l'abondance de toutes ces choses, les fruits de diverses couleurs et d'avoir eu envie de tout acheter. C'était vraiment surprenant pour moi qui avais l'habitude de magasins beaucoup plus petits.

Le premier jour, mon père m'a fait visiter Paris ; il m'a emmenée dans beaucoup d'endroits. Mais le lendemain matin je me suis réveillée souffrante. Pendant deux semaines, je suis restée très malade, avec beaucoup de fièvre. Je n'ai pas supporté le changement brutal entre le climat montagnard de l'Algérie et celui de Paris.

Je restais beaucoup à la maison, tournant un peu en rond. Parfois, ma mère m'envoyait faire quelques courses. Malgré l'importance du trafic, elle me faisait confiance comme avant. J'étais très débrouillarde. Dans cette maison, je m'ennuyais un peu. Heureusement, dans la belle villa voisine, j'ai fait connaissance d'un enfant qui avait presque mon âge. On allait chez l'un ou l'autre pour s'amuser ensemble.

Quand j'ai eu onze ans, mes parents ont préparé mon entrée à l'école : les tenues adaptées et tout ce qui était nécessaire. Le jour de la rentrée, mon père m'y a accompagnée. La porte d'entrée de l'Institut Saint-Jacques était immense. Après avoir franchi le seuil, je me souviens de la statue au centre de la cour, avec des bâtiments tout autour. Quelques élèves étaient là et signaient entre eux. Le responsable des éducateurs nous a fait nous approcher et nous a accompagnés jusqu'à une salle de classe. Quand nous sommes entrés, j'ai été surprise de voir tous les élèves signer et le professeur également ! Quel soulagement ! Avant cela, ma seule expérience de l'école était en intégration avec un professeur qui parlait. Cette méthode oraliste m'était complètement inadaptée. À l'Institut Saint-Jacques, je me retrouvais enfin avec un professeur signant. En revanche, je me suis interrogée sur la diversité des cultures présentes. Il y avait des élèves d'origine asiatique, africaine, arabe... Je trouvais cela bizarre. Mais j'ai été accueillie très chaleureusement, on s'est bien occupé de moi. On m'a fait m'asseoir à une place. Au début, je ne savais pas ce que je devais faire, je partais presque de zéro. Les autres élèves avaient déjà une bonne pratique de la langue des signes. Moi, je signais un peu mais je ne savais pas du tout écrire. On m'a appris à faire des lignes, comme à la maternelle, d'abord des lettres, puis des chiffres, ce que j'ai très vite réussi. J'avais vraiment le désir de rattraper mon retard par rapport aux autres élèves. Je progressais vite.

Les côtés positifs de l'internat

En parallèle, je me rendais aussi dans le bureau de l'orthophoniste. J'ai d'abord appris à prononcer le mot « papa » puis le mot « maman ». J'ai facilement relié ces mots avec ce qu'ils désignaient et leur signe. De la même manière, à chaque séance, j'apprenais quelques mots nouveaux et je progressais. De manière générale, j'apprenais rapidement. Je progressais aussi au contact des élèves qui restaient à l'internat. Certains étaient plus âgés que moi. Par exemple, des filles qui avaient atteint leur puberté m'ont parlé des règles et m'ont expliqué que lorsque je les aurais, il faudrait faire attention à ne pas avoir de rapport sexuel avec des garçons. C'était ainsi que je découvrais le fonctionnement du corps humain. Les filles me conseillaient de m'épiler les sourcils, de me raser les aisselles et les jambes. Moi je n'avais pas vraiment envie de les écouter, par peur que ma mère ne me gronde. Je lui en ai parlé et effectivement, totalement contre, elle m'a dit de ne jamais le faire. Les filles m'ont demandé pourquoi je refusais de m'épiler et je leur ai expliqué que j'avais peur de la réaction de ma mère. Elles me disaient que c'était disgracieux, même si j'avais une très faible pilosité. Sur ces sujets, elles s'influençaient toutes les unes les autres. Elles me disaient aussi d'apprendre à embrasser, de faire un bisou à un garçon. On m'a raconté comment on faisait l'amour. Moi ça ne me tentait pas vraiment, car ma mère était vraiment effrayée à l'idée que j'aie une histoire avec un garçon. J'étais un peu ballottée entre les filles qui voulaient me pousser à faire des choses et ma mère qui me les interdisait, mais je tenais tête aux filles et suivais l'avis de ma mère à laquelle je faisais davantage confiance.

On rencontrait parfois d'anciens élèves de l'Institut qui avaient entamé leur vie active. Ils venaient prendre de nos nouvelles et nous étions contents de pouvoir les questionner sur le monde du travail. Ils nous disaient que c'était un peu déroutant au début mais que ça allait. Quand ils m'ont demandé à quel métier je me destinais, je leur ai répondu que j'allais faire couturière car je n'avais pas d'autres choix. Ils me l'ont déconseillé et m'ont dit de m'orienter plutôt vers la dactylographie. Le milieu de la couture était saturé et il était difficile de trouver du travail. J'ai donc écouté leurs mises en garde. Quand notre professeur nous a interrogés sur notre parcours métier, pour moi, il a conseillé la couture. J'ai alors répondu par la négative en disant que je voulais être dactylographe et travailler dans un bureau. J'ai argumenté face au refus du professeur, mais impossible de le convaincre ! Nous avons fini par nous mettre d'accord ; je lui avais suggéré de me laisser essayer pendant une semaine, à la suite de quoi, si l'essai n'était pas concluant, je changerais d'orientation.

La semaine d'essai s'est très bien déroulée. Le professeur technique s'est très bien occupé de moi et j'ai appris quelques bases de dactylographie. Ce professeur, qui s'appelait Bastide, m'a encouragée et a réussi à convaincre mon professeur d'enseignement général d'accepter mon choix, ce qui a eu pour résultat la validation officielle de mon orientation.

En première année, nous avons suivi des ateliers pour apprendre les rudiments de la dactylographie et nous avons acquis le vocabulaire commercial pour la rédaction de courrier et les échanges de communications. Le professeur ne connaissait que quelques rares signes. Il écrivait au tableau puis lisait le tout en intégrant çà et là quelques signes qu'il maîtrisait, par exemple le signe [commerce]. Avec cette façon de procéder, je suivais difficilement le cours, je devais reconstruire le sens des phrases et je ne comprenais pas tout. Certains des élèves à mes côtés étaient malentendants. Même si ce n'était pas le cas, ils faisaient semblant de comprendre. Le professeur était souvent en colère et de mauvaise humeur et les élèves avaient pris l'habitude d'affirmer qu'ils avaient compris. Le professeur ne réexpliquait donc jamais, mais aucun des élèves n'avait réellement tout compris. Même en essayant entre nous de reprendre le cours à l'aide des notes que certains avaient prises, nous ne tombions pas d'accord. Je prenais donc mon mal en patience et étais obligée de me satisfaire d'un à peu près. Je n'ai jamais compris la totalité d'un cours. Je demandais parfois à une fille plus âgée de m'expliquer ce que voulait dire une phrase. Traduit en langue des signes, cela m'apparaissait simple, beaucoup plus clair et je pouvais avancer plus facilement. J'étais toujours obligée de demander une aide extérieure et je me débrouillais avec ça. Résultat, j'ai réussi mon examen. Je ne pouvais pas le croire, je ne sais comment ça a été possible, mais j'ai décroché mon diplôme. Mon père était fou de joie !

« Je n'ai jamais essayé de parler »

Je voudrais revenir sur quelque chose qui est important et que je n'ai pas dit. Quand j'avais seize ou dix-sept ans, mon professeur de l'époque a soulevé la question de mes faibles capacités d'oralisation, soulignant son importance pour mon intégration sociale. J'ai donc eu droit à des cours personnalisés avec lui, pendant lesquels je devais, durant une heure, lire à voix haute un texte extrait par exemple d'un roman. Lors de cet exercice, je me suis rendu compte qu'il fallait lier les mots les uns avec les autres selon une certaine tonalité et non les lire séparément. Il m'était très difficile de garder en même temps ma respiration et une lecture liée. Prononcer un mot isolé comme « Papa » ou « Maman » ne me posait pas de difficultés de respiration, mais lire une phrase entière en respectant son rythme et en liant les mots entre eux était beaucoup plus délicat. Le professeur m'a alors dit qu'il me serait très difficile de travailler avec des entendants plus tard. Il ne voyait pas comment je pourrais par exemple communiquer avec ma hiérarchie. Je n'ai pas tenu compte de sa remarque car je me sentais tout à fait capable, sortie de l'école, de travailler dans une entreprise avec des entendants. Il soutenait que mes faibles capacités d'oralisation rendaient cela impossible, il était très dévalorisant. Son avis aurait pu m'inquiéter, mais je n'en ai pas tenu cas.

Une fois que j'ai réussi l'examen et quitté l'école, j'ai suivi une formation et j'ai intégré une entreprise gérée par des entendants. Je n'ai jamais essayé de parler, je me suis toujours débrouillée en communiquant visuellement ou par écrit. J'étais avec des entendants très agréables. Quand il le fallait, l'entreprise faisait d'elle-même appel à un interprète sans que je n'aie à faire aucune démarche.

Je souhaiterais exprimer une autre idée importante. De manière générale, dans les structures éducatives pour Sourds, quels que soient les professeurs, il manque une pédagogie réellement adaptée aux Sourds avec des outils et une langue des signes adaptés à la progression scolaire. Les consignes sont données en oralisant ou bien parfois dans un mélange de français et de signes qui est finalement confus. C'est à nous de nous adapter selon que le professeur parle ou signe. Évidemment, les résultats des élèves ne sont pas au rendez-vous. On essaie bien de nous inculquer des connaissances, mais, concrètement, le niveau scolaire dans ces structures est médiocre. On retrouve des élèves très frustrés par ces méthodes. Certains sont capables de lire un texte en oralisant, mais pour autant en comprennent-ils entièrement le sens ? Je n'en suis pas si sûre. L'enseignement directement en langue des signes est nécessaire pour comprendre toutes les subtilités de ce qu'on nous apprend. En langue des signes, grâce aux expressions du visage, on a accès à toute cette finesse. Cela clarifie les liens entre les éléments et nous permet de réutiliser ces connaissances comme une base saine.

Je me souviens par exemple du livre *Robinson Crusoé,* qui raconte les aventures d'un naufragé qui s'échoue sur une île déserte. On m'a raconté l'histoire en parlant mais je n'ai pas réussi à en saisir les subtilités. Je n'ai compris l'histoire qu'à peu près. Quand j'ai dû la rejouer, j'ai fait beaucoup d'erreurs. Si on nous relate quelque chose d'abord clairement en langue des signes, une fois que l'on a compris, on peut lire le texte et comparer les deux. Sinon, cela reste flou dans nos esprits et c'est dommage.

Cela mis de côté, l'un des aspects positifs de l'éducation des Sourds dans ces structures est l'apprentissage des règles sociales. Les éducateurs nous apprennent à respecter les règles, à acquérir de bonnes habitudes de vie. La rencontre avec tous les camarades d'internat constitue également une mine d'informations. Les échanges sont très joviaux mais permettent aussi de s'informer les uns les autres. Il y a un grand déséquilibre entre les informations que nous apporte la présence des camarades et ce que l'on peut apprendre pendant les heures de cours. Cela ne semble pas logique, mais nous apprenons plus au contact des autres Sourds qu'auprès des professeurs.

Au temps des premiers cours de langue des signes

À ma sortie de Saint-Jacques, je me sentais prête à vivre ma vie. Je voulais devenir une femme. Je rêvais de travailler dans l'administration. J'ai intégré les bureaux du service militaire, dont j'étais l'une des salariées.

Comment en suis-je venue par la suite à m'impliquer dans le milieu associatif ? Eh bien, je retournais souvent à l'Institut pour voir les élèves plus jeunes que moi et discuter avec eux. C'est à cette occasion que deux Sourds sont venus à ma rencontre : Guy Bouchauveau et Robert Magitteri. Je les connaissais déjà. Je croisais souvent Robert ; quant à Guy, je me rendais chez lui tous les mercredis, quand j'étais petite, pour le voir peindre. Il était extrêmement drôle et je l'admire toujours pour sa façon de s'exprimer qui est d'une clarté incroyable. À ce moment-là donc, Robert m'a proposé de venir participer aux cours de langue des signes qu'il dispensait à des entendants dans le cadre de l'Académie de la langue des signes française. Je me sentais incapable de prendre ce rôle, mais il a insisté pour que je vienne voir un groupe de stagiaires entendants qui signaient déjà un peu. Moi, je ne me sentais pas capable d'enseigner la langue des signes à des entendants. Robert m'a rassurée : cela demande surtout de la patience. À la rentrée de septembre, un nouveau groupe de stagiaires entendants est arrivé. Ils ne connaissaient absolument rien de la langue des signes, mais j'ai pu voir comment ils apprenaient petit à petit. J'étais là en observatrice et cela m'a énormément plu.

Dès lors, je me suis rendue régulièrement à l'association. Je travaillais le matin dans une entreprise entendante et, l'après-midi, j'allais à l'association pour aider Robert. J'ai beaucoup échangé avec lui, il m'a encouragée à venir dans d'autres associations, comme par exemple l'Association des professionnels sourds de l'éducation qui existe depuis longtemps. J'y ai rencontré beaucoup de personnes différentes et échangé avec des adultes qui m'ont expliqué mille choses. C'est à ce moment-là que j'ai plongé dans le monde associatif. J'ai fini par démissionner de mon poste dans l'entreprise entendante pour pouvoir travailler dans les associations. On m'a proposé un poste et c'est comme ça que j'ai été embauchée.

En parallèle, je vivais dans un foyer de jeunes travailleurs proche de l'Institut national des jeunes Sourds et je souhaitais trouver un appartement. Une de mes collègues de travail à Saint-Jacques connaissait quelqu'un qui cherchait une personne pour faire une colocation. Elle a eu cette personne au téléphone puis m'en a parlé. J'ai répondu sans hésiter que je voulais absolument la rencontrer, et rapidement. Je ne me suis même pas posé de questions ; rien, je n'ai pensé à rien ! J'ai répondu directement et sans réfléchir que j'étais intéressée. Elle en a donc discuté avec la personne, un rendez-vous a été fixé, puis j'ai enfin réalisé que je n'avais même pas songé à lui demander s'il s'agissait d'un homme ou d'une femme, j'étais un peu confuse. Je lui ai alors posé la question. Elle m'a répondu que c'était un homme, très gentil, avec une voix très douce. Mais pour moi, c'était fini, je ne voulais plus. Elle m'a rassurée et m'a proposé de m'accompagner au rendez-vous, nous y sommes donc allées ensemble. C'était en région parisienne, dans les Yvelines, à Maisons-Laffitte. Je n'étais pas très rassurée, mais nous nous sommes quand même rendues au rendez-vous. C'était un homme d'origine américaine, il ne connaissait absolument rien à la langue des signes. Ma collègue traduisait tant bien que mal en LSF. Il nous a fait entrer, nous avons visité l'appartement, c'était beau, vraiment, et chic mais c'était un deux-pièces. Il n'y avait donc qu'une seule chambre, alors là, c'était problématique. Mais il m'a dit qu'il n'y avait pas de problème, qu'il me laissait la chambre et qu'il dormirait dans le salon. Très bien. Nous avons ensuite discuté des règles de vie : interdit de fumer, etc. Nous avons beaucoup échangé. Il m'a laissé le temps de la réflexion et puis j'ai accepté ; en un clin d'œil, j'ai pris ma décision. Et une semaine après, j'emménageais.

En guise de bienvenue, l'Américain a préparé un apéritif. J'étais avec une amie sourde. On échangeait difficilement au début, j'étais méfiante, sur mes gardes. Puis, petit à petit, la conversation est devenue plus fluide, une confiance mutuelle s'est installée et il a progressé rapidement en LSF. Je l'ai introduit dans le monde des Sourds et il a eu de grandes facilités pour s'y intégrer. J'ai vécu comme cela pendant quatre ans environ, en tout bien tout honneur, il n'y a jamais eu de problème, les relations étaient très respectueuses des deux côtés, c'était incroyable !

Je m'insère dans la société des entendants grâce à ma langue des signes

Il en est de même en général : avec mes amis sourds, dans la société des entendants, nous communiquons en LSF, ils nous observent au début puis échangent ensuite avec nous en gestuel, notamment dans les soirées. Il n'est pas question d'oraliser ou de signer très lentement, non ; j'explique que je suis sourde, que je n'entends pas et que je communique avec mes mains, c'est comme ça, nous échangeons en utilisant le langage du corps ou bien nous communiquons par écrit, de façon très simple. Pour moi c'est clair, si un entendant s'obstine à me parler oralement, je mets un terme à ce qui ne pourra pas être un réel échange, et je préfère partir.

Il y a une anecdote à ce sujet que je n'oublierai jamais avec deux hommes interprètes. Je dis bien deux hommes interprètes, attention ! Il y avait une fête chez des entendants à Paris et ils sont venus tous les deux. Pendant toute la soirée, ils se sont fait passer pour sourds. La soirée était très animée. En plus de capter toutes les conversations et de me les traduire sans que personne ne s'en rende compte, ils communiquaient avec les autres sur le seul mode gestuel, cela fonctionnait ! À la fin de la soirée, au moment de s'échanger les contacts, ils ont fini par avouer qu'ils étaient entendants. Nous avons bien ri de ce jeu d'« échange d'identité », qui prouvait qu'on peut communiquer sur le mode purement visuel ! C'est ainsi que nous, Sourds, nous nous débrouillons.

Dans la vie en général, que ce soit quand je fais les courses, dans les magasins ou dans les bars, je n'oralise pas, jamais, je communique par signes. C'est pareil dans mon association, dans l'organisation d'événements, lors de conférences, pour les visites guidées de musées, pour les cours aux Sourds, j'essaie de leur donner une ouverture d'esprit.

À l'Institut national des jeunes Sourds, on trouve des éducateurs et des enseignants ; ces derniers cumulent souvent deux fonctions : enseignants et orthophonistes. Ces enseignants spécialisés ne nous donnent pas les notions de valeur et de courage dont nous avons besoin pour nous affirmer en tant que Sourds à l'extérieur. Ils appellent les élèves les uns après les autres et leur signifient que ce qu'ils souhaitent entreprendre est impossible pour eux. Pourquoi font-ils cela ? Ils coupent court aux rêves, aux envies de métier, en donnant toujours la même réponse : impossible. Ils nous dirigent vers des métiers manuels comme la menuiserie ou la couture. Pour le secrétariat, ils disent qu'il faut être intelligent et désignent ceux qui le sont, selon eux ! Ils choisissent pour nous et brisent notre volonté à coups de « Impossible ! ». Ce n'est pas bien ! On ne nous enseigne pas les valeurs de la communauté sourde. Pourtant cette communauté existe, une réelle communauté, avec un patrimoine ; mais rien de tout cela ne nous est donné. Ce n'est que par les grands élèves que nous connaissons l'héritage de l'abbé de l'Épée, qui ne s'est transmis qu'au fil des générations de Sourds !

Il y a également l'association Amicale des anciens élèves de l'INJS, mais elle n'est pas visible, elle ne nous montre rien. On voit bien passer des anciens élèves, mais c'est tout. Rien en ce qui concerne la fierté de la communauté sourde, de ce que nous sommes. Ainsi, nous grandissons dans cette banalisation : les Sourds, c'est comme ça ! Nous avons l'habitude de nous soumettre, toujours ; forcément, comme on n'a cessé de nous rabâcher que rien n'était possible pour nous, nous avons pris l'habitude de subir. Il y a vraiment très peu de contestation. Même les éducateurs ne nous font pas voir notre valeur. Maintenant, il y a un enseignant sourd à l'INJS, enfin ! C'est rare (tout de même !), voici son signe, il s'appelle Louis Clerget. Il y a également Robert Magitteri, enseignant sourd, enfin les Sourds sont visibles ! Arlette Morel, femme à hautes responsabilités, est présente également. Enfin on les voit, on sait qu'ils existent, ils servent de modèles !

Les valeurs sourdes

À l'Académie de la LSF, les gens ont afflué aux cours du soir. J'étais vraiment très étonnée que des Sourds puissent enseigner à des entendants. Il y avait donc quelques références parmi les Sourds, mais qu'en était-il du reste ? Beaucoup de personnes sourdes n'avaient toujours pas la notion de leur propre valeur, c'était décevant. Mais quand j'ai quitté l'INJS et que j'ai pu rencontrer les gens de l'association, tout est devenu clair. Par exemple, lorsqu'on m'a expliqué la situation des Sourds, qu'on a répondu à mes interrogations sur la question de l'identité, j'ai enfin compris. Ces explications, ces réponses nous permettent d'acquérir de la force, d'affirmer notre fierté et notre identité en tant que Sourds. Nous sommes loin des sempiternels « Impossible ! » de notre enfance ! Notre communauté existe bel et bien. Dans le passé, le « dialogue » reposait sur la soumission du Sourd, constamment rabaissé. Mais nous nous sommes affirmés et avons décidé de sortir de cette oppression. Avant, la conversation tournait presque à la provocation : on nous parlait, on nous narguait, on se moquait de notre gestuelle, du fait qu'on ne puisse pas répondre oralement. Nous avons appris à nous défendre, à communiquer de manière affirmée, pour dire par exemple que la langue des signes est une langue, notre langue. Alors oui, il fallait convaincre les entendants, surtout les professionnels, les spécialistes, et c'était difficile. Par exemple une conversation entre un professeur entendant et un Sourd au sujet des enfants pouvait ressembler à ça : « Alors vous avez des enfants ?

— Oui, oui.

— Combien ?

— Trois.

— Et ils sont entendants ? Sourds ?

— Entendants.

— Ah, alors là, c'est bien, ça ! »

Non mais, qu'est-ce que ça veut dire ? Ils nous jugent, ce n'est pas bien. Au lieu de nous valoriser, de nous encourager pour nous lancer, de nous faire avancer, ils ne se soucient que de nous faire parler, à quoi ça rime ? C'est horrible. C'est comme ça un peu partout en France dans les écoles spécialisées, pas seulement à l'Institut Saint-Jacques : on ne veut pas que les Sourds soient érudits, on les force à oraliser, on leur dit que rien n'est possible... C'est comme une torture pour eux ; vraiment ce n'est pas bien. Oui, je dis bien torture, pas la torture physique, mais la torture morale avec toutes les dénégations constamment infligées. Bien sûr, les Sourds peuvent parler, ils en sont capables, pourquoi pas, mais la communication gestuelle est vraiment ce qui leur est propre. Alors que c'est toujours l'oralisation qui est mise au premier plan et que la LSF est reléguée en seconde zone.

Je rencontre des Sourds dans les associations de Sourds, lors des conférences. On parle de la question de l'identité, de la condition de la femme, je découvre la notion de fierté,

fierté d'être Sourde, fierté d'être femme... Il y a beaucoup de choses que j'ignorais. Alors j'apprends plein de choses, on parle de l'abbé de l'Épée, de Massieu, de Laurent Clerc... de tout ce qui fait notre valeur. Tout ça ne nous est jamais montré. Pourquoi notre histoire a-t-elle été rendue invisible ? Dans le domaine politique, nous avons pourtant des débats, je pense par exemple au colloque de 1990 au Futuroscope, où Jean-François Mercurio, un militant connu, a cassé d'un coup de marteau sa prothèse auditive pour marquer, par un geste symbolique, notre protestation contre la surmédicalisation de la surdité, je pense aux actions du collectif « Sourds en colère »... Tout cela nous a fait réfléchir, a favorisé notre prise de conscience, nous a incités à réagir, à agir et à rejoindre le mouvement militant.

Des rencontres, de nouvelles opportunités

En juin 1989, j'ai créé une association artistique sur l'histoire de l'art en collaboration avec le musée du Louvre, l'Association art visuel international des Sourds (AAVIS). Cette création s'est faite simplement, grâce à la rencontre avec une femme. Vous vous rappelez le colocataire américain avec qui j'ai vécu pendant quatre ans ? Il est parti et je me suis retrouvée seule pour payer le loyer. Je ne pouvais pas rester, c'était trop cher. Une autre personne s'est proposée pour être ma colocataire, mais elle ne gagnait pas suffisamment ; j'ai donc dû laisser l'appartement et je me suis mise à en chercher un autre. J'en discutais avec la secrétaire de l'INJS qui m'avait fait trouver mon premier appartement. Elle s'est mise en rapport avec une personne qui prenait des cours de LSF et qui était propriétaire d'un immeuble à Paris, et avec une autre personne du même cours qui était guide dans les musées. Cela m'intéressait parce que j'allais dans les musées et que, même s'il y avait parfois un interprète du SERAC (Sourds entendants recherche-action communication), je n'étais pas satisfaite tant il m'était difficile de suivre et de comprendre. J'ai donc pris rendez-vous et j'ai rencontré la première personne pour visiter l'appartement.

C'était une femme très chic, elle portait des boucles d'oreilles en diamant, elle avait une coiffure très sophistiquée, était très maquillée, avait une bouche pulpeuse et portait de grosses bagues, de la fourrure. Elle était grande, moi je me sentais petite à côté d'elle ! J'étais jeune, je devais avoir dans les vingt-deux ans. Elle, elle dégageait, elle avait de l'allure dans sa BMW noire ! Je n'étais pas très à l'aise, la conversation était un peu difficile au début, elle ne connaissait pas la LSF, il fallait s'adapter, tâtonner, c'était un peu laborieux. Elle m'a emmenée dans sa voiture pour visiter l'appartement, il me convenait, j'ai donc donné mon dossier pour l'agence immobilière qui gérait la location.

La seconde femme, Béatrice Derycke, était guide de musée. Je lui ai expliqué que j'étais sourde, on a échangé en communiquant par gestes ou par écrit. Petit à petit, on est arrivées à dialoguer sans avoir recours à l'oral. Elle m'a proposé de venir visiter le musée du Louvre. J'y suis allée, elle m'a donné en LSF de nombreuses explications sur plusieurs points. Et c'est à partir de là que nous avons décidé de cofonder une formation pour dispenser des cours d'histoire de l'art. Elle s'est rapidement lancée dans de multiples démarches auprès de l'administration en vue de trouver des financements. Elle m'a proposé de devenir la présidente de l'association, mais je ne voulais pas : j'étais trop jeune, je lui ai dit d'occuper, elle, cette fonction. Et, moi, j'ai pris la vice-présidence. Mais toutes ces rencontres, tout ce travail ensemble m'ont permis de vivre une expérience incroyable et extrêmement riche !

Les questions importantes comme les achats, les responsabilités, la conservation des œuvres, toutes ces questions compliquées n'étaient pas de ma responsabilité, je la suivais tout bonnement. Et je m'efforçais de coller à son style vestimentaire. Elle était en effet coquette avec ses petits talons, son allure chic et bien apprêtée, ses jupes courtes. Nous avons ensuite fait venir des Sourds et organisé des cours. Elle enseignait et moi j'étais stagiaire-élève. Nous avions une double casquette puisque nous faisions partie du conseil d'administration. On s'occupait ensemble de toute la gestion et, en plus, elle enseignait et je suivais mon stage. Au bout de quatre ans, j'ai obtenu mon diplôme de guide-conférencière. L'association s'est développée.

La langue des signes fait sortir du silence

Une autre composante de mon engagement a été l'association pour les droits des femmes, créée en 2002. Je ne pensais pas créer d'association pour les femmes, je n'avais pas ça en tête, vraiment. J'étais alors responsable pédagogique de l'Académie de la LSF.

Une femme sourde est venue pour une demande urgente. Habituellement, je refusais de recevoir les personnes qui n'avaient pas pris rendez-vous. La personne insistait, me disait que cela ne pouvait pas attendre, je ne savais pas quoi faire. Le directeur de l'Académie, Patrick Belissen, m'a dit de l'accueillir et qu'on verrait bien. Il y avait des problèmes de violence, elle était battue. Elle avait des dents défoncées. J'étais dépassée, ce n'était pas mon rôle de gérer ça. Je ne savais pas quoi faire. J'ai demandé au directeur si je pouvais intervenir, il m'a donné son aval et j'ai donc discuté avec cette personne, appelé la secrétaire pour prendre des contacts avec des services compétents afin de pouvoir la conseiller, prendre soin d'elle... Quand j'ai eu fini avec elle, une deuxième femme sourde est arrivée à son tour. Pourquoi venait-elle là ? Je ne comprenais pas bien, mais je l'ai aidée, je me suis occupée d'elle.

Suite à ces demandes, le directeur m'a suggéré de créer une association pour les femmes. Moi, je n'étais pas très enthousiaste, c'était un projet lourd, il fallait s'investir à fond.

Et puis finalement je l'ai fait, je l'ai créée, cette association, dénommée Femmes sourdes citoyennes et solidaires. J'ai tout organisé en un mois. J'ai contacté la directrice de

Saint-Jacques, Mme Lejeune, nous avons beaucoup discuté, j'ai pris des notes, je lui ai demandé si elle était d'accord pour me prêter une salle, j'ai négocié pour avoir un interprète bénévole, cela m'a pris beaucoup de temps et d'énergie. L'information s'est diffusée très rapidement auprès des Sourdes qui sont venues très nombreuses (environ une centaine) comme volontaires pour aider, ou comme victimes, ou encore par intérêt pour ces problèmes. Incroyable, en l'espace d'une semaine, ça a littéralement explosé ! À la suite de la réunion, le conseil d'administration a offert un pot. C'était une belle période ! Cela a fait avancer les droits des femmes, dont tant sont opprimées, le nombre de victimes est impensable. Il était interdit de filmer les entretiens. Elles venaient exprimer des problèmes dont je ne soupçonnais pas l'existence et dont elles avaient gardé le secret. De l'extérieur, quand on les regarde, elles ont l'air bien, mais, à l'intérieur, elles souffrent énormément, elles ont besoin de s'exprimer. L'association a été créée en 2002, elle était inscrite au *Journal officiel* en 2003.

Lors de mes divers voyages ou vacances organisées avec un groupe d'amis sourds en camping ou à l'hôtel, j'ai fait de nombreuses rencontres dans des bars fréquentés par des entendants. Je repense à la Corse ou au Portugal par exemple. Ça a été également le cas en Turquie où, ayant envie de ne pas me confiner au groupe et de voir autre chose, j'ai proposé à un ou deux amis de m'accompagner pour boire un verre. Un homme d'origine turque mais vivant en Allemagne s'y trouvait. Je l'ai informé que j'étais sourde, mais le contact s'est établi très naturellement. Nous avons utilisé une communication visuo-gestuelle et nous avons beaucoup échangé. C'était marrant. Il m'invitait dès qu'il y avait une sortie et m'a même proposé d'aller dans un bar tenu par ses amis. J'en ai alors profité pour y convier mes amis sourds et ainsi permettre une ouverture d'esprit à chacun. Nous avons bavardé toute la soirée et avons même remis ça de plus belle dès le lendemain soir !

Lors d'un voyage en Corse, alors que des amis se disputaient, j'ai préféré, ennuyée par la situation, me mettre à l'écart. Un Corse m'a demandé ce qui se passait. Je lui ai précisé que j'étais sourde et on s'est néanmoins mis à bavarder, échanger par écrit. On s'est débrouillés ! Le contact est facile là-bas, il suffit de trouver les bonnes personnes.

C'est idiot d'essayer d'oraliser, car les entendants ne comprennent pas, reformulent en vain, alors qu'une communication visuo-gestuelle fonctionne ! Le contact s'établit petit à petit, l'échange se met en place et ensuite la communication bat son plein. En oralisant, les incompréhensions sont trop nombreuses et nous poussent à abandonner la conversation. Ce n'est vraiment pas agréable. En signant, on se sent vivant et en forme !

Les interprètes facilitent la communication

Mes enfants sont entendants. Une expérience m'a fortement marquée alors que j'étais enceinte. J'avais rendez-vous dans un centre de Protection maternelle et infantile (PMI) et, lorsque je m'y suis rendue, je me suis retrouvée face à un groupe de futures mamans. Cela m'angoissait un peu. Je suis donc allée interpeller la responsable de l'organisation et l'ai informée de ma surdité. Elle m'a répondu que cela ne posait aucun problème et que je pouvais avoir recours à des vidéos. Je lui ai néanmoins précisé que j'avais besoin de la présence d'un interprète pour participer pleinement aux échanges. Elle m'a répliqué qu'il n'y en aurait pas. Mon sang n'a fait qu'un tour et je suis partie sur-le-champ, vexée et frustrée par la situation. L'organisatrice s'est alors empressée de me rattraper pour s'excuser et m'a priée de la suivre pour discuter. Nous avons communiqué par écrit. Je lui ai expliqué que la présence d'un interprète était vraiment nécessaire dans cette situation, et elle a finalement accepté ma demande.

Le lendemain, je l'ai recontactée via une collègue de travail. Elle m'a alors assuré qu'elle ferait toutes les démarches nécessaires grâce à la liste des services d'interprètes que j'allais lui transmettre.

Lors du rendez-vous suivant, l'interprète était bien présent. J'ai donc pu m'exprimer et faire prendre conscience à l'organisatrice de l'utilité de ce service. Ce mode de fonctionnement est devenu automatique par la suite : lorsqu'elle était informée de ma venue, elle mettait tout en œuvre pour qu'un interprète soit présent. Cela m'a soulagée, c'était un pas de plus vers l'accessibilité. Nous avons fonctionné de la même façon pour mon deuxième enfant.

Pour lui, c'est quelque temps après qu'un problème s'est posé à la crèche. Il est vrai que les employés de crèche ne sont pas très familiarisés avec le monde des Sourds. Je m'y suis donc rendue avec mon mari sourd et mon fils aîné qui était encore petit. Il devait avoir cinq ans environ. Alors que mon mari et moi-même étions assis avec notre deuxième enfant dans les bras, j'ai aperçu une troisième chaise. Interpellée, j'ai demandé à la personne que nous rencontrions à qui cette chaise était destinée. Elle m'a répondu qu'elle était là pour notre aîné, afin qu'il aide à l'interprétation. J'ai dit que je préférais que mon fils aille jouer et dessiner, pour pouvoir m'entretenir avec elle. Il était impossible qu'il interprète, il était bien trop petit ! Il n'aurait jamais pu comprendre notre échange, des mots d'adultes. Mon interlocutrice semblait étonnée. Je lui expliquai que notre vocabulaire aurait été trop élaboré pour lui. La situation n'était absolument pas adaptée à un enfant si jeune et j'opposais un refus catégorique à cette façon de procéder ! Elle ne comprenait pas. Mon mari et moi, nous ressentions de la colère et nous sommes partis. Quelque temps après, je lui ai demandé de la rencontrer avec un interprète. Ainsi, j'ai pu lui expliquer que la présence de ce dernier était rassurante, mais que cette tâche d'interprétation ne pouvait incomber à un enfant aussi jeune que le mien.

On peut également rencontrer des problèmes relatifs à l'interprétation elle-même. J'ai ainsi le souvenir d'une réunion où l'on m'informait que mes enfants feraient du judo alors qu'ils n'avaient qu'un ou deux ans. Étonnée, je demandais s'il était possible qu'ils fassent une telle activité et où elle se pratiquerait. En fait, l'interprète s'était trompé de mot en confondant « judo » et « jeu d'eau ». Pensant que c'était de mon devoir de contrôler les activités de mes enfants, j'ai demandé de répéter et nous avons ainsi pu comprendre l'erreur d'interprétation. Voilà le genre de problème que l'on peut rencontrer. Il faut aussi admettre que le fait de faire appel à des interprètes peut être contraignant : ils sont souvent indisponibles, leur planning complet, c'est assez frustrant. Dans d'autres cas, certains Sourds manquent d'autonomie en s'en remettant à eux pour la moindre chose.

Lorsque mes deux fils ont commencé à grandir, je n'ai jamais fait appel à eux pour interpréter, alors même qu'ils ont appris à signer avec mon mari et moi, en même temps qu'ils ont appris à parler. Je communiquais via Internet, la webcam, les SMS, les mails. J'étais autonome et j'organisais tout toute seule. Je ne pense d'ailleurs pas qu'ils aient un jour envisagé d'interpréter pour moi. Quand ils sont devenus bien plus grands, il m'est arrivé de leur demander de l'aide, mais j'ai bien senti que c'était gênant pour eux. Ils étaient habitués au fait que leurs parents se débrouillent seuls. Ils sont eux aussi très autonomes quant à leurs démarches administratives. Dans la famille, chacun est responsable de ce qui le concerne.

Je peux évoquer un autre exemple : l'accompagnement de mon fils aîné chez le médecin. Il lui expliquait lui-même ses symptômes, mais le médecin s'adressait directement à moi par écrit et me donnait son diagnostic. Cela a perduré lorsque mon fils était plus grand et passait des examens de santé. Ce docteur me respectait vraiment en tant que personne. Mon fils ne faisait pas office d'interprète et nous fonctionnions de la manière suivante : le médecin m'informait par écrit, j'échangeais ensuite en LSF avec mon fils et je repassais par l'écrit pour continuer ma conversation avec le médecin. Quelle belle personne !

Récemment, nous étions tous les trois en vacances sur l'île de Djerba en Tunisie. Je me suis égratignée au genou, je saignais. Mon fils, déjà grand, s'est blessé également. Un homme nous a alors accompagnés voir un infirmier. Nous nous sommes mis à dialoguer à la manière des gens du Sud, des Méditerranéens. Mon fils en est resté bouche bée ! Dans cette région d'Afrique, les gens sont naturellement très expressifs. C'est dans leur culture. Et, grâce à cela, l'échange a été possible. Mon fils ayant aussi besoin de soins, nous nous sommes ensuite rendus chez le médecin qui, lui aussi, s'est adressé directement à moi : l'adulte, la maman. La suite de la consultation s'est bien déroulée grâce à la communication visuo-gestuelle. Encore une fois, mon fils était ébahi par la situation. Là-bas le langage corporel est entendu et compris par tous, et cela quelle que soit la catégorie socioprofessionnelle ! On peut communiquer avec les serveurs, le personnel de ménage et même avec les patrons ! Il est vrai qu'en Tunisie, la première langue est l'arabe, la deuxième le français et la troisième l'italien. On pourrait presque considérer que la quatrième est la langue des signes. Même quand je rentre dans un taxi, je discute avec le chauffeur ! Que ce soit dans les hôtels, les restaurants, les souks pour marchander, on communique partout ! Il est inutile de connaître l'arabe ou d'essayer d'oraliser, tout passe par le langage corporel, c'est incroyable ! Que la vie y est belle ! C'est intéressant pour les enfants de voir avec quelle simplicité on communique ! D'ailleurs, vous devriez aller dans ces pays pour les visiter. Vous verrez à quel point les rencontres et les échanges y sont faciles et agréables.

L'inégalité scolaire imposée aux Sourds

Dans un tout autre domaine, les Sourds se plaignent d'une manière générale d'avoir un faible niveau en ce qui concerne leur lecture du français. Et ce ne sont pas eux les fautifs, mais bien les établissements qui n'adaptent pas leurs méthodes pédagogiques. L'esprit des entendants est différent de celui des Sourds. Celui des premiers fonctionne avec le son, celui des seconds avec le visuel. Cela nécessite un enseignement différent. Un apprentissage fondé sur le son et la parole n'est pas adapté aux Sourds. Ça ne l'a jamais été et ça ne le sera jamais ! La solution est de passer par la LSF afin d'acquérir une langue de qualité, de saisir les subtilités de sens, les définitions, d'accéder aux différents niveaux de langue et d'être ainsi capable de s'adapter à des situations sociales variées. On utilise un niveau de langue soutenu auprès de la hiérarchie et un langage plus courant ou familier dans d'autres cas de figure. Le signe ou mot « pardon », par exemple, appartient à un registre moins soutenu que le signe ou mot « navré ».

Il faut être capable d'adapter son vocabulaire aux différentes situations. En effet, « pardon » n'est pas adapté lorsque l'on s'adresse à un patron. Le travail de l'expression écrite permet d'accéder à un bon niveau de français et à l'autonomie dans les échanges écrits, sur Internet, par mails, par SMS ou dans le domaine administratif.

Il faut aussi savoir que les établissements tenus par des entendants n'ont aucune notion de la LSF, et cela dure depuis trop longtemps. C'est effarant de voir qu'ils acceptent une telle situation et qu'ils ne réagissent pas au fait que les Sourds échouent de par leur très faible niveau en français écrit. Ils ne permettent donc pas l'accès à la connaissance. C'est bien eux les responsables ! Les Sourds veulent seulement gommer ce déséquilibre et ainsi être autonomes. C'est normal ! Il faut savoir aussi qu'il y a très peu de professionnels sourds dans les établissements (souvent un seul !). Ce n'est absolument pas suffisant. Il faudrait embaucher davantage de professionnels sourds. En attendant cette évolution, il faudrait au moins compenser ce manque par la présence de professionnels entendants qui signent ! On peut envisager un suivi orthophonique, mais cela à condition que la LSF soit pleinement présente. Ce n'est que par ce biais que les Sourds pourront acquérir des connaissances.

Prenons le cas où un incident grave surviendrait entre deux élèves sourds. De par leur méconnaissance des Sourds et de la langue des signes, les professionnels pourraient ne pas s'en apercevoir. Ce constat est grave car c'est à eux, adultes, d'anticiper et de contrôler ce genre de situation : ils sont les garants d'une bonne éducation et d'un apprentissage des règles de vie. Alors que, s'agissant des Sourds, ils se disent qu'ils n'en sont pas capables et ils portent sur eux un regard négatif. Mais la vraie question est ailleurs : c'est bel et bien l'établissement et son incapacité totale à s'adapter qui posent problème.

Autre exemple : de tout temps, on a transmis les contes aux enfants entendants, afin de leur permettre de construire leur pensée, de développer leur propre esprit d'analyse, de se défendre. Mais ce n'est pas le cas pour les enfants sourds. Alors ils restent là, passifs, sans capacités d'argumentation, et ne peuvent que se contenter d'acquiescer. On ne peut quand même pas entretenir ce vide, cette absence totale de communication, cette fermeture d'esprit. Pour pallier cela et rétablir le déséquilibre notoire avec les entendants, il faut intégrer les contes dans l'enseignement aux Sourds.

Ainsi des fables de Jean de La Fontaine : elles portent à réflexion et ne se limitent pas aux étiquettes de gentils et de méchants auxquelles certains peuvent les réduire. On peut, au contraire, y trouver des jeux, des stratégies pour montrer aux enfants quelles attitudes humaines se cachent derrière celles d'animaux et pour les pousser à s'interroger. Les Sourds n'ont pas accès à ces subtilités, les informations leur sont données à l'état brut et de façon abrupte ! Il leur manque donc des éléments pour pouvoir étudier, repérer les différentes facettes de l'humain, en discerner toutes les nuances. Un autre exemple est celui de la mythologie : ces histoires imaginaires font référence à tous les sentiments humains : la tristesse, la colère, l'amour... Mais, encore une fois, toute cette richesse n'est pas transmise aux Sourds, ce qui les limite. Il faut vraiment leur permettre de s'ouvrir à cela.

Lorsque je donne des cours à des Sourds, je vois qu'il y a un manque de culture générale. Évidemment, cela varie d'une personne à l'autre, mais il y a de réelles lacunes. C'est inquiétant. Ils ont besoin de rattraper ce retard et c'est dommage ! Il faut vraiment que les établissements dispensent des cours en LSF pour permettre aux Sourds d'accéder à une connaissance égale à celle des entendants, avec des méthodes pédagogiques adaptées, différentes de celles des entendants qui passent par le son et la parole. De nos jours, tout le monde est conscient des effets désastreux des interdictions du congrès de Milan, mais rien n'a vraiment changé sur le plan des politiques gouvernementales.

Heureusement, la société, elle, a évolué. On voit que les rapports avec nous ont changé, dans les magasins, les bars, les agences, les hôpitaux. Il y a une plus grande accessibilité, grâce notamment aux interprètes, une réelle ouverture et tout cela est très positif. Néanmoins, ce n'est pas le cas de l'enseignement et c'est grave. Et ce n'est pas faute d'avoir essayé : on l'a répété maintes et maintes fois. On tourne vraiment en rond dans ce domaine.

Il y a aussi l'intégration, l'« inclusion » comme on dit aujourd'hui. La plupart des enfants sourds sont intégrés, parfois en petits groupes mais souvent seuls, dans les classes « ordinaires » des entendants. Sur ce sujet, je ne saurais porter de jugement, mais une chose est sûre, c'est que la situation est grave. Les lois de 1991 et de 2005 autorisent le bilinguisme, qui n'est en réalité accessible que dans de très rares endroits en France, et mettent en avant le fait que le choix incombe aux parents. Mais quelles informations ceux-ci reçoivent-ils sur nous, les Sourds, et notre façon d'être au monde, ce qui devrait orienter l'éducation ?

Les choix opérés ne sont régis par aucune règle : parents, enfants, Sourds, tous sont dans l'indécision. Cela ne crée que des conflits où chacun, que ce soit les pro-oralisme ou les pro-bilinguisme, se crispe sur son point de vue au lieu de se concentrer sur le réel problème : l'inégalité scolaire. Il faudrait envisager un réel changement, une politique claire qui donne à la LSF la place fondamentale qui lui revient dans l'éducation des enfants sourds.

Ode

Je m'appelle Ode Punsola, je suis née le 1er décembre 1958 à Carcassonne. Ma mère avait des difficultés à avoir des enfants. Après une première fausse couche, elle donna naissance, lors d'une deuxième grossesse, à un bébé qui ne vécut que quatre jours, c'était un garçon... Quand elle fut de nouveau enceinte, le médecin lui prescrivit du Distilbène, un œstrogène de synthèse, pour augmenter ses chances de mener à terme cette troisième grossesse. Mais c'est à six mois que je suis née. On ne connaît pas l'origine de ma surdité, qui pourrait s'expliquer par ma prématurité (un défaut d'oxygénation en couveuse) ou bien par les effets du Distilbène, soupçonné depuis d'entraîner des malformations fœtales.

Mais bon... Aujourd'hui je suis vivante, et ma surdité ne me pose aucun problème. J'estime que je vais bien.

Aux tout débuts de ma vie

Mes parents ont appris mon handicap quand j'avais environ deux ans. Ils constataient bien que je ne répondais pas à leurs appels, mais ils attribuaient cela au fait que j'étais « têtue ». Un jour, à l'école maternelle, nous faisions un jeu d'éveil avec des masques. L'institutrice me parlait, mais je ne lui répondais pas. En fait, il m'était impossible de lire sur ses lèvres, car elle aussi portait un masque. Je ne pouvais donc pas comprendre ce qu'elle me demandait. Ayant observé cela, elle alerta ma grand-mère sur un éventuel problème d'audition et conseilla de consulter un spécialiste. Mes parents m'amenèrent à Carcassonne voir un oto-rhino-laryngologiste. Au vu des examens, il leur confirma que mon audition était très basse. Cependant, il leur déconseilla formellement de me placer dans une école spécialisée pour les enfants sourds. Selon lui, ce qui me convenait, c'était d'être intégrée dans une classe normale.

Mes parents ont alors cherché une orthophoniste pour la rééducation de la parole. Comme il n'y en avait pas à Carcassonne, ils en firent venir une de Perpignan, qui se rendait une fois par semaine à notre domicile. Et cela dura des années... Elle me faisait travailler la voix. J'avais des problèmes de diction et de dyslexie. Je me souviens qu'elle me faisait parler devant une bougie. Je me souviens aussi qu'elle se plaçait derrière moi avec un livre qu'elle lisait à voix haute, et il fallait que je répète ce qu'elle disait, c'était difficile, je ne pouvais reproduire ce qu'elle prononçait. Je me disais que ce serait bien si j'avais une grande bouche et des yeux immenses derrière la tête pour réussir l'exercice ! C'était impossible... [*Rire.*] Très régulières, ces séances étaient lassantes, cela me fatiguait.

Pour l'école, je suis donc allée en intégration, dans une classe ordinaire d'enfants entendants. J'ai grandi avec eux. La rééducation m'incitait à parler, alors je parlais, assez bien je pense, c'était ma chance. Mais je crois qu'autour de moi personne ne se rendait vraiment compte de ce que je vivais. Je jouais avec les autres enfants, à la corde à sauter par exemple. Mais je ne pouvais pas participer aux discussions, aux bavardages entre enfants. Nous avions seulement des échanges brefs et limités. Nous ne faisions pas de phrases, n'utilisions que des mots courts – « viens ! », « vélo », « sortir », « corde à sauter » –, comme on le fait pour une personne étrangère.

À la sortie de l'école, je ne sortais pas faire de vélo, je n'allais pas faire la course avec les autres... Dans mon quartier, on ne m'informait pas des tours de vélo, je ne participais pas, je n'entendais pas. D'ailleurs, le soir, après l'école, ce n'était pas terminé ! Il me fallait encore passer beaucoup de temps à reprendre ce que j'avais fait à l'école : ma mère me faisait réviser tous les cours de la journée, avec des dictées et des exercices en mathématiques. Cette surcharge de travail me fatiguait beaucoup. Quand nous avions terminé, il faisait déjà nuit et je n'avais plus le temps d'aller jouer dehors. Le soir, il ne me restait que la lecture.

Le jeudi, j'avais diverses activités : danse classique, poterie, équitation, judo. Vers dix ans, j'ai eu un animal de compagnie, une chienne, j'étais heureuse de passer des moments avec elle, je me sentais moins seule.

Bien sûr, la langue des signes était à cette période totalement absente de ma vie, je n'en avais pas la moindre idée. Je suivais la rééducation de la parole, cela faisait partie de ma vie, c'était comme ça, je mettais au même niveau « apprendre à parler » et « apprendre à écrire ». Je ne pensais pas du tout que l'objectif était de devenir comme un entendant. Je ne me considérais pas comme sourde, je n'avais pas la moindre conscience de tout cela. D'ailleurs, je n'avais jamais vu de Sourds. Où étaient-ils à Carcassonne ? Cachés ? Ignorés ? On reconnaît les aveugles grâce à leur canne blanche, les handicapés moteurs grâce à leur fauteuil roulant, les déficients mentaux sont souvent accompagnés par une personne, mais les Sourds ? Comment les identifier ? Impossible de déceler ce handicap invisible.

J'étais suivie à Béziers dans une clinique spécialisée pour les oreilles, j'y ai subi des audiogrammes et des entraînements pour me permettre d'entendre des mots et de les répéter. Le docteur m'avait dit que si j'améliorais mon audition, il m'offrirait une grande poupée [*rires*]. Sur le moment, j'ai sauté de joie ! Mais j'attends toujours ! [*Rires.*] Mes parents m'ont ensuite amenée à Bordeaux voir un ORL réputé, le professeur Michel

Portmann, qui leur a dit que je n'étais pas opérable. J'étais contente et soulagée de ne pas avoir à subir d'opération.

Vers l'âge de dix, onze ans, je suis allée à Paris pour me faire poser des appareils auditifs. J'en ai été très perturbée. Dès qu'on me les a mis, j'ai perçu tout à coup un gros brouhaha, très désagréable... C'était vraiment difficile à supporter. J'entendais des bruits : la circulation des voitures, les moteurs et les klaxons, les gens qui parlaient, le métro... Le soir, j'avais un abominable mal de tête et je me sentais épuisée.

Je suis retournée à Carcassonne, j'ai repris l'école avec mes appareils. Je percevais des bruits, des cris qui m'envahissaient. À la maison, j'ai donné un sucre à ma chienne et j'ai perçu le bruit que cela faisait quand elle le croquait, c'était là un son que je découvrais. Mais où était le silence que j'avais connu ? Je n'avais pas l'habitude du bruit. Les sons me gênaient toute la journée, j'avais des maux de tête. Au fil du temps, j'ai d'ailleurs eu souvent des migraines, j'évitais la foule, les sons qui font mal aux oreilles et deviennent insupportables. Parfois j'enlevais mon appareil. Je haïssais cet ennemi sonore.

Les appareils amplifient vraiment beaucoup le son. Pour mes oreilles, c'était dur. J'entendais, oui. Mais comprendre les mots restait difficile. Je ne voyais pas d'évolution. Les appareils ne m'aidaient pas vraiment à communiquer, à part dans la situation de face-à-face avec mes parents, pour les comprendre et leur parler. Mais dès qu'il y avait des discussions à droite et à gauche, j'étais perdue. Je ne pouvais pas suivre, ça allait trop vite et ce n'était pas distinct. C'est encore vrai pour moi aujourd'hui...

Une communication réduite au minimum

J'ai grandi dans un environnement où tout était oral. Il n'y avait pas de langue des signes. C'était une communication réduite, où seuls des mots simples étaient employés : « Bonjour » ; « Comment ça se passe ? » ; « Comment ça va ? »... Tout était restreint, on ne m'adressait pas de phrases complètes. Souvent quand ma mère rentrait à la maison, elle me demandait si ça s'était bien passé à l'école, mais c'est tout. On ne parlait pas de santé ou d'autre chose, tout était toujours résumé. On n'utilisait pas de phrases. On ne me racontait jamais d'histoires.

À table, nous étions quatre : mon père, ma mère, mon grand-père et moi. Nous mangions tard, car nous attendions le retour de mon père de son travail. Durant le repas, tous les regards étaient rivés sur la télévision qui parlait, qui parlait... C'était elle le « patron ». Tous buvaient les paroles qui en sortaient. Et moi, pendant ce temps-là, je mangeais. On me demandait des choses simples : « Tu as faim ? » ; « Tu veux manger ? » Mais c'est tout, il n'y avait pas de communication. La télévision était toujours allumée, midi et soir, sept jours sur sept. C'était toujours la même chose. Au final, il n'y avait pas de réelle discussion, ni sur les sentiments ni sur quelque autre thème que ce soit. Uniquement des échanges courts. On m'en disait parfois un peu plus sur quelque événement, la maladie d'un cousin, un déplacement... Mais c'était tout, tout était sommaire. Il n'y avait pas de discussion, tout était bref, très bref. On me disait le minimum, sans détails.

Je me souviens en revanche d'avoir fait des voyages, mes parents et moi. Nous avons visité des pays comme l'Italie, le Portugal. Nous découvrions beaucoup de spécificités locales : le style, la cuisine, les gens, les vêtements... J'ai appris beaucoup de choses grâce à ces voyages. Cela a vraiment été positif pour moi.

Mon père était représentant de commerce d'alcools. Ma mère ne travaillait pas, elle était femme au foyer, pour s'occuper de moi. Que savais-je de leur vie ? Je les voyais bien s'embrasser de temps en temps, le midi, le soir, pour se dire au revoir. Je voyais qu'il y avait des sentiments entre eux. Mais je ne connaissais pas leur vie respective. Je savais que ma mère était allée à l'école, qu'elle y avait appris la couture, puis qu'elle s'était mariée. Et ça s'arrêtait là. Ma mère avait gardé quelques amies d'école qui venaient de temps en temps. En revanche, je ne sais pas si mon père avait des amis, il était souvent absent, en déplacement et rentrait tard.

Comment s'étaient-ils rencontrés ? Comment étaient-ils tombés amoureux ? On ne m'en a montré qu'une photo prise dans une rue de Carcassonne, où l'on peut voir un couple. Mais rien de plus. On m'a juste raconté, de manière très concise, qu'ils se sont rencontrés un soir, à un bal... Je ne leur ai jamais posé de questions, c'était un sujet sensible... Il faut dire qu'autrefois on ne racontait pas sa jeunesse, ni ses expériences d'adolescent, c'était secret. On avançait dans la vie, comme ça.

Ensuite, j'ai grandi... À l'adolescence, mon corps a commencé à changer, ma poitrine commençait à se former. Cela ne m'a pas surprise, j'avais pu observer que ma mère avait une forte poitrine, c'était clair pour moi. Elle m'a accompagnée dans une boutique qui vendait des soutiens-gorge « médicaux » spéciaux, avec une coque en mousse. Elle m'en a montré de différentes couleurs, ça me plaisait, m'intéressait et m'amusait. J'ai pris alors l'habitude d'en porter.

Puis ce furent mes premières règles... J'étais jeune, j'avais dix ans ! Quelque temps auparavant, j'avais aperçu ma mère ranger dans un placard ses serviettes hygiéniques. Je lui avais alors demandé à quoi cela servait et elle m'avait répondu que j'en aurais moi aussi plus tard, que je verrais... Mais je ne savais pas ce que c'était, je me posais des questions. Ensuite sont arrivées les grandes vacances. Je jouais aux osselets avec mon petit cousin, quand il a remarqué du sang qui coulait sur ma cuisse. Moi, je n'avais rien vu, ni rien senti du tout. Il est allé chercher ma mère, qui m'a ensuite amenée avec elle. Elle m'a alors dit qu'il fallait que je me lave le sexe tous les jours. Puis, elle m'a donné une serviette, mais je ne comprenais pas ce qui se passait. J'allais me laver, oui... J'allais être propre et ensuite ? Bon, je me suis lavée, j'ai mis une serviette, mais c'en est resté là, c'était tout. Je n'ai reçu aucune information ni sur la sexualité ni sur les risques de grossesse. Personne ne m'a expliqué que les règles duraient quelques jours, s'arrêtaient puis recommençaient le mois suivant. J'étais très déconcertée. Cela a duré un jour, puis deux... Cela me perturbait et m'affolait, je pensais que j'allais me vider de mon sang. C'était mon imagination de fille qui me faisait penser ça. Mais je manquais totalement d'informations et j'étais très inquiète. Je n'ai compris que plus tard, en tenant un petit carnet où je notais chaque mois la date de mes règles. On ne m'avait pas non plus mise en garde sur le fait que je pouvais tomber enceinte, ni expliqué comment cela pouvait arriver. Je n'avais aucune information sur le sexe. Sur ce sujet, je me suis construite moi-même en allant chercher les connaissances nécessaires dans les livres. J'ai compris la signification du mot « règles » en allant la chercher dans le dictionnaire. C'était dur, oui... C'était un sujet tabou. Dans la famille, on ne parlait pas de ces choses-là.

La communication était donc très restreinte autour de moi. En revanche, j'avais une chance : celle de savoir lire. Cela m'a aidée à acquérir du vocabulaire et je consultais le dictionnaire pour trouver le sens de mots inconnus. J'étais isolée, renfermée, alors je m'étais créé un monde à moi : les livres me racontaient des histoires, c'étaient eux qui alimentaient mon imagination, me permettaient de rêver de reines, d'amour, de contes... Peu m'importait l'extérieur, peu m'importait ma famille, ce qui comptait, c'était ce monde intérieur que faisaient vivre ces histoires que j'aimais tant !

Je vivais avec les livres, je dormais avec les livres. Encore aujourd'hui, j'en ai toujours sur ma table de chevet. Chez moi, on en trouve partout et de toutes sortes : mes étagères et mes bibliothèques en sont pleines, il y en a sur mon bureau. J'ai vraiment des livres dans chaque recoin de la maison. Je vis avec les livres. J'ai une relation avec eux, ils m'instruisent sur l'histoire, sur les sciences... J'aime les livres et on pourrait à mon sujet utiliser l'expression : c'est une vraie maladie ! Pour moi, ça remplace la communication. Enfin... Pas vraiment, non... [*Rires*]. Ça ne la remplace pas vraiment, non. J'ai tant besoin du contact avec d'autres personnes !

Tous les soirs, j'avais un atroce mal de tête

À onze ans, j'ai laissé la maison pour faire les premiers pas de ma vie d'adulte, ou plutôt d'adolescente. Premiers pas vers d'autres personnes, vers une autre vie, vers l'autonomie. J'ai quitté Carcassonne pour entrer en sixième au lycée du Parc Saint-Agne à Ramonville, près de Toulouse, un établissement qui accueillait des jeunes avec tous types de handicaps. Quel choc ! Je n'oublierai jamais ! Mes parents m'avaient prévenue que j'allais entrer dans ce lycée, mais ne m'avaient pas tout dit ! Non seulement je quittais le cocon familial – la séparation d'avec ma mère fut violente et douloureuse –, mais je découvrais, abasourdie, des jeunes handicapés : des aveugles avec leur canne, des handicapés moteurs en fauteuil roulant. Je n'en avais jamais vu, je me trouvais projetée dans un univers inconnu. Je me sentais perdue, mon cœur était en souffrance, la situation difficile à vivre. Il fallait que je m'adapte, mais c'était dur de vivre au quotidien avec ces handicapés.

La communication n'était pas facile. Je me souviens d'un incident qui m'a marquée l'année de ma sixième : c'était la fin de la récréation, je rejoignais le bâtiment en préfabriqué pour rentrer en classe. Je poussais la porte à double battant, sans entendre qu'un jeune malvoyant arrivait de l'autre côté de la porte qui le heurta alors. Je m'excusais aussitôt auprès de lui, mais il alla se plaindre au professeur. Cette enseignante se dirigea alors soudain vers moi et me gifla violemment. J'avais l'impression que le monde s'écroulait sous mes pieds : c'était injuste, et inconnu : jamais, même pour me punir, mes parents ne m'avaient frappée. J'en étais malade.

Je me souviens aussi d'une prof de maths, handicapée physique, que j'ai eue tout au long de ma scolarité et qui m'appelait pour que je prenne son cartable et le pose sur le bureau de notre classe. Docile, je rendais ce service. Pourtant, il n'était pas facile de communiquer avec elle et, parfois, elle entrait dans de terribles colères. C'était dur. Il a fallu que je prenne sur moi, que je m'aguerrisse. Je restais rivée sur une priorité : sortir de ce lycée avec mon baccalauréat en poche. Mais cela eut pour conséquence un repli encore plus important, un renfermement accru sur moi-même.

Dans l'établissement, il n'y avait que quelques élèves sourds, disséminés dans les classes, mais nous nous connaissions peu, nous oralisions et ne nous retrouvions pas en groupe pour échanger, bavarder, comme le faisaient un peu d'autres groupes de jeunes handicapés. J'en ai oublié que j'étais sourde. Il n'y avait pas de langue des signes, pas d'interprètes, tout passait par la communication orale. En cours, toute la journée, j'étais obligée de lire sur les lèvres des professeurs. Tous les soirs, j'avais un mal de tête atroce. Certains professeurs ne nous estimaient pas, nous étions les mal-aimés parce qu'ils avaient des difficultés à nous comprendre, il y avait des malentendus...

J'étais en internat et je rentrais le week-end. Les allers-retours étaient durs. Au lycée, il fallait que je me débrouille par moi-même, je n'avais plus les explications et conseils de ma mère que j'avais quand j'étais à l'école primaire. J'ai appris à écrire le français, cela a participé à mon autonomie.

Mes études dans cet établissement ont donc été difficiles, mon parcours laborieux. J'y suis restée de la sixième à la terminale. Je voulais faire un bac scientifique, car j'adorais les sciences de la vie et de la terre, les SVT. Mais en conseil de classe, les professeurs ont décidé de m'orienter en section littéraire. Quel découragement ! Je n'étais calée ni en lettres ni en philosophie. J'ai obtempéré. Finalement, j'y suis parvenue, la tête haute, et j'ai obtenu mon bac avec mention. J'avais prouvé mes capacités d'y arriver et j'éprouvais la fierté d'avoir réussi.

Se résigner à vivre sans rêves

Se posait alors la question du choix d'un métier. Je voulais être coiffeuse, je trouvais cela visuel, facile. Mais ma mère refusait cette orientation, au motif que les gens étaient sales, qu'ils avaient des poux, que leurs cheveux étaient moches [*rires*]. Déçue, j'ai alors cherché un autre métier possible : esthéticienne. Mais là encore, ma mère n'était pas d'accord : selon elle, ce n'était pas beau, les gens avaient plein de boutons, ils sentaient mauvais… J'exprimais alors un autre désir : j'aurais aimé être pilote de course automobile, car j'aimais (et j'aime toujours !) la vitesse. « Ah non, tu es folle ! » s'exclama-t-elle. Elle émettait toujours des critiques négatives, rien n'était acceptable de son point de vue. Elle me contredisait tout le temps, je ne pouvais donc pas choisir. Finalement, ma mère a brisé mes rêves et mes envies, qui ont disparu à jamais de ma mémoire.

Je me rends compte aujourd'hui que j'ai encaissé frustration sur frustration tout au long de ma vie. La colère et la souffrance se sont amoncelées au fond de moi jusqu'à m'étouffer. C'est un poids, encore aujourd'hui. Je me suis donc résignée à vivre sans rêves. J'ai pris le parti de ne plus me projeter dans l'avenir, de penser et d'avancer au jour le jour, de continuer à tracer mon chemin en poursuivant des études.

Je suis entrée à la faculté de droit. J'imaginais que ce serait structuré comme au lycée, mais la réalité s'est révélée tout autre : nous n'étions pas du tout encadrés. Il régnait un grand laxisme et nous étions livrés à nous-mêmes. Il y avait du chahut, du bruit. C'était ça, l'université ? Il m'était impossible de prendre des notes devant un professeur qui parlait loin, au micro. Et il n'y avait pas d'interprètes, à cette époque. J'ai donc abandonné et je suis retournée chez moi, à Carcassonne.

Mes grands-parents paternels possédaient un commerce en gros de spiritueux et de vins. Pour pouvoir travailler avec eux, j'ai repris le chemin de l'école, je suis retournée dans un lycée professionnel pour préparer un CAP de vente. J'avais mon bac et, là, je rétrogradais à un niveau de troisième, mais tant pis… Il fallait normalement deux ans pour préparer ce diplôme, mais je suis entrée directement en deuxième année. C'était vraiment facile. Ce n'était pas spécialisé, c'était une école pour entendants, mais j'avais l'habitude de travailler comme ça, en me débrouillant pour avoir les contenus. J'ai réussi mes examens et obtenu mon CAP de vente en un an. J'ai été embauchée dans l'entreprise de mes grands-parents pour y travailler. À cette période-là également, mon père m'a initiée à la connaissance et à la dégustation des vins de France, j'ai appris comment accorder les vins aux différents plats. Mais les clients préféraient alors les conseils des hommes à ceux des femmes, c'était un milieu assez macho. Le travail dans le commerce en gros de spiritueux et de vins m'a vite pesé.

« Cherche personne sourde, niveau bac, pratiquant la langue des signes »

Un jour, aux informations régionales du Languedoc, j'ai vu l'annonce que passait une interprète : l'école des Sourds de Montpellier, le Centre d'éducation spécialisé pour déficients auditifs (CESDA), recherchait une personne sourde, de niveau bac et pratiquant la langue des signes, pour effectuer un remplacement d'éducateur pendant deux mois. J'avais le bac littéraire en poche et j'avais envie de m'investir auprès d'enfants sourds. Mais je ne connaissais pas la langue des signes. Comment faire pour l'acquérir ?

C'était en 1979. Je me suis rappelé qu'à Toulouse, au Foyer des Sourds, l'association Deux langues pour une éducation (2LPE)[1] organisait des cours de LSF. J'y suis allée et j'ai été subjuguée ! J'étais affamée et cette langue me nourrissait. Je m'imprégnais de tous ces signes, j'adorais cela et j'en avais besoin pour accéder à ce travail mais aussi pour moi-même, pour mon propre plaisir, étant moi-même malentendante. J'avais vingt ans. Cela a été pour moi un véritable éveil, une renaissance. Cela me procurait du plaisir, de la joie, de

1 « L'association nationale Deux langues pour une éducation, souvent abrégée en 2LPE, créée en 1979, promeut l'éducation bilingue (langue des signes française et français écrit) pour les enfants sourds » (source : article « Deux langues pour une éducation », Wikipédia en français).

l'émotion, c'était quelque chose de fantastique. Vivre avec la langue des signes me serait utile pour la suite et j'adorais cela, je le sentais. Le monde des entendants était très différent, un monde où il faut parler avec la voix. Dans le monde des sourds, avec les signes, je me sentais à l'aise, la langue des signes facilitait la communication, transmettait des émotions, éveillait... C'était vivant, j'aimais ça. J'étais entre deux mondes : d'un côté, le monde des entendants et de l'autre, celui des Sourds, et je devais faire des allers-retours entre ces deux mondes. Je n'ai pas avancé à une vitesse fulgurante, mais j'ai quand même progressé. Les Sourds m'ont acceptée, moi... J'ai pu communiquer, échanger avec eux. La richesse des rencontres m'a fait découvrir une culture, m'a donné envie d'être véritablement sourde et de m'immerger dans le monde des Sourds, en oubliant celui des entendants, dont je me détachais petit à petit, cherchant de plus en plus à fréquenter les Sourds et à pratiquer la langue des signes.

J'ai alors quitté le commerce de vins et spiritueux pour tenter la nouvelle aventure que me proposait l'annonce de l'école de Montpellier. Je me suis présentée. J'avais hâte de connaître ce lieu et les enfants sourds. J'ai fait la connaissance de deux personnes sourdes qui travaillaient dans l'établissement : Françoise Chastel y était professeure et André Cuif, animateur, racontait en LSF des comptines aux enfants de la maternelle... Je travaillais à l'internat avec de jeunes adolescents. Je surveillais les devoirs et j'assurais les soirées. Une partie des jeunes restait au CESDA et les autres allaient en intégration dans un collège. Cela me rappelait mon intégration lorsque j'étais en primaire. J'ai senti un changement dans cet établissement : certains professeurs sourds signaient les cours, on voyait que les enfants y assistaient avec beaucoup de plaisir. Une fois fini le contrat de remplacement, je suis rentrée chez moi.

Les années ont passé. Je me suis mariée avec un Sourd et j'ai quitté Carcassonne pour Albi. Nous avons eu par la suite deux enfants, Claire et Olivier, et je suis restée quelques années mère au foyer. En arrivant à Albi, ne trouvant pas de travail, j'ai passé un concours pour obtenir une place réservée aux handicapés au sein d'une banque. Je l'ai réussi et ai obtenu un contrat de deux mois comme employée de bureau. Je faisais de la saisie, j'enregistrais des chèques... Puis Pôle emploi m'a proposé un autre contrat à durée déterminée au secrétariat d'un lycée. J'ai accepté. J'étais chargée de recopier les noms des élèves pour les bulletins trimestriels. Ce lycée comptait mille élèves, le travail était très répétitif. Je faisais aussi de la saisie...

J'ai alors fait une demande à l'école des Sourds d'Albi, le CESDA, pour travailler dans les classes. J'ai été acceptée. Je racontais aux enfants des histoires en langue des signes, je leur apprenais des comptines. Nous faisions des jeux. Je leur présentais des livres d'éveil pour apprendre l'alphabet. Je leur apprenais les couleurs.

Quelque chose m'a marquée dans cet établissement. Accompagnée de deux personnes entendantes, j'allais chez les tout-petits signer et mimer des histoires à partir de livres. Dans ce groupe, il y avait deux enfants implantés : on leur avait posé, lors d'une lourde opération, des implants cochléaires. Je remarquais qu'ils étaient fatigués, le regard dans le vide. Ils semblaient perdus. Je me sentais en colère de les voir malheureux, ces petits avec leurs implants. On aurait dit des petits robots à répéter des mots. Voulant « façonner » comme des entendants ces petits êtres fragiles en plein épanouissement, les nouvelles technologies les avaient en réalité « déformés ». Je me disais que, guidés par le désir bien compréhensible que leur enfant parle, les parents avaient en fait commis une lourde erreur, car leurs enfants ne parleraient jamais parfaitement. Je ne pouvais taire en moi un sentiment de révolte, une envie de crier « Plus jamais ça ! », et le souhait qu'on ne confisque pas aux enfants la possibilité de choisir.

Dans les autres classes, à cette époque, il n'y avait pas d'élèves implantés. Je racontais en langue des signes les contes qui font rêver les enfants : Blanche-Neige, Cendrillon... Un jour, l'idée m'est venue d'amener les enfants à la cité de Carcassonne. Toute une classe est venue visiter la ville fortifiée, avec un guide du château. Les enfants étaient heureux de découvrir ce site.

Mon contrat se terminait. En moi continuait à germer une idée, en lien avec l'histoire et les Sourds... Un projet qui mettrait longtemps à se réaliser. Dans ces années-là à Albi, avec celui qui était encore mon mari – nous nous sommes séparés quelques années après –, nous avions créé un groupe de l'association 2LPE Albi. Nous collions et postions des affiches pour faire connaître et promouvoir le mouvement. Nous voulions que tous les Sourds apprennent à signer, mais ce fut difficile de faire avancer notre cause, car le centre spécialisé d'Albi était dominé par la méthode oraliste. Avec le temps, l'association s'est dissoute. Après cela, je me suis détachée de ce mouvement.

Un rêve... et une solution

Un rêve continuait à cheminer en moi, soutenu par le constat qu'il fallait faire avancer l'accessibilité aux Sourds des musées du Languedoc-Roussillon. J'ai pris conscience que je voulais évoluer vers un nouveau travail. J'ai toujours aimé l'histoire et je souhaitais ardemment travailler pour et avec les Sourds. Il y avait une solution pour répondre à mes goûts et mes aspirations : devenir guide. J'ai donc décidé de passer l'examen de guide au château de Carcassonne. Je l'ai obtenu.

Pour évaluer mes compétences de guide en LSF, j'ai reçu la visite d'un responsable de Paris. C'était quelqu'un de connu : Jean-Paul Perbost, l'un des premiers conférenciers sourds de Paris, qui avait développé des visites dans les musées et qui était responsable d'une antenne pour public sourd au Centre des monuments nationaux. J'ai effectué en LSF la visite de la cité de Carcassonne et je lui ai également fait découvrir d'autres sites du département de l'Aude : les mines aurifères de Salsigne, les marbres rouges et roses de Caunes-Minervois qui ont servi à la construction du château de Versailles.

Il m'a conseillé de continuer à me perfectionner en langue des signes et de passer d'autres tests d'aptitude dans des sites du Sud : la citadelle d'Aigues-Mortes, la cathédrale Sainte-Cécile d'Albi, la villa gallo-romaine de Montmaurin, le village gaulois d'Ensérune, le château de Salses. J'ai écouté ses conseils et préparé ces tests d'aptitude que j'ai réussis.

J'animais des visites en LSF avec l'office de tourisme d'Albi, une fois par mois. Le public venait découvrir les secrets de la ville. Certains musées me demandaient la carte professionnelle. Je ne la possédais pas. J'avais réalisé de nombreuses présentations de sites, j'ai donc contacté la préfecture de l'Aude et fait un dossier de VAE (validation des acquis de l'expérience). Quelque temps après, je recevais la fameuse carte de guide conférencier national du tourisme, le sésame de tous les musées ! J'en étais heureuse.

Cependant, peu d'associations de Sourds et peu de musées étaient demandeurs de visites en langue des signes. À quoi attribuer cela ? C'est une activité culturelle nouvelle qui ne fait pas partie de celles habituellement proposées... La plupart des personnes inscrites à mes visites étaient (et sont encore) des entendants, des parents et des professeurs des classes spécialisées. Comment attirer le public sourd dans les musées ?

En 2004, l'Académie de la langue des signes (ALSF) organisait la remise de « Mains d'or », récompenses équivalentes à des oscars, pour distinguer des personnes sourdes ayant des talents ou ayant effectué des actions remarquables. Parmi les différentes catégories, il y avait celle du « meilleur conférencier sourd ». Je me suis inscrite, sans penser gagner. J'ai préparé tout un montage sur la cité de Carcassonne et la cathédrale d'Albi, j'ai tourné une vidéo, en tenue de Moyen Âge. Au moment venu, je suis montée à Paris pour assister à la cérémonie. Quelle ne fut ma surprise d'être appelée ! Mon nom venait d'être choisi, j'étais désignée meilleure conférencière, mon cœur battait la chamade : je venais de recevoir ma plus belle récompense. J'étais fière d'obtenir ce trophée des Mains d'or. L'autre conférencier récompensé était une personnalité sourde très célèbre : Guy Bouchauveau.

J'étais toujours en quête d'emploi. Pour développer mes compétences et augmenter mes chances de trouver un travail, j'ai suivi à Villeneuve-lès-Avignon une formation pour devenir évaluatrice du label Tourisme et Handicap qui valide, selon des critères précis, l'accessibilité de monuments, de sites et d'équipements touristiques tels que gîtes, hôtels, chambres d'hôtes… J'ai fait du bénévolat avec une personne du conseil général de l'Aude, Dorian Mateos. En binôme, nous allions voir des prestataires qui voulaient rendre leurs lieux accessibles à toutes les catégories de personnes handicapées. Il fallait faire tout un ensemble de relevés très précis et constituer un dossier qui était présenté en commission départementale puis nationale pour validation et obtention du label Tourisme et Handicap. Nous donnions aussi des conseils aux prestataires.

Un jour, j'ai proposé à Dorian de créer une version en LSF du site du conseil général de l'Aude. J'interprétais chaque thème avec une tenue différente. Pour cette création, nous avons été récompensés par l'Étoile de l'accueil remise par le ministre du Tourisme en personne, Léon Bertrand. Un combat réussi, un trophée de plus qui revenait, cette fois, au conseil général.

J'ai également donné à tous les offices de tourisme de la région Languedoc-Roussillon et au Centre des monuments nationaux des cours de sensibilisation et une initiation à la langue des signes permettant d'avoir un premier contact avec les personnes sourdes. Ce travail de partage et d'échange me plaît toujours beaucoup.

Je suis maintenant installée à Toulouse. Je participe – toujours bénévolement ! – aux réunions qu'organise la municipalité pour l'accessibilité des personnes en situation de handicap, je représente l'association des Sourds, Tolosa 31. Chaque association apporte des conseils, des idées sur la voirie, le métro, les écoles, les musées, le stade, pour chaque handicap. Tous les mois, à la réunion, il y a un interprète en LSF. En matière d'accessibilité, rien n'est jamais terminé, il y a toujours quelque chose à faire pour obtenir un maximum de confort et de sécurité pour les personnes sourdes... Il faut se battre tous les jours.

Concernant l'accès à la culture et mon travail de guide conférencière en LSF, les choses n'évoluent que très lentement. J'ai toujours du mal à trouver des personnes sourdes intéressées par la peinture, les arts. Est-ce un manque de motivation ? De stimulation de leur environnement ? Il y a quelque temps, l'association L'Art en signes a fait appel à moi pour proposer des visites en LSF dans la région Provence-Alpes-Côte d'Azur, mais il y a eu assez peu de participants. Pourtant, cette région regorge de sites à visiter. J'interviens également, depuis 2009, au musée régional d'art contemporain de Sérignan, où le personnel a compris l'intérêt des visites guidées adaptées.

Il y a un autre problème : dans ma région, beaucoup de musées préfèrent faire appel aux interprètes en LSF plutôt que de solliciter un guide conférencier sourd. J'ai pourtant la disponibilité, les compétences et les diplômes requis. Mais peut-être ne veulent-ils pas s'embarrasser d'une personne sourde, fût-elle professionnelle. Le recours aux interprètes est plus simple et plus économique. Pourtant, à Paris, les musées ont fait le choix, chaque fois que c'est possible, de ne pas utiliser les services d'interprétariat, mais de privilégier et de promouvoir l'intervention directe de guides conférenciers sourds, car c'est le mode qui convient le mieux au public ciblé.

La culture, c'est aussi la reconnaissance et la préservation du patrimoine. Qu'en est-il de celui des Sourds ? Je fais partie de l'association Les amis de l'abbé de l'Épée, qui a pour but la panthéonisation de notre cher bienfaiteur reconnu par l'Assemblée constituante en 1793. Avant Jules Ferry, il a créé l'école gratuite pour tous les Sourds. Louis Braille est enterré au Panthéon et pas lui. Nous nous battons pour qu'il soit admis au temple républicain des grands hommes et femmes. Cela suppose la constitution d'un solide dossier à remettre au président de la République, car cette décision est de son seul ressort. Mais quand sera notre victoire ?

La marche de Milan, une aventure inoubliable

Il reste tant à faire pour nous faire reconnaître, nous, les Sourds et notre langue, notre culture... C'est le but que s'était fixé l'association OSS2007 en organisant, en 2013, la fameuse « marche du siècle sourd », à laquelle j'ai participé. Jamais je n'oublierai ce périple de plus de mille kilomètres à pied, de Paris à Milan ! Ce fut pour moi une expérience bouleversante. Tout était nouveau pour moi : jamais de ma vie je n'avais dormi sous une tente, ni fait de camping ni pratiqué de sport ! Je ne connaissais pas non plus tous les marcheurs et n'avais aucune expérience de la vie de groupe. Bien sûr, nous nous sommes préparés avant de partir. Mais, une fois en route, il nous a fallu affronter, bien au-delà de ce que nous pouvions prévoir, les rigueurs du climat, le froid, la pluie, les hébergements sommaires, le relief, la fatigue, les douleurs physiques, les doutes et l'épuisement parfois. C'était terrible ! Ce fut pourtant une expérience formidable : nous étions soudés par notre combat, une bonne entente régnait entre nous, il n'y avait ni concurrence ni rivalité, des liens solides nous unissaient. Nous partagions le bonheur d'être ensemble et mettions toute notre énergie et notre cœur dans cette marche, pour atteindre coûte que coûte l'objectif que nous nous étions fixé. Nous vivions comme des frères et sœurs, partageant nos joies, nos rires, nos peines et nos souffrances. Les problèmes des uns et des autres étaient pris en charge par tout le groupe. Grâce à ce soutien mutuel, nous avons pu aller jusqu'au bout, en hissant le drapeau du peuple sourd !

Et l'arrivée à Milan fut un moment extraordinaire : l'accueil était plus que chaleureux, avec des milliers de Sourds sur la place du célèbre Duomo, avec des milliers de mains qui s'agitaient en signe de « bravo », des ballons bleus, des sourires. Nous étions emportés et comme enivrés par cette foule venue des quatre coins de l'Europe. J'avais le sentiment d'être en pleine lumière, l'impression de me trouver dans un monde nouveau.

Cette aventure restera à jamais gravée dans ma mémoire. Je suis heureuse de l'avoir vécue ! Merci OSS2007 !

Il est important d'éviter les divisions entre nous, Sourds, si nous voulons parvenir à faire entendre notre cause. Même si ce n'est pas toujours évident, nous pouvons arriver à nous mettre d'accord. Il ne faut pas chercher à se mettre en avant, à se centrer sur son égo. Grâce à la concertation, nous pourrons réussir notre combat. En nous mettant d'accord sur les objectifs communs les plus importants pour nous, nous pourrons nous faire entendre. Il ne faut surtout pas donner prise à des divisions qui, en fait, ne viennent pas de nous, mais des professionnels et des politiques. Ce sont eux qui nous divisent en différents groupes : les Sourds oralisants, les Sourds LSF, les Sourds implantés... Alors que nous sommes tous des Sourds. Et une même langue doit nous unifier : la LSF. Cette langue est importante pour nous tous : elle nous permet de communiquer et d'entrer dans la culture. C'est pourquoi il faut la protéger, pour qu'elle vive toujours.

Quand la communication est « cassée »

Quand je m'arrête et que je considère ma vie jusqu'à ce jour, me viennent mille pensées et sentiments...

Parfois, je me prends à rêver : quelle aurait été ma vie si j'étais née dans une famille sourde ? J'en connais une, celle de mon amie Vanessa. Ils sont tous sourds : elle, ses parents, son frère et sa jeune sœur, à qui j'ai raconté des contes en LSF quand elle était petite. Il n'y a pas de problèmes de communication chez eux. Ils sont tous à l'aise dans la LSF. Vanessa a toujours eu des facilités pour étudier. Elle est même allée en Suède compléter son cursus et a passé des examens avec succès dans ce pays. Elle a de la chance d'avoir grandi dans une famille où tout le monde parle la même langue, la LSF. Elle a eu un parcours scolaire aisé dans le bilinguisme. Je l'envie ! Elle est devenue à son tour enseignante dans les classes bilingues. C'est un beau métier. Elle est parfaitement à l'aise dans la communication à distance avec une webcam, sur Skype… Elle s'enregistre parfois sur YouTube, le fait sans difficulté. C'est super !

Que se serait-il passé pour moi si j'avais eu la même chance que Vanessa ? Les échanges entre mes parents et moi auraient été riches, fluides, naturels. Nous aurions été une famille heureuse. Nous aurions fait des sorties ensemble. Il y aurait eu entre nous une bonne entente. Le seul problème aurait été le téléphone : nous aurions été dans l'impossibilité de téléphoner à qui que ce soit, car, à cette époque, il n'y avait ni Internet, qui permet la communication à distance, ni interprètes, et il fallait faire appel à un entendant qui accepte de servir d'intermédiaire. Mais tel ne fut pas mon destin… Je suis née dans une famille d'entendants où la communication était très limitée. J'étais « coincée », je ne pouvais pas m'exprimer librement, le cheminement de mes premières années a été problématique.

Dans les familles entendantes comme la mienne, il y a du positif et du négatif. C'est pour nous, Sourds, une vie peu évidente avec son lot de déceptions, mais semée quand même des petits bonheurs. Parfois, je vois la vie des Sourds comme un bateau qui vogue sur l'océan au gré des vents et des vagues entre deux îles. Soit il est porté vers la bonne île où la LSF est présente, soit il échoue sur la mauvaise île infestée par l'oral. C'est une image… En fait, la vie entraîne plus souvent les Sourds vers la mauvaise île…

Mais je n'en veux pas à mes parents. Ils ont fait beaucoup d'efforts pour moi, ils ont fait du mieux qu'ils pouvaient. Leur seule – et grande – erreur a été d'écouter le médecin qui leur a donné des conseils pour m'élever. Je ne les critique pas et j'estime que, malgré tout, j'ai eu un beau parcours. Mais j'aurais tant aimé grandir dans une école de Sourds. Là, j'aurais pu me construire dans la langue des signes. J'aurais vécu dans un brassage de mains vivantes, j'aurais été à l'aise pour communiquer. Car les mains sont ma langue. J'aurais pu avoir des amis.

Au lieu de cela, j'ai été intégrée dans une école d'entendants. Je n'ai pas eu d'amis ; je n'ai gardé aucun contact après l'école, sauf une camarade entendante que je revois, c'est bien peu. Et pour cause, il n'y avait pas de communication entre eux et moi. Ma vie était comme vide. En langue des signes, nous disons : « La communication est cassée. » L'absence de LSF dans mon parcours m'a exclue de la communauté sourde, comme si je n'étais pas une vraie Sourde. Alors que mon vœu le plus cher est au contraire de m'affirmer pleinement et clairement dans mon identité de Sourde.

Quelle est ma place entre les deux mondes, celui des Sourds et celui des entendants ? Grande question ! La société ne connaît pas la situation actuelle des Sourds. Il faut continuer à informer, à sensibiliser le public à toutes les questions qui les concernent, écouter ce qu'ils ont à dire. Il faut conseiller les personnes qui perdent soudainement l'audition et tous les Sourds qui ont besoin d'aide pour leurs premiers pas vers la communication.

En général, c'est un choc pour les parents d'apprendre la surdité de leur enfant. Il faut donc les accompagner en leur donnant le plus possible d'informations, ne pas leur faire croire que seuls les médecins qui préconisent l'implantation détiennent la vérité. Et d'autant plus pour les nouveau-nés ! Il y a davantage à voir avant de choisir le meilleur pour son enfant ! Il faut dire aux parents que les Sourds qui utilisent la LSF peuvent accéder à un travail, qu'il soit manuel ou intellectuel ; que certains, grâce à l'aisance, la conscience qu'ils ont acquises avec la langue des signes, suivent sans problème des cursus universitaires, deviennent enseignants, chercheurs...

Pour ma part, je regrette que la LSF n'ait pas été intégrée dans mon cursus scolaire, ne m'ait pas été enseignée. D'autres voies existent. Moi-même, je sais que je peux parler, mais je reste convaincue que c'est la LSF qui devrait être plus utilisée.

Nos mains valent de l'or : laissez-nous vivre !

Aujourd'hui, je me reconnais enfin comme une personne sourde. Les appareils auditifs sont juste un support pour entendre et répondre à mes interlocuteurs, ils me servent surtout à percevoir les bruits. Depuis la marche avec OSS, j'essaie le plus souvent possible de ne pas les porter. Mais, dans la vie en société, je me sens encore obligée de les mettre pour entendre ce qui se passe autour de moi, par exemple pour percevoir le bruit du moteur, des klaxons quand je conduis. De ce fait, je ne suis pas en mesure de m'en passer complètement, malgré mon souhait de ne plus en porter.

Avec les entendants qui oralisent, je me sens souvent isolée. Je suis en capacité de parler, mais les efforts que je fais pour communiquer avec eux me fatiguent beaucoup. Les échanges se font par le son, et je suis consciente que beaucoup de choses m'échappent. Les relations sont évanescentes. Souvent, il n'y a pas de vraie communication. Alors, pour combler le pénible sentiment de solitude, je reviens vers mes livres. Leur proximité m'apaise un peu, sinon c'est dur à vivre.

En revanche, je suis plus à l'aise dans le monde des Sourds. On peut échanger facilement. Si j'ai un problème, je peux demander de l'aide. Entre nous, Sourds, il n'y a pas de tabous. La LSF ne s'interdit rien ! Les échanges se font librement, aisément. Ils sont ouverts. On découvre, on apprend, on se cultive. Cela présente pour moi plein d'avantages et surtout me procure plus de bonheur.

Quelle est ma langue ? Même si j'ai appris à oraliser, c'est dans la langue des signes que je me reconnais ! Cette langue est complète et parfaitement adaptée à mes capacités visuelles. Par elle et avec elle, je communique facilement. Elle permet différentes formes d'expression, différents discours, une grande variété de styles. C'est une langue riche qui a ses propres règles, très différentes de celles du français. C'est ma vraie langue, je l'adore. C'est la base de ma vie ! [*Rires.*]

Parler de soi, se livrer, ce n'est pas facile. Mais je voudrais que ma parole permette à tous de comprendre à quel point la langue des signes est importante. Sans culture et sans langue, la vie n'a plus aucun sens. La LSF mérite qu'on lui accorde davantage de valeur, nos mains valent de l'or. Je le répète : nous aurons besoin de la langue des signes pour toujours, et il faut faire en sorte qu'elle ne disparaisse jamais. Et... laissez-nous vivre !

Jacques

Je m'appelle Jacques. Il existe deux Jacques : d'abord, il y a eu le Jacques dans sa période oralisante, puis le Jacques militant pour la langue des signes. En passant d'un stade à l'autre, j'ai changé d'identité.

Je suis né en 1953 dans une famille d'agriculteurs du Tarn, j'ai vu le jour à l'hôpital de Montauban. Je ne sais plus comment j'ai perdu l'audition. Tout ce dont je me souviens, c'est que je suis tombé malade étant enfant. Nous avions une longère dans la ferme. J'étais allongé dans un lit à barreaux devant la cheminée, à souffrir le martyre. Je ne sais pas de quelle maladie il s'agissait, je sais juste que mes oreilles étaient touchées. C'était peut-être une méningite. Ma mère m'a dit que soit j'ai perdu l'audition à la suite de cet incident, soit je suis né sourd. D'après ma sœur, l'accouchement a été difficile et on a dû recourir au forceps. Ce n'est toujours pas clair aujourd'hui. Eh oui, autrefois, le dépistage précoce de la surdité n'existait pas encore. Mais bon, j'accepte ce que je suis, et je l'accepterai jusqu'à ma mort.

Une enfance dans une famille d'agriculteurs

J'allais à l'école à vélo, avec ma sœur Claudie, de trois ans mon aînée. L'école se situait dans un village avoisinant la ferme. J'ai commencé à aller à l'école à vélo un peu avant mes dix ans. Je me souviens très bien de mon professeur entendant, de mon pupitre incliné avec son encrier incrusté, du tableau. Je crois me souvenir nettement du visage des personnes, mais mon souvenir le plus vif est que j'étais assis tout au fond de la classe, avec comme voisine de table une fille qui avait toujours de la morve pendue au nez. Tout le monde se moquait d'elle à cause de ça. Nous étions tous les deux les exclus de la classe, c'est pour ça que nous étions assis tout au fond. Enfin, il me semble. Je me souviens très bien qu'elle était spéciale, mais je ne sais plus comment nous communiquions.

Mes parents m'ont raconté que mon instituteur leur avait dit que j'avais des difficultés à l'écrit, que j'étais en retard. Après s'être demandé ce qu'ils pourraient faire, ils ont décidé de m'amener chez leur médecin traitant. Il m'a examiné et a conclu que je n'étais pas malade. Physiquement, il n'y avait rien à signaler, ma croissance était normale. Ne sachant pas quel était le problème, il m'a prescrit des médicaments, mais ça n'a rien changé à mon retard scolaire. Nous sommes donc retournés le voir et il m'a alors prescrit des piqûres quotidiennes, car, selon lui, mon intelligence ne se développait pas normalement. Tous les jours, ma mère m'a accompagné chez le médecin pour la piqûre. Elle n'avait pas le permis de conduire et mon père devait rester à la ferme pour s'occuper des vaches, alors nous y allions sur notre mobylette bleue, ma mère à l'avant et moi à l'arrière, l'enserrant de mes petits bras. Au total, j'ai eu cinquante-trois piqûres.

J'allais toujours à l'école. J'ai fini par me faire des copains… Enfin, des « faux copains ». Je dis ça parce qu'en réalité ils me trouvaient bizarre, comme ma voisine de table.

Par exemple, un beau soir de printemps, après l'école, alors que je rentrais à vélo derrière ma sœur, il s'est passé quelque chose. Sur notre route, nous devions passer devant plusieurs maisons, car la nôtre était la dernière. Je n'oublierai jamais ce soir-là. Il y avait un grand pommier dans un virage par lequel nous passions. Mais ce soir-là, des enfants s'y étaient cachés et quand je suis passé à leur hauteur, ils m'ont jeté des pommes au visage, entraînant ma chute. Malgré mon entaille au genou, je suis remonté sur mon vélo et me suis dépêché de rentrer à la maison. Ma mère, affolée, m'a demandé ce qui s'était passé. Ma sœur, ayant vu toute la scène, lui a expliqué. Ma mère m'a soigné, mais elle était très en colère. Sinon, il arrivait qu'on me lance des cailloux au lance-pierres. Pour moi, c'était comme un jeu. Je ne me défendais pas, j'acceptais cette situation. En fait, je subissais douloureusement l'agression. Ils étaient plusieurs contre moi si bien que, même avec l'aide de ma sœur qui me défendait, ils avaient le dessus.

Au final, les piqûres n'ont rien arrangé. Mes parents ont de nouveau discuté avec mon instituteur, qui leur a dit que rien n'avait changé au fil du temps. Ils m'ont alors emmené voir un ORL (oto-rhino-laryngologiste) à Montauban, qui a diagnostiqué ma surdité. Enfin nous savions ! J'avais six ou sept ans, je ne sais plus exactement. En fait, ma mère le savait déjà : elle avait remarqué que j'entendais peu, que je ne réagissais pas quand il y avait du bruit ou lorsque quelqu'un m'appelait. Elle l'avait deviné. Mais mon grand-père, au caractère autoritaire, ne voulait pas qu'on en parle et que ça se sache, alors elle avait gardé ça pour elle. Et pour cause, la surdité était vue à l'époque comme une maladie honteuse.

Suite à l'annonce du spécialiste, mes parents étaient désemparés. L'école du village ne leur paraissait plus adaptée, alors l'ORL leur a donné l'adresse du Centre spécialisé pour déficients auditifs Le Bon Sauveur d'Albi.

Je vous raconte tout ça, mais en réalité je ne m'en souviens pas du tout. C'est comme s'il y avait un vide dans la mémoire autour de mon enfance. Je me souviens seulement avoir été malade dans mon lit devant la cheminée, de l'incident des pommes, du lance-pierres, de ma voisine de table, du visage de mon maître et du cordon autour de sa taille...

Ma période oralisante à l'école d'Albi

Je suis donc allé à l'école d'Albi. Je me souviens très bien du moment où mes parents m'y ont conduit avec la Citroën traction avant. En arrivant à Albi, j'ai été totalement dépaysé : c'était la première fois que j'entrais dans une ville ; tout ce que j'avais vu jusqu'à présent, c'était la ferme et les villages alentour. Le mur de l'école était très haut, comme celui d'une prison. Le concierge nous a ouvert la grande porte marron et nous sommes entrés dans l'enceinte de l'école : en face, un grand bâtiment et, à droite, un autre bâtiment en L. C'est là que se trouvait l'accueil. Nous sommes entrés et avons attendu. Une sœur, vêtue de sa robe, une grosse croix accrochée à sa poitrine, s'est arrêtée devant moi. Je ne la connaissais pas, je ne comprenais pas ce qui se passait. On ne m'avait rien expliqué. J'étais comme un pantin parachuté dans un monde inconnu et incompréhensible. J'attendais pendant qu'elle discutait avec mes parents et, tout d'un coup, je me suis rendu compte qu'ils n'étaient plus là. Ils avaient disparu, partis sans un geste, sans un mot, sans m'avoir embrassé, sans la promesse de prochaines retrouvailles. J'ai pleuré, appelant ma mère, mes parents. La sœur m'a consolé et m'a accompagné dans un long couloir traversant de vastes jardins. Ah ça, c'est un souvenir marquant… Ça a été très brutal !

J'ai commencé à comprendre en voyant les gens signer, jouer ; dans l'enceinte de l'école, il y avait aussi une aile réservée aux pensionnaires qui avaient des problèmes psychiatriques. En fait, l'école des Sourds était incluse dans un complexe architectural entouré d'un haut enclos avec une salle de cinéma, une église, des cours et différents bâtiments accueillant des Sourds, mais aussi des malades mentaux. Ces derniers vivaient dans une aile jouxtant l'école : le bâtiment psychiatrique. Il y avait des professeurs, des sœurs, des curés. La vie là-bas n'avait rien à voir avec celle au village natal. Je ne saurais dire si j'étais heureux, que ce soit à Albi ou au village. Je sais juste qu'à la ferme j'étais avec ma mère et que, le soir, nous mangions en famille, ma mère prenait soin de moi et me prodiguait de l'affection. Tandis que l'école d'Albi était très éloignée du village ; je ne rentrais qu'une fois par mois.

Dans la classe, il était interdit de signer. En fait, on n'utilisait pas le mot « signer » pour désigner notre langue. On disait « faire des gestes » et surtout cette expression : « Il ne faut pas faire des gestes ! » J'avais un boîtier auditif sur le devant de la poitrine avec des fils allant jusqu'aux embouts insérés dans mes oreilles.

Je me souviens très bien de la récréation : j'adorais ce moment ! Après le déjeuner, nous jouions aux billes, à la balle au prisonnier ou au football. Tous les jeudis, le jour de repos des écoliers de l'époque, nous allions dans une ferme non loin de l'école pour jouer à se tirer dessus, à cache-cache…

Du cinéma aussi, je me souviens. Dans la salle, les garçons étaient assis aux balcons et les filles en bas, dans la fosse. C'était nos premiers contacts avec les filles, on se faisait des clins d'œil, on s'envoyait des petits mots, on se chamaillait. C'était le temps des premiers émois, des rencontres intimidantes. À l'église aussi, nous étions séparés des filles. Les messes se disaient en français et nous étions contraints de lire sur les lèvres du prêtre. Si nous nous comportions mal lors de la messe, nous étions punis : nous étions privés de tartines bien beurrées pour le petit-déjeuner et nous devions nous contenter du seul bol de lait. Même les regards furtifs adressés à nos voisines étaient punis. Il fallait regarder seulement le curé.

En ce qui concerne les cours, je ne me souviens pas de grand-chose. Il y avait plusieurs niveaux par tranches d'âge : je regardais les plus grands signer entre eux, parler de filles, de sport, de trucs de grands, quoi ; et moi je les regardais, absorbé, avant de me faire chasser. Nous apprenions à écrire, il y avait des cours d'histoire, de géographie, de mathématiques. Je crois que j'aimais un peu l'histoire. Quant au français, j'ai oublié. D'ailleurs, ma mémoire peine à garder les souvenirs se rapportant à la scolarité.

Nous devions aller voir l'orthophoniste régulièrement, à tour de rôle. Il nous faisait faire des jeux de voix devant un stimulateur électronique (un oscilloscope) et des exercices de démutisation. On s'échinait à sortir des sons à l'aide d'un verre d'eau, de tapes sur la poitrine et autres trucs bizarres...

Un jour, la sœur supérieure, sœur Anselme, celle de toutes les sœurs qu'on craignait le plus, m'a giflé très fort, je ne sais plus pour quelle bêtise. J'avais une belle marque sur la joue ! Une autre fois, elle nous a mis en file indienne, puis elle nous a pris, chacun notre tour, par les cheveux et nous a cogné la tête contre le mur à plusieurs reprises. C'était extrêmement violent et choquant. Bien souvent, les réprimandes et les punitions nous tombaient dessus sans qu'on en comprenne la raison.

Les grands Sourds me faisaient découvrir la vraie vie

Dans l'enceinte de l'école, du côté de la cour, derrière le grillage, il y avait un atelier de cordonnerie. Par la fenêtre, j'observais souvent le cordonnier sourd travailler la chaussure et le cuir. Je ne sais pas pourquoi je l'observais ainsi, certainement par curiosité. Je sentais qu'il y avait de l'action, je sortais de l'univers de l'école. À côté, il y avait l'atelier d'un ferrailleur. C'était un entendant de corpulence mince. J'étais fasciné par ses gestes lorsqu'il travaillait le métal. J'ai fabriqué moi-même un porte-pichet permettant de ranger une bouteille de vin, des vases au pied torsadé... C'était vraiment intéressant. Il n'y avait pas le métier d'agriculteur. D'ailleurs ce métier ne m'a jamais attiré, ferrailleur en revanche oui. J'aimais fabriquer quelque chose de mes mains, voilà tout.

Il y avait la confession aussi. L'abbé Puig me touchait les parties génitales, c'était très gênant. J'étais pétri de honte ! Il me demandait quels péchés j'avais commis : le mensonge, la bagarre, la triche, entre autres choses. Il ne s'agissait pas d'attouchements dans un but sexuel, pas du tout, je ne sais pas pourquoi il me touchait comme ça. C'est arrivé une ou deux fois. Pour moi c'était comme ça, je ne pouvais rien faire. Je crois bien que le curé touchait mon sexe pour le désigner. Il ne savait sans doute pas comment le nommer en langue des signes.

C'est un des grands, un Sourd, qui m'a expliqué la masturbation. Il m'a encouragé à aller aux toilettes pour la pratiquer. Alors, dans une cabine, j'ai baissé mon pantalon et je l'ai fait. C'était une découverte pour moi, je n'y connaissais rien. C'est ce qui était bien à l'école, les plus grands étaient en quelque sorte des passeurs pour les plus jeunes.

Et les filles ! J'en avais repéré une pendant le cours de sport et il n'y avait qu'elle qui m'intéressait. Au départ, je ne me suis pas rendu compte que c'était ça le sentiment amoureux. On ne m'en avait jamais rien dit, je l'ai découvert tout seul, comme ça. Qu'est-ce qu'elle était belle ! Mais je ne lui ai jamais avoué mes sentiments. Il y avait deux terrains de sport, un pour les garçons, un pour les filles, à une vingtaine de mètres de distance l'un de l'autre. Un jour, nous devions faire un match de handball. Quand je suis entré et que j'ai vu qu'elle n'était pas là, j'ai été déçu. Nous avons commencé le match, mais je ne me sentais pas bien, je me demandais où elle était. Finalement, je l'ai vu arriver et ça m'a rendu heureux. Dès que je l'ai vue, j'ai été empli d'une telle sensation de bien-être ! La voir m'a réchauffé le cœur. Pourtant, nous ne nous étions jamais parlé, ni embrassés, nous ne nous étions jamais tenu la main. Pour moi, elle était comme une fleur.

Une anecdote me revient par rapport à ce que je disais sur l'amour. Un de nos professeurs est tombé malade, alors sœur Anselme, nommée en signe la « poitrine opulente », est venue le remplacer. Devant nous, elle a ouvert un grand livre qui nous a surpris. Il décrivait l'appareil génital masculin et féminin avec des images détaillées. Sœur Anselme nous a fait un vrai cours d'éducation sexuelle, ce n'était pas du tout de la provocation. Nous avons découvert tout ça, dans notre émoi d'adolescents, embarrassés et surpris, car elle nous a expliqué ça de façon abrupte, sans nous prévenir.

Le week-end, une fois tous les quinze jours je crois, je rentrais au village. Je disais à ma mère que je détestais l'école à Albi. Elle me répondait toujours que ça allait s'arranger, qu'il fallait faire des efforts. Un jour, j'en ai eu tellement marre que j'ai explosé : j'ai brisé la vitre de la fenêtre de la cuisine en y donnant un grand coup de poing. Ma mère, abasourdie, m'a demandé de me calmer, mais j'étais vraiment très en colère. C'était un peu comme un appel, un moyen de me faire remarquer pour qu'elle m'écoute enfin. Elle ne savait pas ce qui se passait à l'école, elle vivait sa routine à la ferme et ne me voyait que le week-end. En plus, mon père et ma mère ne venaient jamais aux rencontres parents-professeurs. Ce coup de poing est resté gravé dans ma mémoire !

Quand je suis entré à l'école d'Albi, je ne savais pas que j'étais sourd, je ne savais pas qui j'étais. Je ne posais jamais de questions telles que : pourquoi oralise-t-on ? Pourquoi ne pas utiliser la langue des signes ? J'étais un peu comme un aveugle qui avance sans voir autour de lui. Au village, il y avait la ferme, la maison, la nature, la forêt, l'école, on pouvait respirer. À l'école d'Albi, c'était différent. Nous étions enfermés derrière de hauts murs, comme dans une prison – le soir, nous devions passer devant un cimetière et j'imaginais qu'un fantôme allait m'attaquer par-derrière, j'étais tellement effrayé qu'à chaque fois c'était en courant que je passais devant la grande porte.

Les quelques souvenirs que j'ai gardés de l'école se rapportent surtout aux activités. Si je n'ai presque rien retenu des cours, je me souviens en revanche très bien des séances d'orthophonie. Heureusement qu'elles n'étaient pas trop fréquentes. Un jour, sous une pile de draps dans l'armoire de mes parents, j'ai retrouvé un boîtier rectangulaire en métal, qui marchait à piles. À son extrémité, sur le côté, il y avait un embout qui ressemblait au téton d'un sein de femme. C'était un générateur de sons spécifiques pour stimuler l'audition. On le mettait dans l'oreille pour entendre, en passant d'une oreille à l'autre. Je l'ai utilisé pendant quelque temps et m'en suis lassé rapidement. Ma mère n'a pas insisté là-dessus. Elle avait envisagé de m'emmener à l'hôpital de Béziers voir un otologiste, un spécialiste de l'oreille, connu dans toute l'Europe. Finalement, nous n'y sommes jamais allés. Mes oreilles sont demeurées intactes, Dieu merci ! Je suis très bien comme ça !

J'ai arrêté l'école à seize ou dix-sept ans, je ne sais plus exactement, après avoir obtenu le diplôme du CEP, le certificat d'études primaires. Je me rappelle que, pour l'examen, il fallait écrire et encore écrire, toute la journée... C'était vraiment spécial. J'ignorais ce que je ferais par la suite : je ne savais pas qu'il fallait travailler, on ne me l'avait jamais expliqué.

Mes premiers pas dans la vie d'adulte entre le monde des entendants et la communauté sourde

Après l'école, un copain m'a proposé d'aller à Orléans avec lui pour passer un diplôme de dessinateur. J'en avais envie, mais ma mère avait peur de la distance et des frais que cela représentait. En plus, mon père avait comme projet pour moi que je prenne sa suite à la ferme. Ils ont lourdement insisté, alors, pendant un an, je suis resté travailler avec mon père. Tous les jours, nous nous disputions. Je faisais exprès de faire n'importe quoi ou d'arriver en retard. Ma mère a bien vu que ce n'était pas fait pour moi et elle a décidé qu'il serait mieux que j'arrête. J'ai donc pris mon indépendance. Pour la première fois, j'ai quitté le confort de la maison familiale.

Quelques années auparavant, mes parents m'avaient acheté un appareil auditif dans un magasin toulousain, tenu par un malentendant dont je me rappelle le nom, Léo Lasserre. Je me souviens aussi précisément de l'endroit : c'était un grand bâtiment avec un portail, il y avait un bureau occupé par le chef et, de l'autre côté, un atelier de réparation des appareils. C'est là que j'ai signé mon premier contrat d'apprentissage, en tant qu'audioprothésiste. En plus de cela, j'ai pris des cours par correspondance avec une école parisienne.

J'ai emménagé dans une chambre dans les combles, pas bien grande. J'avais un velux ; pour le garder ouvert, il fallait le faire tenir par une tige. Il y avait trois chambres comme ça côte à côte. Au départ, je croisais mon voisin entendant de temps en temps et finalement, un jour, il m'a pris sous son aile. J'ai découvert le cinéma, les bars... Je découvrais tout ça alors que j'avais la vingtaine. Ça me rendait heureux. Le travail, je m'en fichais pas mal. Enfin, non, je faisais des efforts, mais je me suis heurté à pas mal d'obstacles. Je poursuivais mes cours par correspondance avec beaucoup de mal et les résultats étaient médiocres, si bien qu'au lieu de faire le cycle complet de trois ans, j'ai arrêté au bout de deux ans.

À l'atelier, il y en avait un avec une blouse grise, très strict. Il me disait de faire des efforts pour parler, me répétait que l'appareil était important, qu'il fallait toujours que je le garde. Il me faisait essayer des contours d'oreille dernier cri. Je le détestais, pour moi, il était comme un professeur qui me forçait à parler. Michel, un autre collègue, avait une attitude très différente, il s'en fichait.

Léo Lasserre m'emmenait dans sa belle voiture de sport. Il avait une maison de grand standing. Je pense que c'est pour cette raison que mes parents croyaient qu'il pourrait être un modèle pour moi. Il était malentendant et pourtant il travaillait comme patron, il pourrait me transmettre son savoir. C'est ce qu'ils ont dû penser.

Un jour, j'ai rencontré José-Marie, un ancien copain de l'école d'Albi. Il m'a expliqué qu'il voyait d'autres Sourds tous les vendredis dans un bar près du Pont-Neuf. Il m'a encouragé à venir et c'est comme ça que j'ai décidé que je m'y rendrais le vendredi suivant. Le jour venu, je ne sais pas pourquoi, je n'ai pas pu y aller. Peut-être par peur. J'ai revu José-Marie qui m'a demandé pourquoi je n'étais pas venu. Je lui ai raconté des salades, alors il m'a dit que le vendredi suivant il viendrait me chercher et m'accompagnerait. Pris à mon propre piège !

Le vendredi suivant, nous voilà arrivés au bar. Il y avait beaucoup de monde. En entrant, j'ai vu la grande table avec toutes ces mains qui s'agitaient. Je suis resté bouche bée, je découvrais un monde nouveau. J'ai reconnu quelques personnes de l'école d'Albi, les souvenirs sont remontés.

Les Sourds ne se voyaient pas seulement le vendredi au bar, ils voyageaient aussi ensemble, jouaient au football, faisaient la fête. J'étais content d'en voir beaucoup que je connaissais de l'école d'Albi. Avant, je m'intégrais tant bien que mal dans la bande de copains entendants de mon village, la communication était difficile, j'étais passif. Je traînais ma carcasse. Et là, tout a changé. Les blagues, les taquineries et les rires fusaient. On faisait beaucoup de choses ensemble. C'était un vrai plaisir pour le jeune d'une vingtaine d'années que j'étais. Grâce aux mains bavardes et vivantes, j'en ai appris davantage sur le monde qu'en toutes mes années d'école. En plus, on voyageait beaucoup. Pour mon père, je traînais avec une bande de voyous. Il disait que Toulouse était mal famée et dangereuse, qu'il valait mieux pour moi que je reste à la ferme. Mais ma mère avait confiance en moi et me laissait faire ce que je voulais. Après tout, c'était normal que mes parents se fassent du souci pour moi. Mais je n'en tenais pas trop compte.

Finalement, je n'ai pas obtenu le diplôme d'audioprothésiste. Après avoir rompu le contrat de réparateur d'appareils auditifs au bout de deux ans, j'ai travaillé comme aide-magasinier. Au bout de deux mois, j'ai abandonné. Ensuite, j'ai peint des toilettes en plastique avec une peinture chimique dont l'odeur me prenait à la gorge. Je suis resté deux semaines. Et je suis passé de boulot en boulot comme ça avant de m'inscrire au Centre de rééducation des invalides civils (CRIC), à Toulouse. Il y avait des personnes avec toutes sortes de handicaps, mais j'étais le seul Sourd. J'ai choisi le secteur de l'électronique. Je me suis rendu compte de ce qu'était le handicap et du fait que les autres handicapés rencontraient les mêmes difficultés que moi. Un des handicapés avait eu, étant jeune, un accident de voiture qui lui avait brisé la colonne vertébrale et l'avait cloué à son fauteuil roulant. Par son attitude désinvolte, sa bonhomie, ses cheveux longs, ses tatouages et son joint aux lèvres, il se démarquait des autres car il avait un rapport distancié au handicap. Je l'admirais et étais avide de le connaître. Dans la même chambre que moi, il y avait un entendant originaire de Saint-Étienne qui était footballeur de haut niveau. Le terrain de football n'était séparé de l'école que par le pont Saint-Pierre, j'y allais donc souvent pour m'entraîner. J'ai appris les gestes techniques, je prenais un grand plaisir à pratiquer ce sport. Pendant cette période, j'avais une relation avec une fille.

Les bonnes racines de la vie à la ferme

L'été, je ne partais jamais en vacances. Dès que l'école fermait, j'allais aider mon père aux différentes tâches : pelletage, fauchage, récolte du foin... Je recevais de l'argent de poche quand j'aidais à la ferme. Par exemple, nous cultivions des cornichons : lors de la récolte, avec ma sœur, je les triais en fonction de leur taille ; le vendredi, nous les vendions au poids et cela me faisait de l'argent de poche, me rendant ainsi autonome. De la même manière, en hiver, je vendais le bois que j'avais coupé en forêt. Même avant, quand j'étais plus petit, je me souviens des matins d'été où je me levais à six heures pour aller surveiller les oies que ma mère élevait. Elle me donnait de l'argent pour effectuer cette tâche. Je consignais tout cela dans une boîte. De cette façon, je prenais conscience des chiffres, du calcul et j'aimais ça. J'ai ainsi compris la valeur du travail et su très tôt que, pour pouvoir dépenser de l'argent, il fallait d'abord en gagner. Cela me faisait travailler les mathématiques, non pas que je faisais du commerce mais tout de même. Je m'interrogeais également sur le rôle de l'argent – nous étions en anciens francs à l'époque. C'était vraiment intéressant : je notais mes petits calculs sur une feuille de papier que je rangeais bien précautionneusement, comme s'il s'agissait d'une petite banque.

Cela m'a beaucoup apporté notamment d'un point de vue social. L'école, elle, ne m'a rien enseigné de ce côté-là. En m'initiant au travail de la ferme, mes parents m'ont transmis des règles et des savoirs utiles pour vivre et m'intégrer dans la société. À l'inverse, l'école était focalisée sur l'oralisation au détriment des apprentissages de base. Et avec un bagage aussi pauvre, j'étais perdu dans la vie réelle. Je n'y ai rien appris, dans l'ensemble c'est un échec. Dans cette histoire, nous sommes les dindons de la farce ! Et l'école n'a pas changé le fait qu'à soixante et un ans je suis encore et toujours Sourd... En revanche, je remercie franchement mes parents. Ils m'ont raconté avoir payé d'importants frais de scolarité sans jamais se plaindre d'un résultat nul, c'est comme s'ils avaient jeté l'argent par la fenêtre. Ils s'y étaient engagés et mon père, plus que ma mère, en a beaucoup souffert. Ma mère m'a d'ailleurs raconté que quand je n'étais pas là, mon père pleurait souvent. Il lui arrivait de me prendre dans ses bras. Il se reprenait et s'excusait de devoir aller traire les vaches. Il me proposait alors d'aller l'aider, ce que j'acceptais volontiers. Je m'empressais aussitôt d'aller chercher le tracteur avec la remorque. Nous nous entraidions. Je me rappelle que parfois, vers 18 heures, lorsque mon père arrêtait de labourer, même s'il faisait nuit, je prenais le relais jusqu'à environ 23 heures, minuit. J'adorais ce ballet nocturne et je m'amusais à tracer des sillons dans un sens, puis dans l'autre, je pouvais voir la lune et admirer ses reflets sur le paysage vallonné. Je n'avais pas peur, j'étais plutôt intrigué. Des fois, je ne travaillais que jusqu'à 22 heures et mon père me relayait. Tout cela m'a fait prendre conscience de la valeur du travail.

Je dis donc un immense merci à mes parents et à ma sœur, entendante, qui m'a également beaucoup soutenu. C'était instructif d'avoir une grande sœur. J'observais comment ça se passait avec les garçons, je cherchais à savoir si elle les avait embrassés. D'une certaine manière, cela me donnait des indications sur la manière de penser des filles. Parfois, elle avait rendez-vous. Elle guettait alors impatiemment l'arrivée de la voiture de son copain. Une fois qu'il s'était garé, elle le rejoignait toute gaie, prenait place côté passager et tous deux repartaient. Moi j'étais derrière la fenêtre et je suivais tout ça avec attention. C'est aussi ça la communication, cela passe par le regard. Ma sœur a trois ans de plus que moi et je me disais que tout cela n'était pas encore pour moi. On me disait alors : « Tu verras plus tard. » L'été, ma sœur partait encadrer des colonies de vacances en Espagne. Une fois, elle nous a envoyé une carte postale de là-bas. Sur la carte, je voyais la mer, des filles en maillot de bain et le mot « Espagne », je me demandais ce que cela pouvait bien être. Je n'étais alors pas ouvert au monde, je n'étais encore jamais allé ni à la mer ni en vacances.

C'est une petite copine qui m'a emmené pour la première fois faire du camping, je devais avoir vingt et un ans. C'est là que j'ai découvert la mer, mais je ne savais pas nager, alors pas du tout. Nous sommes allés à Marseillan, je me rappelle très bien du nom. Ma petite amie et moi, nous avons dû acheter une tente comme on en faisait à l'époque, elle était solide. Notre voiture était une 4L, la manette de vitesses était particulière. Nous sommes restés une semaine. Les expériences de ce genre, partir en vacances l'été, voir d'autres paysages, m'ont permis de découvrir beaucoup de choses.

Mes débuts dans la vie professionnelle

Par la suite, après deux années de formation au CRIC avec les handicapés, j'ai obtenu mon diplôme d'agent de montage et de câblage en électronique. Sur toute la promotion j'ai terminé deuxième, ce qui est plutôt pas mal. Je faisais des réparations et des réglages. Je montais des amplificateurs de musique. Je fournissais beaucoup d'efforts, notamment pour l'écrit. J'étais aidé par un entendant très instruit qui avait un problème à une jambe, il prenait les cours puis me les donnait.

En effet, je ne pouvais pas suivre le cours et en même temps prendre des notes, cela me faisait une sorte d'interprétation par l'écrit. J'étais très motivé, je découvrais la façon de réparer, de monter et aussi le câblage, la découpe fine et précise ainsi que la soudure. Je regardais autour de moi pour voir si je faisais mieux que les autres et pour savoir qui j'avais battu. C'est peut-être grâce à l'aspect « défi » que je m'évertuais autant. Normalement, les deux meilleurs de la promotion étaient embauchés chez Eurocopter dans une ville au nord de Marseille, j'en ai oublié le nom. Il était par conséquent prévu qu'avec mon camarade, nous nous y rendions. Cela me motivait tout particulièrement. Finalement, ils ne nous ont pas embauchés, ni moi ni mon collègue. J'en ai été déçu.

Je suis revenu vivre chez mes parents. Dans un village proche, à Villemur, il y avait une entreprise qui faisait de la sous-traitance pour IBM, de la réparation. J'ai été embauché mais dans un emploi sous-qualifié, j'effectuais du contrôle à la chaîne. Je faisais les trois-huit. J'étais complètement décalé, c'était très dur pour moi. Je me rappelle être allé voir mon supérieur et m'être adressé à lui en oralisant. Je lui ai dit que j'étais désolé, mais que tous les matins je me levais à 4 heures et que, pour cela, mes parents devaient m'appeler et qu'ils étaient donc obligés de se lever aussi. Je lui ai annoncé que cela ne pouvait pas durer. Alors poliment, je lui ai demandé de passer en horaires d'après-midi uniquement. Contre toute attente, il a accepté. C'était parfait pour moi, terminé les horaires du matin et de nuit, je ne ferais plus que 13 heures-22 heures. Dans l'équipe qui contrôlait la chaîne, il n'y avait pas de poste seulement d'après-midi. Par conséquent j'ai dû changer et rejoindre l'équipe chargée de la réparation des éléments défectueux de la chaîne. J'étais fier de monter en grade et j'avais retrouvé la motivation.

Dans ma nouvelle équipe, il y avait deux ou trois personnes sympathiques. Nous échangions, nous faisions du sport ensemble. Il y avait un rugbyman entendant qui jouait à un bon niveau, il nous a proposé d'aller courir avec lui deux ou trois fois par semaine. Nous ne travaillions que l'après-midi, nous étions donc libres la matinée et nous allions courir à trois ; nous jouions aussi au football. À 22 heures, après le travail, nous partions ensemble à Toulouse pour dîner au restaurant. Le lendemain matin, nous dormions jusqu'à midi et nous retournions au travail.

Cela a continué un petit moment comme ça et puis un jour, avec ma copine, après un temps de fiançailles, nous avons décidé de nous marier. Elle habitait à Toulouse et nous faisions beaucoup d'allers-retours. De plus, nous étions décalés. Je finissais à 22 heures et elle dormait déjà quand je rentrais, tandis que le matin c'était moi qui dormais quand elle partait travailler. Ma femme avait grandi avec une sœur sourde, elles communiquaient entre elles en oralisant et en signant. C'est ce qui nous a touchés l'un chez l'autre et c'est la raison pour laquelle nous nous sommes mariés. Je ne savais pas quoi faire par rapport à l'éloignement de mon travail. Un jour j'ai pris ma décision : j'ai démissionné de mon emploi à l'usine et je me suis fait embaucher à la mairie de Toulouse, grâce à mon beau-père qui était employé municipal. J'ai été complètement déclassé, je touchais le fond. Je travaillais comme balayeur dans les rues. Je n'oublierai jamais les moqueries des Sourds. Je les ai ignorées et j'ai fait le dos rond pendant plus de six mois.

À la mairie, il y avait un concours en interne, je m'y suis donc inscrit. On faisait venir un interprète, ou plutôt un éducateur, Christian, du Centre d'éducation spécialisé des déficients auditifs (CESDA), pour m'assister à l'examen. À l'épreuve de français, il corrigeait mes fautes et je copiais tout sur lui. Grâce à lui, j'ai eu le concours et j'ai pu mettre le balai et la brouette au placard. Je pensais avoir trouvé un travail confortable, mais je me suis retrouvé dans un bureau entre quatre murs à tourner en rond. Je bouillais intérieurement. Après un jour, une semaine, un mois, le travail devenait répétitif. Ma mission était de m'occuper de l'installation des panneaux de signalisation. La chance que j'avais, c'était de pouvoir parfois me déplacer sur le terrain pour prendre des notes, faire des contrôles ou d'autres tâches.

Le déclic qui m'a permis d'en finir avec l'oralisation

À partir de 1982, j'ai commencé à changer. J'ai eu plusieurs sollicitations et j'ai fini par me rendre à Marseille pour suivre un stage organisé par l'association 2LPE. Dès lors, j'ai commencé à avoir un autre regard sur la langue des signes, la période « oralisation » était terminée. Je me rappelle qu'à Marseille on avait fait venir pour une conférence la célèbre psychanalyste Françoise Dolto, qui travaillait sur la relation et la communication avec l'enfant – ses livres sont connus dans le monde entier. Une fois son intervention terminée, on nous a demandé s'il y avait des questions. J'ai alors levé la main et je suis allé devant le public pour poser ma question. J'ai réclamé un micro, les gens étaient surpris, mais j'ai insisté. J'ai d'abord parlé au micro et j'ai ensuite répété la même chose en langue des signes. J'ai avancé le fait que je pouvais faire les deux : parler et signer. Je suis retourné à ma place et les Sourds m'ont ensuite vivement critiqué ; enfin, ils m'ont plutôt averti que j'avais tout faux et que ce n'était pas la même chose de parler ou de signer. J'étais confus, le soir même il y eut un vrai bouleversement en moi, j'en ai pleuré dans ma chambre.

Je pouvais pourtant parler, c'était ainsi que j'avais grandi. De plus, contrairement à d'autres, j'avais un accent, celui de mes parents, l'accent du Sud. J'en ai été étonné, je ne savais pas vraiment comment cela était venu. Je crois que je l'ai pris pendant ma formation au CRIC, et non à l'école où je ne comprenais pas à quoi servait l'oralisation. Là-bas, je fournissais beaucoup d'efforts comme tous les autres élèves handicapés, il fallait que je m'active, que j'aille vers les autres, que je parle. Malgré mon application, beaucoup de personnes ne me comprenaient pas. Certains pensaient même que j'étais étranger, je leur affirmais alors être français. Je pensais parler correctement, mais la réalité me renvoyait tout le contraire avec les retours que j'avais, les incompréhensions, avec ceux qui faisaient semblant de comprendre ce que je disais, ceux qui s'en fichaient... J'étais bloqué et il fallait toujours que je m'arrange de ces situations frustrantes. J'ai souvent subi des revers, « bien parler » est synonyme de déconvenues. J'éprouvais des difficultés même quand j'étais face à mon interlocuteur. La communication varie beaucoup selon les situations : par exemple selon la place où se trouve la personne par rapport à vous, de face ou de profil, selon sa position, debout, assise, selon sa proximité ou son éloignement... Sans compter qu'il y a autant de manières de labialiser que de personnes... Et il y a aussi les problèmes que posent les appareils auditifs. De tout cela, je n'en pouvais plus.

À 2LPE, on nous a expliqué ce qu'avait apporté l'éducation oraliste. J'ai alors compris quelles en avaient été les conséquences. Il est vrai que j'ai été confronté à de nombreux problèmes. Il y avait aussi cet appareil auditif qu'il fallait toujours régler, mais aussi cacher. Je le masquais tant bien que mal avec mes cheveux. Par exemple, dans le bus, je faisais toujours attention à ce détail pour éviter les regards et les moqueries. Tout cela était vraiment lourd à gérer : parler, se contrôler sans cesse, prendre soin de l'appareil, ne pas l'abîmer, racheter des piles quand celles-ci étaient déchargées, régler le son pour ne pas que ça siffle, etc. À côté de ça, il y avait un autre monde, visuel celui-ci, bien éloigné du monde du son.

Dire que j'ai brusquement changé serait faux, cela a pris du temps. Après une semaine de stage à Marseille, je suis retourné à Toulouse. J'ai alors annoncé à ma femme entendante, avec laquelle je communiquais auparavant grâce à un mélange de signes et d'oralisation, que je désirais désormais uniquement signer. Elle a accepté et a compris ma décision. Pour les face-à-face, c'était mieux. Et puis Audrey est née.

Elle était sourde. J'ai immédiatement signé avec elle et elle a grandi dans la langue des signes.

On me regarde différemment aujourd'hui

De mon passé oraliste, je peux comptabiliser un diplôme d'audioprothésiste raté, un travail à la ferme manqué et un métier dans l'informatique accompli dans des conditions difficiles. Tous ces échecs ont pour base la parole orale, ce qui me maintenait au-dessous de mes possibilités. Dans le monde de la langue des signes que j'ai rejoint ensuite – j'y reviendrai –, ce qui semblait auparavant impossible devenait réalisable, tout devenait possible. J'ai ainsi progressé, car je suis quelqu'un qui adore l'aventure, les réussites comme les échecs. Dans l'ensemble, je peux dire que j'ai eu de la chance.

Je peux jeter aux ordures la période de ma jeunesse jusqu'à l'âge de vingt-neuf ans. Enfin pas vraiment, parce que j'ai tout de même bénéficié d'un certain environnement, grâce à la langue des signes employée en cachette à l'école, et grâce à mes parents. Quand je fais référence à l'« environnement », je parle de la campagne. J'ai déjà raconté qu'à l'école du village on se moquait de moi. De cela, je me souviens bien : je n'ai pas oublié les visages, j'ai vu qui me jetait des cailloux. J'ai souffert en silence. Depuis, j'ai changé : en intégrant le monde de la langue des signes, je me suis en quelque sorte vengé de ceux-là. Il ne s'agit pas d'une vengeance à proprement parler, mais, grâce à mes réussites professionnelles et aux reportages sur France 3, j'en ai abasourdi plus d'un. D'ailleurs ceux de mon village qui m'avaient vu à la télévision ont fait part de leur étonnement admiratif à mes parents. La nouvelle s'est propagée petit à petit et c'est ça que j'appelle une revanche. Je n'ai pas organisé d'action vengeresse, mais j'avais besoin que l'on me respecte : je suis Sourd, et alors ? Nous sommes tous différents.

Mes parents ont tout donné sans se plaindre, et voir que j'ai réussi à me démarquer, à créer une entreprise, voir mon nom dans le journal ou entendre un « Jacques Sangla » à la télévision, cela leur a fait du bien. Les regards que l'on portait sur eux étaient empreints de respect. Imaginez un peu que je passais des regards indifférents ou misérabilistes de mon enfance aux regards d'étonnement et d'admiration. Lors de l'enterrement de mon père, on lui a rendu hommage, à lui qui a tant souffert mais qui a continué sans rechigner. Il s'est bien occupé de ses enfants qui ont tous deux réussi. Je vis d'ailleurs toujours à la campagne dans l'une des maisons de mes parents. Les gens de mon patelin, je les salue quand je les croise, qu'ils soient en voiture ou en tracteur, allez savoir ce qu'ils pensent.

Il y a deux ans, des amis parisiens, Chantal et Antoine, ont décidé de déménager et d'acheter un logement à Gaillac. C'était l'été et je les ai invités à une fête de mon village, Tauriac, fête qui se passait dans l'enceinte de mon ancienne école. Le soir, on célébrait la gastronomie locale avec un repas gourmand, avec les produits apportés par les producteurs et éleveurs locaux : viande, volaille, gâteaux, vin... Nous nous y sommes donc rendus ensemble. Une fois sur place, j'ai salué un cousin et j'ai expliqué à mes amis que nous nous trouvions dans mon ancienne école et que ça avait bien changé. Autour de nous on nous regardait étrangement : il faut dire qu'il y avait du changement, ils me voyaient signer alors qu'auparavant j'oralisais devant eux. Ils ont alors compris que j'avais besoin de la langue des signes. De cette manière, j'étais leur égal. Mais le chemin de cette reconnaissance a été long...

L'intégration sociale par la LSF

Quand j'avais vingt ans, les samedis et dimanches, nous partions faire la fête dans les villages alentour. Ceux-ci étaient décorés de lumières colorées pour l'occasion. Je me rappelle qu'avec mon groupe habituel d'amis voisins nous nous sommes rendus à l'une de ces soirées. C'était une petite fête et il n'y avait pas grand monde. En regardant les gens, j'ai aperçu un groupe qui agitait les mains. Il y en avait même un que je connaissais, c'était Jean-François. Ça me semblait impossible mais c'était bien lui. Quand il m'a vu, il m'a tout de suite reconnu et embrassé. En fait, nous étions dans son village ; dans ce lieu, il communiquait avec les entendants en langue des signes, contrairement à moi qui venais d'un village purement entendant et oralisant. Tout le monde s'interpellait, rigolait, s'amusait, il y avait toujours quelqu'un pour proposer de boire un verre et tout cela en langue des signes. C'était totalement l'inverse de ce qui se passait avec mon groupe de copains entendants, avec qui j'oralisais. Je me forçais, j'essayais de m'intégrer et j'étais souvent noyé, du coup je restais là, sans rien dire, comme une statue. Alors que, là, tous s'amusaient et riaient. J'étais abasourdi, les entendants eux aussi pouvaient signer ? Je ne comprenais pas, jusqu'à maintenant il ne fallait surtout pas montrer nos signes, c'était risqué et honteux. Il fallait oraliser, faire des efforts et travailler sa voix. Je mettais un point d'honneur à vocaliser mais, malgré toute mon application, ça n'allait jamais. Alors que, pour Jean-François, ce n'était pas ça du tout, signer paraissait naturel. Tout le monde échangeait en langue des signes, que ce soit pour demander l'heure du repas ou pour parler d'autre chose. Cela m'a vraiment fait un choc.

Les jours suivants, je n'ai pas arrêté d'y penser, l'image était très forte. Je me demandais pour quelle obscure raison la langue des signes était si mal considérée de mon côté. Par la suite, j'ai laissé tomber mon groupe de copains d'origine et j'ai rejoint celui de Jean-François. Tous les deux, nous étions toujours en vadrouille. Le plus remarquable, c'est que lui a grandi comme ça, dans la langue des signes et avec tout le monde en plus. Je me rappelle aussi qu'un jour une voisine est venue me dire qu'elle avait vu mon copain Jean-François. Elle m'a vanté ses mérites et m'a raconté combien elle avait ri avec lui. Jean-François était comme ça, un bon vivant qui aimait mettre de l'ambiance. Pour cela il se mettait en scène en faisant le clown en langue des signes devant tout le monde, il imitait Fernand Raynaud. C'est de cette manière que la LSF s'est propagée. Tous les entendants qui le connaissaient m'ont parlé d'un type super avec lequel on rigolait bien. La langue des signes est une évidence, elle crée du partage et les entendants semblent l'apprécier. Pourquoi nous a-t-on raconté à l'école que nous devions en avoir honte, alors que d'autres grandissaient avec sans problème ?

Les mentalités ont mis du temps à changer. Aujourd'hui, la langue des signes est plus visible. Les entendants la comprennent de mieux en mieux, ce n'est pas encore parfait mais il faut y aller étape par étape. De plus, avec la langue des signes, je sens que quelque chose de vivant est apparu en moi, quelque chose qui était éteint pendant ma période oralisante. Ainsi je peux montrer mes émotions, la tristesse, la colère, me montrer avenant ou faire comprendre mon désaccord. Je peux mettre en avant mes valeurs. Ce n'était pas le cas avec l'oralisation, tout était plat, sans saveur, au fond de moi je n'étais pas vivant.

Cela dit, la question de la communication a tout de même été au cœur de mes préoccupations en tant que parent et responsable de l'éducation de ma fille Audrey. Cela faisait l'objet de discussions sérieuses avec mon ex-femme, elle savait que j'étais investi à 2LPE et en quoi cela consistait. Au départ, elle n'était pas très emballée par la méthode d'éducation bilingue, puis elle a contacté Bernard Mottez[1] et ils en ont discuté. Cet échange l'a convaincue et le samedi suivant nous sommes tous deux allés voir une classe bilingue dans une école appelée La Prairie. Après avoir été en intégration en milieu entendant, Audrey est entrée dans une classe de Sourds. Pour moi c'était décidé, elle resterait dans cette école. J'étais le premier parent d'élève sourd, tous les autres étaient entendants. Cela dit, je

1 Bernard Mottez (1930-2009), sociologue au CNRS, s'est consacré à l'étude des Sourds en tant que minorité linguistique. Il est notamment l'auteur de : *La Surdité dans la vie de tous les jours*, CTNERHI-PUF, Paris, 1981 ; *Les Sourds existent-ils ?*, L'Harmattan, Paris, 2006.

n'en suis pas spécialement fier. Je connaissais d'autres Sourds parents d'enfant sourd ; en dépit de mes conseils, ils ont choisi d'inscrire leur progéniture dans l'école toulousaine où eux-mêmes étaient allés et où ils avaient souffert des méfaits d'une éducation oraliste. Ils transmettaient ce triste héritage à leur enfant en toute conscience. Je ne comprenais pas ce comportement.

Cependant j'ai résisté, je sentais que l'éducation bilingue allait permettre aux enfants de se développer. En grandissant, l'écart entre les enfants bilingues et oralisants s'est creusé, Audrey devançait de loin ses anciens camarades. En effet, une langue, il faut la protéger et la favoriser. Les Sourds doivent en avoir une le plus tôt possible, il n'y a aucun doute sur ce point – pour ma part, j'ai grandi avec quelques signes, mais je n'avais pas de recul. J'ai donc commencé à avoir une langue à l'âge de trente ans. Auparavant, je n'avais pas conscience d'en avoir une ; je ne savais même pas comment la LSF, ma propre langue, était structurée, ni comment elle fonctionnait.

Mon appareil auditif aux oubliettes

À un moment donné, j'ai même jeté mon appareil auditif. Il était sur une étagère et je ne faisais que le poser, le reprendre, le reposer et ainsi de suite jusqu'à ce que je n'en puisse plus. Un jour, j'ai pris l'appareil, je l'ai jeté dans la cuvette des toilettes et j'ai tiré la chasse d'eau. Il a disparu et c'en a été fini, terminé. L'étagère était désormais vide et je m'en réjouissais. À partir de là, je me suis efforcé d'aller plus vers le visuel avec mon corps et mes signes. Les gens me demandaient pourquoi je n'oralisais plus. Ma réponse était claire : c'était terminé, je n'emploierais plus que la langue des signes. Certains m'ont pourtant encouragé à poursuivre : d'après eux, je parlais bien. Je les ai alors ignorés, ça a été dur mais ma décision était ferme et sans appel. J'ai même été aux États-Unis en 1989, au festival international des arts sourds

Deaf-Way. Là-bas j'ai rencontré des Sourds du monde entier, cela m'a renforcé dans mon intime conviction. C'était comme si j'avais intégré les particularités et les richesses de chacun. J'ai ainsi fait mon chemin.

Bien sûr, avec ma famille j'oralise toujours un petit peu, j'ai uniquement conservé cela : à soixante-dix ans, mon père ne pouvait pas apprendre à signer et ma mère n'en savait qu'un tout petit peu plus – par exemple, elle connaissait le signe de « pain ». Qu'est-ce que je pouvais faire, montrer du doigt les objets pendant les repas ? Je parlais donc un tout petit peu, seulement pour les échanges de base. Et ma famille, elle, connaissait ma voix. Pour tous les autres entendants, je refuse catégoriquement d'oraliser. Je n'accepte que d'écrire ou de signer. Si l'on ne connaît pas la langue des signes, j'écris et rien d'autre, c'est comme ça. Voilà, j'ai fait comme ça au fur et à mesure.

Petit à petit, les mentalités progressent. Tenez, le mois dernier j'ai acheté une Peugeot. Je suis rentré dans une concession et un vendeur s'est approché, je lui ai fait comprendre que j'étais sourd et il est automatiquement allé chercher de quoi écrire. Pour l'occasion, je n'ai pas fait qu'écrire. Je lui ai donné des indications grâce à des signes, pour l'aider à comprendre si je voulais une grosse voiture ou une petite, pour lui faire savoir que le prix était trop élevé, etc. Cela a fonctionné et je lui ai laissé une bonne impression sur les Sourds. De cette manière, je transmets une image positive. C'est aussi pour les jeunes que je le fais, pour les tirer vers le haut. Comme les entendants n'ont pas d'informations, je pallie ce défaut en leur donnant des petites explications et des petites démonstrations de façon ponctuelle.

Une lumière au bout du tunnel

Dans les pages précédentes, j'ai raconté mon enfance jusqu'à mes débuts dans la vie d'adulte, où tout était tourné vers l'oralisation et la surdité. La découverte de l'importance de la langue des signes m'a donné le sentiment de voir une lumière au bout du tunnel et de quitter l'obscurité au fur et à mesure que j'avançais vers elle. Je vais donc raconter comment la lumière s'est faite dans ma vie, comment j'ai découvert le monde qui m'entoure, comment j'en suis venu à me remettre en question, comment j'ai découvert qui je suis à travers la langue des signes. Je vais aussi raconter mes multiples rencontres, les portes qui s'ouvrent les unes après les autres et comment je suis arrivé à ne plus croire que certaines choses étaient impossibles et à savourer la réussite malgré les embûches rencontrées.

En juillet 1982, je l'ai déjà évoqué, 2LPE organisait à Marseille un stage d'été qui réunissait des gens de tous horizons : Sourds, entendants, parents, etc. Nous étions une dizaine de Toulouse à avoir fait le déplacement, notamment Jean-François Mercurio et Francis Facchin[2]. Ce fut une semaine riche en découvertes, en rencontres... et en remises en cause pour moi. J'étais dans une période de transition, je me remettais en question et j'évoluais vers une nouvelle identité. Cette semaine à Marseille fut donc longue et difficile. De retour à Toulouse, je me mis à réfléchir, à prendre du recul sur moi-même. Je sollicitais des Sourds. J'étais perdu, je me trouvais dans un entre-deux qui ne me plaisait pas : devais-je continuer à parler ou bien arrêter et ne garder que la langue des signes ?

Pour la petite histoire, à l'époque, on avançait au même rythme dans la vie avec Jean-François. C'était enrichissant, petit à petit je m'ouvrais à la langue, à la culture, je participais à la politique, je militais pour l'éducation. Et le militantisme m'a donné la possibilité d'échanger et de prendre des responsabilités. J'ai même enseigné la LSF, mais ce n'était pas mon truc. Il fallait un programme et des supports que nous

2 Jean-François Mercurio (1956-1990) était un leader du combat pour la reconnaissance de la langue des signes et la promotion de l'éducation bilingue ; Francis Facchin est président de l'Association des Sourds de Tolosa 31.

devions rédiger. Au départ, il n'y en avait pas pour les cours de LSF, il fallait les créer et se les échanger. Cela s'est fait progressivement.

D'un point de vue professionnel, à la mairie, le travail était répétitif. J'étais fonctionnaire, j'avais la sécurité de l'emploi et des avantages à n'en plus finir. Le travail était cependant inintéressant et je partais dès que l'heure avait sonné. Aucun progrès intellectuel n'était possible. Comme je n'étais pas très occupé au travail, j'en profitais pour préparer des supports de cours de LSF. Je les réalisais l'après-midi à la mairie et le soir je les distribuais aux élèves. J'en avais assez de cet emploi, je rêvais de créer quelque chose, j'avais plusieurs idées en tête.

J'ai voulu réaliser un film. Christian, membre de 2LPE Toulouse, avait réussi à obtenir une subvention du conseil régional pour l'association dans le but de réaliser un livre à diffuser. J'ai fait remarquer qu'il s'agissait d'un livre de plus et qu'un film serait plus approprié. L'accord a été donné et le matériel a pu être acheté : une grosse caméra et un magnétoscope. J'étais fasciné, cela faisait en quelque sorte le lien avec mes études en électronique. J'adorais ça. La caméra, c'était de l'électronique combinée à de l'image et du son. La photographie avait des limites, pas la vidéo : on pouvait enregistrer très rapidement et diffuser ensuite. J'ai alors arrêté de dispenser des cours de LSF et j'ai commencé à intégrer le monde de la vidéo. Cela a pris de plus en plus d'ampleur dans ma vie. Je continuais en parallèle à travailler à la mairie. Un jour, je vais y revenir, j'ai pu franchir le pas : en 1988, j'ai lancé une production de vidéos en LSF. C'était une première en France. J'ai ensuite été détaché de la mairie. Autour de moi, on me disait que j'étais fou de quitter un emploi garanti à vie. Je laissais tomber la sécurité, le confort et les avantages, mais je ne le voyais pas comme cela, j'avais fait le tour de ce travail. Par la suite, ce choix m'a précipité dans une autre vie autrement plus palpitante.

Dans l'ensemble, j'ai été heureux. J'ai bien sûr rencontré des difficultés, mais la langue permet de s'exprimer. J'avais aussi deux rôles à jouer, deux places : celle de militant bénévole dans les associations 2LPE et IRIS[3], ainsi qu'à la Fédération nationale des Sourds de France ; et celle de professionnel de la LSF, ce qui n'avait rien à voir avec mon travail à la mairie. En tant que professionnel de la LSF, j'étais dans le monde réel, je développais des projets d'abord dans le secteur associatif, ensuite à la télévision et plus tard sur Internet. J'avais en plus le rôle de parent d'enfant sourd, de ma fille Audrey, qui était en classe bilingue. Je participais aux réunions de 2LPE. J'ai ainsi multiplié les casquettes et j'ai appris de chaque expérience. C'était parfois difficile, mais je l'ai accepté. Je n'ai pas de regrets, j'ai découvert bien des choses, c'était l'aventure, tout cela était riche d'expériences et d'apprentissages.

Du rêve à la réalité : la création d'une entreprise de production de vidéos

Au service municipal, je l'ai dit, je m'ennuyais. Mais j'avais une imagination débordante et beaucoup de rêves, parmi lesquels celui de créer un jour une entreprise de production de vidéos – à l'époque c'était les VHS. J'avais encore mon appareil auditif à ce moment-là. J'ai raconté que je l'avais jeté dans les WC, mais je n'ai pas dit comment j'en étais arrivé à cette décision. J'en avais assez de nager entre deux eaux, je sentais que je pouvais m'exprimer plus librement à travers la LSF. Avec mon appareil, j'avais toujours des problèmes de communication, il y avait toujours des moments où je ne comprenais pas ou bien où je comprenais de travers, c'était une situation qui m'exaspérait. Un jour, avec un interprète, j'ai donné une information-sensibilisation sur les Sourds à mes collègues de la mairie : ils ont été étonnés de m'entendre

3 L'Institut de recherche sur les implications de la langue des signes, association créée en 1988 à Toulouse, propose différents services autour de la LSF, notamment l'éducation bilingue pour les enfants sourds.

dire des choses alors que jusque-là je m'exprimais mal. Je m'affichais dans ma vraie identité et cela m'a fait du bien. Avec la LSF, je n'avais plus de barrières de communication, tout semblait évident et elle prenait naturellement le dessus sur l'oralisation ; à partir de ce moment, j'ai pris la décision de ne plus utiliser que cette langue. Voilà comment j'en suis arrivé à me débarrasser de mon appareil.

Un jour, j'ai décidé de monter un dossier pour faire une demande de changement de poste, pour présenter mon projet de création de films s'adressant aux Sourds et voir s'il était possible de le mettre en application. Je l'ai montré à mon chef et, là, il m'a dit que mon dossier n'était pas bon. Il m'a proposé son aide, que j'ai acceptée avec plaisir. À la pause déjeuner, on s'est retrouvés et je l'ai observé étaler la dizaine de pages de mon dossier tout autour de lui au sol. Je l'ai vu annoter des éléments, entourer, barrer. Il numérotait les pages dans un ordre différent de celui que j'avais établi au départ. J'étais un peu confus et je ne comprenais pas très bien. En fait, je n'avais aucune idée de la façon dont il fallait constituer un tel dossier, si bien que j'avais articulé les éléments dans une logique personnelle, sans savoir qu'il y avait un modèle spécifique à suivre afin que le dossier puisse être suffisamment convaincant pour être présenté aux « ressources humaines ». Il m'avait bien aidé mais je devais tout recommencer, remettre les éléments dans le bon ordre, de la bonne manière... La galère ! Après avoir fait toutes les modifications qu'il m'avait conseillées, je lui ai à nouveau montré le dossier, et cette fois c'était bon, je pouvais l'envoyer.

J'ai eu un entretien avec le responsable des ressources humaines de la mairie afin d'argumenter mon projet d'intégrer le secteur vidéo de la mairie, qui diffusait déjà de temps en temps des vidéos, mais mon interlocuteur était complètement fermé au projet que je souhaitais mettre en place. Mon responsable l'avait aussi appelé pour lui en parler, mais cela ne changeait rien à son point de vue. Je m'étais peut-être mal expliqué, toujours est-il que cette tentative fut un échec. Il a fallu que je défriche le terrain laborieusement et patiemment. Il n'y avait pas à l'époque dans le monde du travail de postes à responsabilité pour les Sourds. Seuls les emplois subalternes leur étaient habituellement confiés.

Quelques mois plus tard, le maire adjoint, qui me connaissait, m'a proposé de soumettre ma demande au service d'animation socioculturelle de Toulouse, dans le quartier du Mirail, près de Bellefontaine. C'était un quartier un peu délaissé, avec pas mal de gens en précarité. Je n'étais pas enchanté, mais c'était une opportunité que j'ai saisie. J'ai donc pris rendez-vous avec le directeur avec la présence d'un interprète, ce qui m'a permis de m'exprimer directement en LSF, et j'ai été surpris de son ouverture d'esprit. Il a accepté mon projet immédiatement et a mis à ma disposition une grande salle. Une vraie surprise. Suite à l'initiative du responsable de mon service qui avait contacté le responsable des RH, le directeur a réussi à trouver une solution pour que je puisse changer de poste au plan administratif, et mon nouveau responsable était donc ce directeur. Il était âgé d'une bonne soixantaine d'années et vraiment sympathique. J'ai eu de la chance de tomber sur quelqu'un qui soit aussi ouvert d'esprit, qui a accepté mon projet et m'a intégré à son équipe immédiatement. Je pouvais enfin me consacrer à un travail passionnant.

Je n'avais pas de matériel au départ, alors l'association IRIS a monté auprès du conseil régional un dossier de demande de subvention qui a été accepté, ce qui m'a permis d'acheter du matériel : caméra, lecteur vidéo, dispositif de montage... On travaillait avec des VHS, donc le travail de montage vidéo n'avait rien à voir avec celui d'aujourd'hui. Je connaissais peu la technique vidéo, j'apprenais tout sur le tas, en pratiquant. Je me souviens, avant d'acheter le matériel, j'avais passé du temps à comparer deux marques : Sony et JVC. Mais je ne savais même pas comment m'y prendre. Un ami réalisateur de FR3, Henri, m'a aidé dans ce choix. Finalement, j'ai choisi JVC car ils proposaient une formation à leur matériel alors que Sony se contentait de vendre le sien, comme à n'importe quel autre client, sans proposer de formation particulière pour les Sourds et c'était à moi de me débrouiller avec. Chez JVC, à l'inverse, ils étaient bien plus souples. C'est notamment pour cette raison que j'ai choisi de commander leur matériel : quand je rencontrais un problème, ils se déplaçaient et venaient le régler.

Au départ, j'ai décidé de créer des vidéos d'information en LSF sur les actualités du monde et les événements concernant la communauté sourde. Le souscripteur d'un abonnement d'un an achetait une cassette VHS vierge qu'il me transmettait. J'y copiais la vidéo d'informations que j'avais filmée et je la renvoyais pour qu'il la lise sur son magnétoscope. La fois suivante, il me renvoyait sa cassette et je copiais à la suite une nouvelle vidéo et ainsi de suite. J'avais un rythme de cinq vidéos d'informations par an. À la fin de l'année, le souscripteur était propriétaire d'une cassette VHS avec cinq séquences vidéo.

Je travaillais seul, je faisais tout : préparation, enregistrement, montage, copies... J'avais quatre magnétoscopes qui me permettaient de graver un film sur quatre cassettes à la fois. Le nombre de commandes était plutôt important, je crois qu'on avait dépassé la centaine. Une fois toutes les cassettes copiées, j'allais à La Poste pour les renvoyer aux abonnés.

De l'amateurisme à la professionnalisation

Un jour, le directeur est passé voir mon travail et il s'en est dit stupéfait. Il m'a posé plein de questions, il était curieux d'apprendre la LSF, me demandait comment on disait telle ou telle lettre en l'écrivant sur une feuille. Il était vraiment curieux et ouvert d'esprit, c'était chouette. Il voyait tout le travail que j'accomplissais et il m'a dit qu'il fallait embaucher une deuxième personne car je ne pourrais pas continuer comme ça longtemps. Quelle surprise ! Il m'a parlé d'un type de contrat particulier et au final il a embauché un Sourd, Patrick, qui a donc commencé à travailler avec moi.

J'avais envie d'organiser une inauguration, car c'était une première en France : on n'avait jamais diffusé d'informations en LSF en vidéo jusque-là. On assistait à l'émergence de la vidéo LSF en 1988 à Toulouse. J'en avais parlé avec mon directeur, qui était d'accord avec l'idée. Puis, alors que j'étais en vacances chez mes parents à la campagne, juste après le réveillon du nouvel an, le téléphone sonne et ma mère décroche. Quand elle raccroche, elle me dit d'un air surpris : « C'était un appel pour toi. » J'étais étonné, car ce n'était pas courant.

« Un appel pour moi ?

— Oui, c'était ton responsable : il faut que tu rentres à Toulouse le plus vite possible.

— Mais je suis en vacances !

— Oui je sais, mais il a dit qu'il fallait que tu y ailles dès demain, c'est urgent. »

Le lendemain, j'apprends que c'est officiel : l'inauguration aura bien lieu. J'étais content. On se met d'accord sur une date et je commence à réfléchir à la meilleure façon de faire la promotion de l'événement. Cette année-là, le journaliste et présentateur Claude Marcotte et Joëlle Lelu-Laniepce animaient sur Antenne 2 « Le journal des Sourds et des malentendants ». Je décide donc de prendre contact avec eux pour leur demander de venir filmer la cérémonie et la diffuser pour la France entière. Au téléphone, ils ne sont pas très réceptifs à ma proposition : visiblement, ils s'en moquent royalement. Déçu, j'en parle à mon directeur, qui est surpris de leur réaction. Il essaye de les contacter et il réussit à les convaincre. Finalement, ils sont donc venus.

C'était le maire en personne, Dominique Baudis, qui venait procéder à l'inauguration. J'étais jeune, mon cœur battait la chamade, j'étais bien coiffé avec ma raie sur le côté, ma moustache impeccable, en chemise et cravate, très élégant, et je vérifiais que tout était prêt : le buffet, la mise en place, les noms, les interprètes. Puis arrive un groupe de personnes, dont le maire : je me présente et, à sa demande, je fais une démonstration et lui montre une vidéo de Martine Brusque, une enseignante sourde qui raconte des poèmes en LSF. Assez épaté, il me propose de contacter la mairie pour faire diffuser mes informations sur une chaîne de télévision locale, idée qui me plaisait beaucoup.

Retour au quotidien... J'avais beaucoup de travail et le rythme était très soutenu, mais j'y prenais goût, je devenais accro. J'avais le sentiment d'avoir intégré un nouvel univers : pour la première fois j'avais des responsabilités, je gérais un employé, les finances, le contenu des informations... Au centre d'animation culturelle, j'étais entouré d'un secteur théâtre, d'ateliers pour enfants, d'activités de couture, de peinture... Chaque secteur était représenté par un animateur et nous nous réunissions tous les quinze jours. Nous découvrions les autres secteurs, les méthodes de chacun. Un jour, en réunion, Bernard qui était assis à côté de moi me dit qu'il souhaitait voir mon travail. Je l'emmène dans mon atelier et lui explique ce que je fais. Il me complimente sur mon travail et me demande si j'ai des diplômes. Je ris : non je n'en ai pas. Il est surpris car il trouve que c'est du bon travail et me dit que je devrais me former, m'inscrire à l'université pour avoir un diplôme. Je lui explique que je n'ai pas le bac, seulement le certificat d'études primaires, je ne peux donc pas suivre un cursus universitaire. À la place je lis, je m'instruis par moi-même, je rencontre des gens, etc.

Quelque temps plus tard, il revient me voir et m'annonce qu'il a réussi à me faire intégrer une formation. Il a tout organisé, s'est mis en contact avec l'École supérieure d'audiovisuel (ESAV) et, c'est confirmé, ils m'acceptent ! Je ne suivrai pas la formation initiale, mais j'intégrerai un groupe spécial qui me permettra de conserver mon emploi en parallèle. Je n'en reviens pas ! On va visiter l'école, je rencontre le directeur avec son béret basque. Il me montre le matériel de l'école, les caméras, les éclairages... Je suis bouche bée, c'est incroyable. Je suis presque jaloux face à tout ce matériel de qualité, par rapport à celui dont je dispose, pas grand-chose en comparaison. C'est décidé, je vais faire cette formation, mais je n'ai pas envie de la suivre seul. Un autre Sourd me rejoint, Alain, qui vient d'avoir un enfant sourd. Il a emménagé à Toulouse pour mettre son fils en classe bilingue.

La formation a duré deux ans, pendant lesquels j'ai découvert le monde du cinéma et celui de la télévision. Je passais de mon travail d'amateur au professionnalisme, intégrant un certain nombre de règles à suivre, de critères à respecter, pour l'éclairage, le cadrage, le montage, etc. Je plongeais dans l'univers de l'audiovisuel, je créais des vidéos, j'étais corrigé, évalué, je découvrais beaucoup de choses, cela m'a permis d'acquérir plus d'assurance et une meilleure confiance en moi. Lorsque je retournais dans mon atelier et que je regardais le travail que j'avais fait auparavant, je me rendais compte de toutes les erreurs que j'avais commises. Après cette formation, le collègue Bernard m'avait conseillé de soumettre mon projet d'étude. Celui-ci a été accepté et j'ai changé de statut.

Lorsque j'étais à l'ESAV, la mairie continuait à me verser mon salaire : j'avais obtenu un arrangement particulier et j'étais donc toujours à IRIS-Vidéo Sourd, la structure associative que j'avais montée. En parallèle à ma formation, je continuais à travailler, à filmer. J'étais très loin de ce que je faisais à l'époque où je travaillais à la mairie. Là j'apprenais tous les jours, j'avais des responsabilités quotidiennes avec leurs lots d'embûches, de réussites et d'obligations, et beaucoup de travail. J'étais plongé à 100 % dans mon travail : mon rêve était devenu réalité.

Le dossier d'étude qu'on avait soumis à la Direction départementale du travail et de l'emploi (DDTE) a donc été validé. L'objectif était de quitter le milieu associatif et de faire entrer Vidéo Sourd dans le monde de l'entreprise. Pour moi c'était l'inconnu, j'étais totalement déboussolé car c'était une philosophie et un ensemble de procédures qui n'avait rien à voir avec ce que je connaissais déjà. J'ai suivi une formation relative à l'univers de l'entreprise et j'ai choisi de créer une société coopérative et participative (SCOP). Le choix de ce statut était important pour moi car cela me permettait de rester assez proche du fonctionnement associatif. Au sein d'une SCOP, chaque personne a un droit de vote et tout est fondé sur la coopération, l'échange et le partage. J'ai donc créé « Vidéo-Signes », qui se dit en langue des signes avec la main gauche en forme de « L » et la main droite qui vient dessiner un « S » dans la main gauche autour du « L », le poing fermé.

Nous étions en 1991. J'avais quitté les bâtiments municipaux et rejoint les locaux d'IRIS qui se trouvaient dans un ancien couvent, les Capucins. Nous avions reçu une subvention conséquente pour faire des aménagements. Ce couvent était un bâtiment tout en longueur sur trois niveaux. Les deux étages étaient inutilisés. On y retrouvait cette construction typique de chambres en enfilade, autrefois occupées par les moines et donnant sur un long couloir. Les chambres étaient minuscules et avaient chacune une petite fenêtre. Alors on a pris notre courage à deux mains et, avec une dizaine de Sourds, on a détruit toutes les cloisons. On a modernisé les locaux, tout changé, et on s'est installés là. Mon entreprise s'est équipée de matériel neuf et on s'est mis au travail.

Je signais toute la journée

Quelque temps plus tard, nous avons mis en place un partenariat avec France 3 Midi-Pyrénées. J'étais allé discuter avec eux. Bien sûr, je m'exprimais en langue des signes. Je signais désormais du matin au soir, dans toutes les facettes de ma vie : avec Audrey, ma fille sourde, avec mon ex-femme, au travail. À l'époque où je travaillais à la mairie, j'oralisais toute la journée, huit à dix heures par jour ; quand je rentrais chez moi, j'avais une soif de signer et cela me faisait du bien de pouvoir enfin m'exprimer dans cette langue. Désormais, je signais toute la journée, y compris au travail ! Et la LSF est devenue ma langue d'expression dans tous les domaines : culturel, théâtral, familial et professionnel, avec des signes spécifiques à mon domaine, liés aux différentes techniques comme le cadrage, la copie, le filmage... Il fallait créer des signes, des néologismes, pour exprimer tous ces concepts et d'autres – je pense notamment à tout ce qui concerne l'éclairage, l'intensité de la lumière, les filtres et leurs systèmes d'installation... Il fallait développer la langue, créer des façons d'exprimer toutes ces techniques.

À France 3 Midi-Pyrénées, le responsable de l'antenne m'avait proposé de diffuser une fois par mois une émission d'informations en LSF sur leur chaîne. On a discuté de la façon dont on allait travailler et on a décidé de faire une coproduction. Cela signifiait que France 3 Midi-Pyrénées mettait à ma disposition du matériel, un plateau avec tout l'éclairage, les caméras et la régie dont j'avais besoin. J'allais faire mes reportages avec mon propre matériel, je m'occupais aussi du montage et je réalisais un document qui durait une quinzaine de minutes, une fois par mois. On a commencé en mars 1993. À ce moment-là s'est posée la question de savoir qui allait présenter cette émission. J'ai pensé à Pascal et lui ai proposé de travailler avec moi.

Il nous manquait alors une personne pour la réalisation. J'en discutai avec la responsable de la chaîne, qui m'a répondu : « Ben toi, Jacques. » Ah bon, moi ? Pour gérer une équipe à la télévision ? Elle m'a regardé avec surprise : « On vous ouvre nos portes, pourquoi cela se ferait-il sans toi ? » Je n'étais pas sûr d'en être capable, mais elle m'a rassuré en m'expliquant qu'on ne me laisserait pas seul : il y aurait des gens qui m'aideraient, qui m'expliqueraient les différents fonctionnements. J'étais dubitatif, mais, avec ses encouragements, je me suis lancé. J'avais tout juste entrouvert une porte, je n'allais pas la refermer immédiatement et m'enfuir ; il me fallait maintenant entrer et avancer, rester positif. J'étais donc le réalisateur et c'était moi qui dirigerais les professionnels de France 3 qui allaient travailler avec moi. On a préparé le synopsis, décidé de la disposition du plateau avec le logo de Vidéo-Signes, des emplacements des caméras ; c'était différent de ce qu'ils avaient l'habitude de faire, car on s'adressait à des téléspectateurs sourds.

En fait, derrière les caméras, il y avait des techniciens portant un casque qui leur permettait de recevoir les ordres du réalisateur : zoomer, dézoomer, tourner la caméra dans un sens ou dans l'autre... Pendant que les caméras filmaient, ils recevaient les consignes et les appliquaient au fur et à mesure. Mais il fallait faire face aux particularités que présentait une situation nouvelle : celle d'un réalisateur sourd. Tout d'abord, je travaillais avec un interprète qui traduisait mes commandes. Je pouvais ainsi donner des consignes du style « caméra 2, resserre le cadrage, gros plan sur le visage » ou encore « caméra 4, plan large »... Le plateau était installé dans une pièce fermée, et une lumière rouge au-dessus de la porte indiquait qu'on était en cours de tournage. Moi, en tant que réalisateur, je me trouvais en régie, il m'était donc impossible de communiquer avec le plateau qui se trouvait hors de ma vue. Dans la régie, je gérais plusieurs personnes. Il y avait sur toute la longueur de la pièce plusieurs postes de commande avec une personne pour le son et la musique, une pour le temps, une pour le défilement du texte, et des écrans portaient le numéro des différentes caméras. Je prenais les décisions et donnais mes consignes : « la 2 », « la 4 »... Au départ, il était prévu que je gère moi-même les commandes de choix des caméras, mais je ne les maîtrisais pas suffisamment pour être assez rapide, alors je travaillais avec un technicien entendant dont c'était le métier, à qui je donnais mes consignes. C'est ainsi que j'arrivais à gérer plus aisément l'ensemble des tâches incombant au réalisateur. Plus tard, pour rester en contact avec le présentateur qui était sur le plateau dans le studio d'enregistrement, j'ai mis en place en régie un système de caméra reliée à un écran situé sous la table du présentateur. De cette façon, je pouvais lui dicter mes souhaits ou lui passer des informations : « Pose des questions » ; « il reste deux minutes » ; etc. Ainsi, on était en contact permanent. On avait réussi une première fois avec ce système, alors on l'avait gardé.

Ensuite sont arrivées les vacances d'été et la responsable de la chaîne, celle qui m'avait poussé à prendre en main la réalisation, m'a fait quelques retours : elle trouvait que tout se passait bien mais, selon elle, Pascal avait un air trop « jeune premier ». J'ai donc cherché un autre présentateur. Comme je n'ai trouvé personne sur Toulouse, j'ai contacté un Sourd de Paris qui travaillait à l'International Visual Theater (IVT), Bruno Moncelle. Il est arrivé en septembre et, tout de suite, la différence a été flagrante : il avait une présence indéniable et une LSF remarquable. Avec son parcours de comédien, il était habitué à la présence d'un public et il a su utiliser ses talents face aux caméras. Le résultat était superbe, on était au top ! J'étais soulagé. On a continué comme ça une fois par mois pendant deux années.

L'ascension à l'échelon national

Puis un jour de 1994, lorsque j'ai appris qu'une nouvelle chaîne publique de télévision allait voir le jour à Paris, « La Cinquième » (qui deviendra France 5 en 2002), j'ai eu un nouveau projet en tête. Avec Bernard Pellefigue, mon associé entendant à Vidéo-Signes, nous avons monté un dossier destiné à cette chaîne.

Une fois par an se tenait à Hourtin, près de Bordeaux, l'université d'été de la communication, qui réunissait de nombreux acteurs du monde de la télévision. Il y avait des stands, des conférences... France 3 nous a conseillé d'y aller pour y faire des rencontres et établir des contacts. Cela nous permettrait de gagner du temps, puisque toutes les personnes que nous souhaitions convaincre se trouveraient au même endroit. Nous nous sommes donc inscrits. J'avais fait appel à Pierre, un interprète de Bordeaux.

Ce jour-là, j'ai eu une chance incroyable. Nous assistions à un débat avec Pascal, un collègue sourd, et Pierre interprétait. À midi on s'est décidés à aller manger quelques amuse-bouches sous des tonnelles blanches en enfilade. En nous dirigeant vers le buffet, on a aperçu trois personnes qui marchaient dans notre direction. Dans ce trio se trouvait le président de la nouvelle chaîne La Cinquième, Jean-Marie Cavada – celui-ci était également présentateur de l'émission « La Marche du siècle » et, en septembre 1992, dans celle qu'il avait consacrée aux Sourds, il avait notamment accueilli sur son plateau Daniel Abbou, Joël Chalude, Oliver Sacks... Avec Pascal, nous marchions en discutant, et Jean-Marie Cavada est venu nous interpeller : « Ah ! C'est vous Vidéo-Signes à Toulouse ? J'ai reçu votre dossier et j'ai une bonne nouvelle à vous annoncer : on a décidé de vous attribuer un créneau pour diffuser une émission à l'échelle nationale. » Je l'ai regardé interloqué : je n'arrivais pas à y croire. J'étais tellement abasourdi que je ne savais pas quoi répondre. J'ai fini par dire : « Une fois par mois ?

— Non, non, une fois par semaine.

— Une fois par semaine ? Ça veut dire quatre fois par mois ?

— Oui, c'est ça. Bon courage ! »

Toute ma vie, je m'en souviendrai comme si c'était hier. Il est parti et, avec Pascal, on a sauté de joie. On n'en revenait pas, c'était extraordinaire ! Ça nous était tombé dessus comme un miracle. On était tellement contents, on tirait déjà des plans sur la comète. Comment on allait travailler pour la France entière, comment on allait filmer et où, ce qu'on allait acheter... Puis nous avons croisé notre collègue Bernard et nous lui avons raconté ce qui venait de se passer. « Ah oui, à moi aussi ils m'en ont parlé, nous a-t-il répondu, mais ils m'ont dit que c'était à condition que l'on fasse participer l'ANPEDA (Association nationale des parents d'enfants déficients auditifs). » Non ! C'était impossible. Ils ne nous en avaient pas parlé. Je me suis emporté, j'étais fou de rage : s'associer à l'ANPEDA, c'était absolument hors de question ! On ne pouvait pas travailler avec eux, on était trop différents, nos philosophies n'avaient rien en commun. Ils ont tenté de me calmer, mais j'étais envahi de colère. En plus, le type de l'ANPEDA était présent à l'université d'été. Je n'avais qu'une envie : aller l'étrangler ! Ils mettaient leur grain de sel partout, c'était fou, ils ne pouvaient donc pas nous laisser tranquilles ? J'étais vraiment énervé.

Jean-Marie Cavada présentait justement l'ouverture de sa chaîne lors d'une conférence l'après-midi. La salle était bondée. Pierre est vite allé se placer près de lui pour pouvoir commencer l'interprétation et nous, on s'est assis tous les deux face à la scène. Le type de l'ANPEDA était là, sur le côté, contre la fenêtre, à peu près au même niveau que nous ; j'étais en colère rien que de le voir là, mais j'avais décidé de ne pas m'en occuper. On suit donc le discours de Cavada qui présente sa nouvelle chaîne ; juste un peu avant la fin de son discours, il dirige sa main dans notre direction en disant : « Là dans la salle, le groupe de Sourds (tout le monde se tourne vers nous), j'ai décidé d'attribuer une plage de diffusion entièrement à ce groupe de Sourds de Toulouse qui travaillent à Vidéo-Signes, avec la participation d'Emmanuelle Laborit[4]. » J'étais fou de joie. Je me suis tourné vers le représentant de l'ANPEDA, qui était blanc comme un linge. L'espace d'un instant, j'avais perdu le contrôle de moi-même. Et j'ai incendié Bernard qui nous avait dit n'importe quoi. De toute façon, pour moi, ce n'était absolument pas envisageable de travailler avec l'ANPEDA. S'ils avaient été choisis, j'aurais refusé d'être réalisateur.

Cela s'est donc décidé en septembre et, le temps de nous préparer, nous avons commencé l'émission « L'œil et la main » en décembre. Il y avait un groupe de Paris composé de Daniel Abbou, Emmanuelle Laborit, Marie-Thérèse L'Huillier et Dominique Hoff, plus nous, le groupe de Toulouse. Ils s'occupaient de la partie éditoriale et nous de toute la technique, de la production ; et j'étais à nouveau réalisateur.

Malgré tout, cela représentait une charge de travail conséquente, je faisais de grosses journées, avec une amplitude

4 « Emmanuelle Laborit, comédienne sourde et directrice d'IVT, a reçu en 1993 le molière de la révélation théâtrale pour son rôle dans *Les Enfants du silence* » (source Wikipedia).

horaire très large. Je commençais généralement à 8 heures et je finissais autour de 20 heures, parfois 22 heures ou même minuit. Je ne savais plus où donner de la tête tellement il y avait de choses à faire. À cela s'ajoutaient des problèmes de communication entre nous et l'équipe de Paris : nous étions éloignés géographiquement et les moyens de communication étaient loin d'être aussi performants qu'aujourd'hui. On s'envoyait des fax ou on échangeait par Minitel ; on ne pouvait pas communiquer en LSF à distance, tout passait par l'écrit, ce qui amenait parfois des malentendus, mais on finissait par y arriver. Et puis on avait pas mal de déplacements à faire... C'était assez lourd, mais on est toujours parvenus à présenter l'émission en temps et en heure : elle était à l'antenne tous les samedis pendant vingt-six minutes, même si on l'envoyait parfois au dernier moment pour la diffusion.

On a tenu comme ça pendant plusieurs semaines, puis on a commencé à avoir quelques soucis au sein de l'équipe. Certains se battaient pour avoir leur nom en tête du générique, c'était lourd. Mais l'intervention du délégué de La Cinquième a permis de fixer des limites et un certain nombre de règles à respecter, et tout le monde devait s'y plier. De ce jour jusqu'en juin, les choses se sont améliorées. Tout se passait en LSF, j'étais fier. Autour de moi, tout le monde était fier, ma famille aussi. Toulouse brillait. De Paris, on pouvait voir briller Toulouse, c'était incroyable.

La chute

En plus de mon travail, j'avais d'autres préoccupations : je m'occupais de ma fille Audrey, j'étais impliqué dans l'Association des parents d'enfants sourds (APES). Je jonglais entre mon travail, l'éducation d'Audrey et le militantisme. Ma situation de couple était difficile, très difficile. On a donc décidé de se séparer, à l'amiable. Audrey était tantôt chez sa mère, tantôt chez moi et on se respectait mutuellement.

J'avais opéré un changement important dans ma vie, et mon ex l'avait compris.

En juin 1995, à l'issue d'un contrat de neuf mois entre La Cinquième et Vidéo-Signes, on a reçu une somme conséquente, avec laquelle nous devions payer les salariés, tous les frais et dépenses engagés. Bref, nous gérions complètement la situation financière. Nous nous sommes renseignés sur les projets de la chaîne, pour savoir s'ils souhaitaient continuer l'émission pour l'année suivante, de septembre à juin. « Oui, oui, tout s'est bien déroulé, on continue. » J'étais soulagé, je pourrais partir en vacances l'esprit tranquille.

Au rez-de-chaussée du couvent que nous occupions se trouvaient les locaux de l'association IRIS et je descendais souvent les voir pour échanger. Un jour, alors que j'étais en bas, une personne de Vidéo-Signes est venue me chercher en me disant qu'il fallait absolument que je monte immédiatement. Son teint blême m'inquiéta. Qu'est-ce qui pouvait bien être aussi grave ? Il m'expliqua qu'on avait reçu un appel de La Cinquième qui nous annonçait qu'ils annulaient le renouvellement du contrat de postproduction de « L'œil et la main » pour la rentrée. Incroyable ! Il me dit qu'il avait essayé de négocier avec eux, mais qu'il n'y avait rien à faire, ils avaient décidé de faire appel à une autre entreprise de postproduction qui se trouvait à Paris. J'étais interloqué, je ne comprenais pas pourquoi car ils m'avaient bien dit qu'ils renouvelleraient le contrat avec nous. J'étais sous le choc. J'avais prévu toute la suite en fonction de ce contrat...

J'ai demandé à Bernard d'aller à Paris pour les rencontrer et essayer de les convaincre de continuer avec nous. Je n'y allais pas moi-même le premier pour assurer les arrières, tenter de garder des munitions. J'avais espoir que si Bernard et Pascal ne parvenaient pas à les convaincre, je pourrais le faire en dernier recours. À leur retour, ils m'expliquèrent qu'ils n'avaient rien pu tirer de leur voyage à Paris, que la direction ne voulait rien entendre. J'ai appelé, et j'ai pris rendez-vous avec Jean-Marie Cavada en personne. Je me suis rendu à

Issy-les-Moulineaux, dans un immense bâtiment. Il est arrivé vers moi et ce qui était comique, c'est qu'il portait les mêmes chaussures que moi. On en a ri et je lui ai dit que ses chaussures toulousaines devaient être bien malheureuses.

« Au contraire, tu devrais être fier, une équipe sourde, c'est unique en France.

— Mais on va fermer, c'est sûr.

— Non, vous allez trouver autre chose, retomber sur vos pattes.

— Je n'y crois pas, je voulais vraiment construire quelque chose. Il y a plein d'entreprises de postproduction composées d'entendants, mais nous, on est les seuls. Pourquoi en avez-vous choisi une de Paris ?

— Les trajets coûtent cher, il faut chaque fois payer l'avion, l'hôtel... les frais sont élevés, alors qu'en prenant une entreprise située à Paris, cela réduit les coûts. C'est pour des raisons financières qu'on a fait ce choix. »

Je le supplie de faire marche arrière, de signer avec nous. « Je ne suis pas seul, c'est le CA entier qui a pris cette décision, l'administration, le P-DG... »

Je suis rentré à Toulouse complètement dépité. Moins d'un an après ce rendez-vous, on a dû fermer Vidéo-Signes, car on n'arrivait plus à maintenir les finances à flot, on a eu des contrôles, les huissiers, etc., et il ne restait plus personne dans les bureaux. Quelle angoisse, j'étais vraiment très mal... Je revoyais ces pièces pleines de vie, de gens qui se parlaient et se maquillaient, de vêtements, de caméras, de plans de montage, toutes ces heures passées à travailler, l'éclairage, le dynamisme, et soudain, il n'y avait plus âme qui vive. On se serait cru dans un cimetière. Je m'étais pris une énorme claque. Les salauds ! Je cherchais quelqu'un à blâmer, à qui faire payer tout ça... Et puis finalement j'ai baissé les bras.

Je me retrouvais au chômage, totalement déprimé. Je suis parti à l'île de la Réunion quelque temps pour me reposer chez des amis. J'ai pris l'air, fait de longues randonnées. Ma situation n'était vraiment pas joyeuse : j'étais divorcé et j'avais le moral dans les chaussettes. Et la LSF, je la considérais comme un arbre solide au sein d'une forêt qui allait se développer, mais finalement on l'avait déracinée et la forêt serait décimée.

Des ondes hertziennes au câble

Qu'est-ce que j'allais bien pouvoir faire désormais ? Je pouvais toujours retourner travailler à la mairie : lorsque j'avais créé mon entreprise, il était stipulé dans mon contrat que je pourrais revenir y travailler si je le souhaitais. J'ai pris rendez-vous avec le responsable des ressources humaines pour voir ce qu'il avait éventuellement à me proposer. Il m'a bien parlé d'un poste, mais non, non, je ne me sentais pas capable de reprendre un emploi à la mairie. Je suis resté au chômage et je me suis inscrit à l'Institut national de l'audiovisuel (INA) à Paris, où j'ai suivi une formation de trois mois pour devenir producteur et apprendre plus en détail le métier de responsable audiovisuel. C'était aussi l'occasion de prendre du recul…

Je voulais désormais créer une chaîne par câble qui serait dédiée aux Sourds, entièrement en LSF, 24 heures sur 24, sur le même principe que les chaînes dédiées au sport ou aux voyages. Je me suis dirigé vers une nouvelle formation avec le CESI (Enseignement supérieur et formation industrielle) ; mais c'était en alternance, il me fallait donc intégrer une entreprise. J'ai trouvé à Paris une chaîne qui diffusait de la météo 24 heures sur 24. J'étais très excité, les locaux étaient luxueux, situés près du pont de l'Alma, dans un quartier très chic, mais ça n'avait pas d'importance à mes yeux. Je travaillais sur mon mémoire : un projet de chaîne tout en LSF et en sous-titres. Je réfléchissais aux programmes, aux heures de diffusion de tel ou tel programme, aux rediffusions (un même programme serait diffusé cinq fois par exemple), je travaillais dessus tous les jours. Le patron de la chaîne vint me voir un jour : « Ça va ? Tu as l'air débordé, non ? Tu as l'air de ramer. Tu devrais monter à bord, moi j'ai un paquebot, puissant, avec un moteur performant. Pendant ce temps, toi, tu rames, tu es distancé par mon paquebot. » Bon, qu'est-ce que je pouvais bien lui répondre ?

De retour au centre de formation à Toulouse, j'ai raconté ça à un des intervenants, qui m'a dit qu'il fallait choisir le paquebot : « Dans ta barque, tu rames, tu n'as pas encore la clé mais on te la propose : saisis-la. » Cela allait donc m'ouvrir des portes et me permettre de mettre en place mon projet de chaîne câblée ? J'y ai longuement réfléchi.

Je suis revenu à Paris. Un jour, je croisais le patron et il m'a demandé : « Alors ? » J'ai organisé un rendez-vous avec lui, en présence d'une interprète. Il était affalé sur un fauteuil, cigare aux lèvres. Il lorgnait l'interprète (qui se trouvait être une jolie femme) avec une délectation non dissimulée, ne regardait rien de ce que je signais, n'avait d'yeux que pour elle. J'étais un peu perturbé, car je ne savais pas s'il m'écoutait vraiment ou pas. Mais bon, je m'exprimais et l'interprète traduisait mes propos. Je lui ai expliqué que j'étais partant pour embarquer avec eux. Je lui ai donné mon mémoire, l'intégralité de mon travail, le dossier complet que j'avais constitué... Et en fin de compte, je me suis fait... voler mon projet ! Il a pris à son compte mon idée de créer une chaîne câblée totalement en LSF. Le nom que j'avais choisi avait disparu et était remplacé par un autre : TVST, pour Télévision sous-titrée. Quelqu'un m'a dit un jour que j'aurais dû établir un contrat pour assurer la protection juridique de ma création. Je m'étais encore fait avoir ! Et encore à Paris ! Après « L'œil et la main », voilà que mon projet de chaîne câblée subissait le même sort... Quelle bande de pourritures ! Comme il l'avait prédit, c'était un jeu d'enfant pour lui : il m'avait distancé, son paquebot avait englouti ma barque !

À peu près au même moment, le Mouvement des Sourds de France organisait, comme chaque année, un séminaire avec divers intervenants. Cette année-là, le P-DG de la chaîne météo y participait. Sur scène, face à tous, il a commencé son discours. Je ne comprenais pas ce qui se passait. À côté de moi se trouvaient Daniel et Annette. Cette dernière me dit : « Mais t'as vu ? Mais quel salaud ! » Oui, quel salaud ! Je n'en revenais pas. Il parlait, expliquait « sa » nouvelle chaîne, faisait son exposé. Pendant ce temps, je tremblais, je me sentais les jambes faibles. J'étais totalement confus, vraiment mal.

À aucun moment de son discours, il ne me cita ni ne dit que l'idée venait de moi. Au moment des questions, j'ai levé la main et j'ai dit : « Bon, vous me connaissez, vous pouvez peut-être expliquer qui je suis. » Et lui : « Ah oui, pardon, M. Sangla, notre stagiaire. » Aucune valorisation de ma personne, il m'a réduit à un moins que rien, j'étais dégoûté. Je suis revenu à la charge et j'ai dû insister pour poser ma question car le temps était écoulé, mais j'y suis quand même allé, je voulais lui répondre : « Moi, je vois que vous n'allez pas réussir. Vous ne connaissez pas les Sourds, ni leurs besoins. Vous ne savez pas vous adapter. J'espère juste que vous y arriverez. » En fait, au fond de moi, j'espérais le contraire. Il s'est contenté de rire. Les Sourds sont tous venus me voir pour comprendre ce qui s'était passé. Alors je leur ai raconté toute l'histoire.

Quelque temps après, j'ai appris avec stupéfaction que le président du Mouvement des Sourds de France s'était associé au P-DG de la chaîne météo. Vous vous rendez compte, le Mouvement des Sourds de France a préféré avoir à faire avec ce P-DG entendant plutôt qu'avec moi qui suis sourd ! Le lancement de la chaîne a réussi. Mais, au bout de trois semaines, ils ont fait faillite...

L'espoir formidable de la Toile

Me relevant de l'échec du projet d'une télévision câblée portée par l'économie capitaliste, je me suis tourné vers l'économie sociale et solidaire. En 2000, j'ai découvert les nouvelles technologies de l'information et de la communication (NTIC), qui offrent des outils performants de diffusion de l'information et de communication à distance. Avec le soutien de fondateurs, la Fédération nationale des Sourds de France (FNSF) et l'Union régionale des sociétés coopératives Midi-Pyrénées (URSCOP MP), je me suis lancé dans la création de Web TV Sourd – qui est devenu par la suite Websourd. Après une étude de faisabilité, avec Michel Dupoirieux de l'URSCOP MP, nous avons œuvré à la mise en place d'un système de visio-interprétation, qui permettrait à un Sourd de communiquer à distance avec un interlocuteur entendant grâce à un interprète en langue des signes, sur le Web. Cette activité a suscité un grand intérêt auprès des Sourds, qui y voyaient la promesse d'une accessibilité pleine en matière de téléphonie. Son expérimentation a donné la preuve de sa faisabilité.

En 2004, nous avons lancé l'un des projets phares de Websourd : la diffusion en continu d'informations en langue des signes française. Une sélection de dépêches de l'AFP était diffusée tous les jours grâce au recours à des traducteurs sourds. Il s'agissait d'un nouveau métier et Websourd a participé à la création d'une filière de traduction/interprétation à l'université Toulouse-Le Mirail. Les Sourds de toute la France avaient ainsi accès directement, en LSF, aux innombrables informations qui parviennent quotidiennement aux entendants : dans les domaines politique, culturel, sociétal, sportif... Dès 2008, Websourd a développé une technologie automatisée de traduction vers la LSF avec un avatar virtuel – elle est appliquée pour la traduction des annonces sonores dans les gares et les aéroports. D'autres chantiers ont été ouverts : service d'édition bilingue, Reach 112 (service de téléphonie d'urgence) et Jobsourd (portail d'informations sur l'emploi).

Nos services étaient très demandés et nous recevions de nombreux échos de satisfaction. Malheureusement, suite aux aléas d'une gestion hasardeuse, Websourd a fait faillite, si bien que, sur décision du tribunal de commerce de Toulouse, cette société a fermé ses portes en juillet 2015. Cela a été un coup dur pour moi. J'éprouve une grande tristesse à la pensée des salariés et des partenaires qui se sont dévoués avec enthousiasme dans cette entreprise des années durant, et qui ont vu leur rêve partir subitement en fumée.

Rétrospectivement, je peux dire que Vidéo Sourd, Vidéo-Signes et Websourd ont été de belles aventures collectives. Nous étions portés par le rêve d'une accessibilité totale en matière d'information et de communication pour les Sourds. Les nouvelles technologies et l'économie sociale et solidaire portent en elles la promesse de notre émancipation collective. Je souhaite que les jeunes générations de Sourds poursuivent cette dynamique et que le capital intellectuel accumulé pendant vingt-sept années soit repris pour être investi dans une arborescence de projets. À l'image d'un chêne dont les glands produisent à la longue une forêt...

Je suis né deux fois

On peut dire que je suis né deux fois. Pour ma « première » naissance, je suis né comme une personne normale, sourde, j'ai suivi le cours de ma vie : je suis allé à l'école... Jusqu'au moment de ma « seconde » naissance, quand j'ai découvert le monde de la langue des signes. Et, à ce moment-là, je me suis dit : « Mais oui, j'en fais partie, c'est mon monde ! » Pourtant, je n'ai découvert ce monde que très tard, vers l'âge de trente ans. En m'investissant de plus en plus dans le monde sourd, je me suis un peu coupé de mes origines ; il n'y a qu'avec ma famille que j'ai gardé des liens. Aujourd'hui, je me suis un peu éloigné du monde sourd ; je suis à la retraite, j'ai passé le relais, je suis de moins en moins militant sauf avec l'association OSS2007 avec laquelle je continue à avancer.

Je l'ai dit : je suis originaire de la campagne où j'ai vécu une partie de ma vie et où je suis retourné – j'y ai maintenant une maison. Avec mes voisins, je communique avec quelques signes comme « bonjour » ou « café ». Je n'avais pas conscience qu'ils manquaient encore d'informations sur la langue des signes. Maintenant, quand je retourne au bar du village par exemple, je n'arrive plus à oraliser, c'est fini. Je garde mon moyen d'expression, ma langue des signes et je la fais connaître.

Les gens me reconnaissent ; quand je vais chez le docteur, à la pharmacie, acheter le journal, faire des courses, ils savent que je suis Jacques et que je fais de la sensibilisation à la langue de signes. J'ai participé à des émissions de télévision et ils m'ont vu, on a parlé de moi dans des articles de journaux, etc. Mes parents, qui étaient fiers, ont aussi informé les gens ; ma tante et ma sœur m'ont vu aussi, et la nouvelle s'est répandue. Par exemple, ma sœur en a parlé à son nouveau compagnon, et il a suivi ce que j'avais fait. À mon retour de la marche Paris-Milan, ils m'ont accueilli avec des grands « Bravo, félicitations ! » et ça m'a beaucoup surpris ! J'ai eu droit à de grandes embrassades ! Il me disait : « C'est super ! Et tes jambes ça va ? »

Le comportement des gens a changé, ils m'ont suivi sur Facebook, etc. Je n'essaie pas de changer l'image que les gens avaient de moi, j'essaie seulement de leur montrer qui je suis devenu maintenant. Mes voisins ont connu le « moi » d'avant et je veux leur montrer qui je suis aujourd'hui. Ce changement a été perçu petit à petit, surtout dans mon entourage immédiat : famille, amis, voisins. Bien sûr, certains n'en avaient rien à faire, et c'est normal.

Pour moi, il est plus facile de communiquer maintenant : un signe de la main pour dire « bonjour », une communication plus ouverte, même si elle reste « basique », c'est plus sympa. Quand j'étais enfant, c'était très compliqué : on s'adressait à moi en parlant et j'avais du mal à lire sur les lèvres. À l'époque, c'était très dur de s'intégrer. J'aurais apprécié un partage, un échange, mais la communication était souvent interrompue ou maladroite et il fallait que je fasse tout le temps un énorme effort d'adaptation. Lorsque je faisais un peu de mime et que j'utilisais un mot de temps en temps, ça passait mieux. J'ai des photos de mon enfance, quand j'avais un, deux, trois, quatre ans. Mais, quand je les regarde, elles ne représentent rien... Sur chacune d'elles, il faudrait ajouter la langue des signes, comme pour les compléter. Là, ça aurait du sens.

Quand je suis devenu un jeune adulte, qu'est-ce que j'aurais fait si j'étais revenu dans ma maison de campagne ? Je n'ai pas souhaité rester dans cet endroit, j'ai préféré me rapprocher de la communauté sourde, puisque là d'où je venais, il n'y avait pas cette culture de la LSF. Mais quand j'ai fini par y revenir des années après, j'ai été surpris de constater un changement : par exemple, quand je suis allé à la mairie présenter les plans d'un garage que j'envisageais de construire, la personne m'a directement tendu un papier et un stylo. J'ai trouvé ça bien, on a pu discuter des plans et de tout le reste en communiquant par écrit. Quand il m'a serré la main, je me suis dit que les choses avaient beaucoup changé par rapport à l'époque où j'étais enfant. Je sens vraiment que la LSF commence à se répandre petit à petit, grâce aux témoignages de personnes comme moi qui montrent que les Sourds ont des capacités ; il faut arrêter de dire qu'ils ne peuvent pas ! Et il y a différentes façons de sensibiliser le public : cela peut passer par exemple par notre capacité à établir des relations agréables avec les entendants, à leur montrer que c'est possible et plaisant.

Il y a plusieurs villages aux alentours de ma maison de campagne. Une femme dont les parents étaient sourds habite dans l'un d'eux. On doit avoir à peu près dix ans d'écart. Après avoir été interprète, elle était devenue masseuse. Son mari était agriculteur. Elle a deux enfants qui allaient à l'école du village. Comme ses parents étaient sourds, elle a eu envie de faire de la sensibilisation : elle m'a demandé si je voulais bien en faire dans les classes maternelles. Puis elle en a discuté avec les parents, qui étaient d'accord et qui, plus tard, m'ont directement sollicité pour aller présenter la langue des signes. Je me suis dit : « Me présenter en langue des signes, échanger ? Oui, ça va bien se passer. » Le village avait un peu changé, l'école était petite et les enfants n'étaient pas très nombreux. Je me suis présenté, on a discuté un peu, et cela a eu de bonnes répercussions.

Qui suis-je pour mes proches, mes parents et ma sœur ?

Avec ma sœur, nous discutons bien et nous avons des échanges de qualité, mais on ne s'est jamais vraiment tout dit. J'aimerais parler avec elle de certaines choses de manière plus approfondie, qu'elle puisse me dire comment elle a vécu notre enfance. Bien sûr, je connais sa vie dans les grandes lignes, mais j'aimerais qu'elle me dise comment elle me percevait, moi, son frère sourd. Comment j'étais perçu par son entourage, comment était perçue notre relation frère-sœur... Je sais combien elle s'est occupée de moi, son petit frère. A-t-elle dû me protéger des autres ? Est-ce que ça a été difficile pour elle ? A-t-elle dû beaucoup prendre sur elle ? Elle a dû en entendre sur mon compte : « Il est sourd, le pauvre... », enfin, plein de choses négatives... Est-ce que cela la laissait indifférente ou fallait-il qu'elle prenne ma défense à chaque fois ? Prenait-elle son mal en patience ou en a-t-elle eu marre d'avoir un frère sourd ? Ça, je ne le sais pas, nous n'avons pas vraiment abordé ces questions.

Je me souviens, il y a longtemps, avec mes parents... Je voulais une vraie discussion avec eux. J'avais donc fait appel à un interprète et pris rendez-vous chez eux. Je leur avais proposé ça et ils étaient tout à fait d'accord, en se demandant quand même ce que je leur voulais, mais ils n'ont fait aucune difficulté. Je suis allé chercher l'interprète en voiture, on a fait la route ensemble. À notre arrivée, à ma grande surprise, j'ai trouvé ma sœur ! J'ai posé la question à mes parents : « C'est vous qui lui avez demandé de venir ? » « Oui, on a pensé que ce serait bien qu'on soit tous ensemble pour cette occasion. » J'ai trouvé l'idée formidable, même si j'étais un peu perturbé parce que je m'étais fait tout un scénario de cette discussion entre mes parents et moi. Finalement, j'étais ravi. Grâce à l'interprète, j'ai pu dire en langue des signes pourquoi ma vie avait changé, quels étaient mes projets, professionnels et militants... Et puis, avec mes parents et ma sœur, on a commencé à échanger... C'était très intéressant. Malheureusement, nous étions limités par le temps, car je n'avais retenu les services de l'interprète que pour deux heures. C'était insuffisant pour libérer vraiment la parole. Il aurait fallu renouveler l'expérience, deux, trois, quatre fois... Mais je ne l'ai fait qu'une seule fois... Cela avait été intéressant, ça avait permis à mes parents de poser un autre regard sur moi.

J'avais vécu une expérience du même genre à mon travail à la mairie de Toulouse, je l'ai déjà évoqué... J'avais mobilisé un interprète pour une séance avec une large assemblée de salariés de la municipalité. La séance avait duré deux heures, un après-midi, j'avais expliqué beaucoup de choses sur la langue des signes et sur les Sourds, et répondu à de nombreuses questions. Il y avait eu des réactions fortes, beaucoup n'en revenaient pas : ils avaient du mal à croire ce qu'ils entendaient par le biais de l'interprète, ils n'étaient pas sûrs que ce soit moi-même qui tienne ce discours. À tel point qu'à la fin certains d'entre eux étaient allés voir l'interprète pour en avoir le cœur net : « Mais oui, je ne faisais que traduire ce que disait Jacques, a-t-il expliqué ; je transposais en français ce qu'il disait en langue des signes, rien de plus... » Ils étaient sidérés, bouleversés et, évidemment, ils m'ont regardé tout autrement. J'avais trouvé l'expérience pas mal du tout. C'était au moment où ma vie professionnelle amorçait un virage important ; je changeais d'activité du tout au tout. Avant de partir, il était important que je laisse à mes collègues un message fort sur la langue des signes. Cette langue qui était le moteur de mon changement et de mon orientation vers un nouveau métier.

À présent, avec ma sœur, on ne se voit que de loin en loin. Elle a sa vie, j'ai la mienne. On échange quelques SMS à certaines occasions, pour la bonne année, les anniversaires... J'ai l'impression qu'elle aurait envie de me dire quelque chose de plus profond, de plus personnel. Je sais qu'elle a une bonne opinion de moi, j'ai pu le constater à plusieurs reprises. Les gens à qui j'ai eu affaire, après que ma sœur leur a parlé de moi, ont eu une attitude très positive à mon égard, je vois bien qu'elle leur a tenu un discours très valorisant. Lors d'une fête du jour de l'an, elle m'avait présenté à son nouveau compagnon avec empressement : « Jacques, mon frère... » Elle avait fait de même avec ses nouveaux beaux-parents, et les poignées de main avaient été très chaleureuses... Ils s'étaient adressés à moi non pas en me parlant vocalement, mais avec quelques gestes, c'était surprenant. J'ai bien compris que ma sœur les avait préparés à cette rencontre. J'ai évoqué aussi la façon très chaleureuse avec laquelle mon nouveau beau-frère m'a accueilli au retour de notre grande marche Paris-Milan.

C'est pour tout cela que j'aimerais avoir une vraie discussion avec ma sœur, pour savoir comment, dans son enfance et jusqu'à maintenant, elle a vécu le fait d'avoir un frère sourd et quels effets cela avait dans les relations avec son environnement, à l'école ou avec le voisinage. Elle en a sûrement souffert... Car mes parents m'ont souvent raconté les commentaires faits par les uns et les autres, ils en ont beaucoup entendu : « Ce pauvre petit Jacques, quel malheur qu'il n'entende pas, qu'est-ce qu'il va bien pouvoir faire plus tard ? » Cela obsédait mes parents, ils ont dû se battre pour moi et souvent me défendre... Quand ils ont vu qui je suis devenu, ils ont été rassurés et très fiers de moi, je sais dans quels termes ils parlaient de moi : « Jacques a réussi, il travaille à la télé... » Ils ont conservé tous les articles de journaux où l'on parlait de moi, C'était très touchant. Ce qu'ils montraient là était bien la preuve de ma réussite et il leur fallait le dire haut et fort, comme pour prendre une revanche...

Cette langue des signes, elle doit encore se propager dans la société, elle permet tout, elle peut être langue de communication dans tous les domaines, professionnel, affectif, culturel, elle permet de vraies relations... Cette langue doit se diffuser encore et encore, ça prend du temps, c'est très long. Chacun d'entre nous doit contribuer à cette diffusion autour de lui, en parler et, à force, cette langue se propagera partout. Je rêve que... Je rêve toujours ! [*Rire.*]

Philippe

Je suis d'une famille d'entendants... De ma naissance en 1965 jusqu'à mes huit ans, j'ai vécu parmi les entendants. Mon frère cadet est entendant, le troisième est demi-sourd – entendant un peu, il est capable de s'exprimer en français oral et aussi en langue des signes. J'ai commencé ma scolarité dans une école d'entendants, à proximité de chez moi. Je n'avais alors pas conscience de ma surdité, de ma différence par rapport à mes camarades entendants. Je me souviens que ma mère m'amenait à Tours chez une orthophoniste pour la rééducation de la parole et l'entraînement à la lecture labiale. Cette orthophoniste donnait en plus des conseils à ma mère sur ce qu'il fallait faire pour moi, pour mon avenir. Elle lui a indiqué une école spécialisée à Fougères, pas très loin de Rennes où nous habitions. Elle lui a dit que c'était une bonne école pour la rééducation orthophonique, et lui a donné un certain nombre d'explications. À huit ans, je suis donc entré dans cette école où il n'y avait que des Sourds. Je n'avais eu aucune explication, je n'avais pas été préparé à ce changement. J'ai été mis là sans qu'on ne m'en dise quoi que ce soit, j'étais très perturbé, je pleurais beaucoup. Je me suis senti exclu ; jusqu'alors, j'avais toujours vécu parmi les miens, je ne comprenais pas pourquoi on m'arrachait à « mon monde ». Du jour au lendemain, j'étais placé là, comme parachuté dans un monde inconnu. Je ne connaissais personne, les adultes étaient tous des entendants.

Je suis entré en CE2, mais au bout d'une année, j'étais en échec à cause de mon faible niveau à l'écrit. Je ne sais pas si c'est parce que je ne comprenais rien à l'oral, toujours est-il que l'on m'a rétrogradé en CE1. Au bout d'un certain temps, j'ai fini par m'adapter à mon nouveau cadre de vie. J'expérimentais de nouvelles relations avec mes copains et aussi une communication différente par rapport à celle de la famille : on utilisait la langue des signes. Nous n'utilisions entre nous cette langue qu'en dehors des cours, car, en classe, seul le français oral était pratiqué. Bien évidemment, dans cette école, la langue des entendants tenait lieu de langue noble et nous étions constamment contraints à nous y exercer.

Mon frère Laurent était en intégration dans une école « ordinaire » avec des entendants. Il y est resté jusqu'en sixième, mais ses résultats étaient trop faibles pour qu'il puisse continuer dans cette voie. Il a donc été admis dans mon école. C'était drôle d'être à l'école avec mon frère.

L'émergence de la conscience sourde

Je suis resté dans la même école jusqu'à l'âge de vingt et un ans. Je me suis formé au métier d'ébéniste, on faisait du dessin technique, on travaillait le bois. On a eu le même formateur pendant plusieurs années jusqu'à ce qu'il parte et qu'il soit remplacé par un autre, M. Alain. Lui était sourd et il s'exprimait en langue des signes ! Nous étions cinq dans le même atelier à suivre cette formation. Il s'adressait à nous en langue des signes, c'était pour moi tellement surprenant de voir un enseignant la pratiquer comme support de pédagogie. M. Alain s'est présenté à nous, nous a parlé de son parcours professionnel : il avait fait du dessin technique, travaillé en architecture, puis avait quitté cette profession pour être enseignant et ainsi défendre la langue des signes, disait-il. C'était pour moi bouleversant de rencontrer cet homme ! Depuis mon enfance, je n'avais jamais vu de professionnel sourd, qu'il soit éducateur, professeur ou même cuisinier. Jamais ! Je ne m'étais donc jamais posé la question de ce que je ferais quand je serais sorti de l'école. Je n'en avais aucune idée, aucune conscience. C'était le flou le plus total ! C'était comme si mon esprit était anesthésié, comme si ma flamme était affaiblie. M. Alain, en soufflant dessus, l'a ranimée et m'a ouvert au monde.

Un jour, alors qu'il nous avait donné un travail à faire, j'étais en pleine réflexion sur cet homme-là, je me posais mille questions : qu'avait-il fait auparavant ? Quelles capacités avait-il ? J'en parlais avec un de mes camarades et lui disais que j'avais vraiment envie de l'interroger. Ce n'était pas évident : nous n'avions pas l'habitude d'échanger avec un professeur. Mon travail m'ennuyait, je ne parvenais pas à me concentrer sur ma tâche, j'étais obsédé par cet homme. J'ai fini par me décider, je l'ai interrogé, les questions sont venues les unes après les autres, et les réponses aussi ! C'est comme si j'avais ouvert une porte et que la lumière entrait à flots ! Je lui demandais : « Pourquoi parliez-vous de défendre la langue des signes ? Mais c'est quoi la langue des signes ? Pourquoi avez-vous quitté votre emploi d'avant ? Pourquoi quitter une entreprise avec des entendants pour venir dans une école de Sourds ? » Et bien d'autres questions encore. Nous avons tellement discuté que l'exercice que nous devions faire est passé à la trappe ! Et le temps est vite passé ! Ça a été pour moi un déclic, une prise de conscience de qui j'étais.

Je comprenais enfin plein de choses sur ce que l'oralisme m'avait fait subir. Avant d'être en formation professionnelle, pendant la classe, toutes les demi-heures environ, on venait nous chercher les uns après les autres pour des exercices d'orthophonie, pour nous faire parler vocalement. Je n'en avais aucune envie, c'était pourtant une contrainte à laquelle il fallait se plier. On était en face-à-face avec l'orthophoniste, il me présentait un texte et il fallait que je le lise à haute voix, il ne voulait qu'une chose : entendre le son de ma voix. Je me disais en moi-même que je devais parler bien, car jamais on ne m'a dit que les paroles que je prononçais étaient inintelligibles, au contraire on me félicitait. Par la suite, quand je suis sorti de l'école, dans les boutiques, et même dans ma famille, on ne me comprenait pas. Cela m'intriguait profondément, j'étais complètement perdu. On m'avait mené en bateau ! On m'avait menti ! Jamais personne ne m'avait corrigé, personne ne m'avait prévenu que je ne parlais pas bien, mais alors pourquoi tout cela ?

Heureusement qu'il y avait mon frère ! À la maison, nos parents parlaient entre eux au-dessus de nos têtes et quand je demandais de me dire ce qui se passait, je n'avais droit qu'à quelques brèves explications. En revanche, avec mon frère malentendant, on pouvait discuter sans problème. Nous étions à l'aise entre nous pour communiquer, ce qui n'était pas le cas avec nos parents. Dans ma situation, c'était pour moi un petit avantage. Je n'ose imaginer quelle aurait été ma situation si j'avais été seul sourd dans la famille !

Mes premiers pas de militant

Quand je suis sorti de l'école, j'avais donc vingt et un ans, j'avais fini ma formation. Je pensais toujours à M. Alain ; entre autres, il avait évoqué le réseau associatif des Sourds, des clubs sportifs, des associations culturelles et aussi des rencontres internationales. Cela m'avait prodigieusement intéressé ainsi que mes camarades. Avec ces informations, nous pouvions nous représenter ce que pourrait être notre avenir. Nous n'étions ainsi pas lâchés dans l'inconnu à notre sortie de l'école, comme c'était le cas avec les enseignants entendants qui ne pratiquaient pas notre langue et qui ne nous transmettaient aucune connaissance sur le monde des Sourds.

Je continuai à fréquenter le club de foot jusqu'à vingt-six ans environ. Je pratiquais ce sport depuis que j'étais petit, j'ai toujours adoré ça. Je fréquentais également une association, l'Amicale des anciens élèves de l'école de Rennes. Je militais déjà à cette époque pour la langue des signes. Certains Sourds me trouvaient virulent, moi je pensais que ma démarche était tout à fait légitime. J'avais alors acquis la conscience de mon droit à disposer de ma propre langue. Mais, pour beaucoup de Sourds qui, comme moi d'ailleurs, avaient vécu dans le mépris de la LSF, l'oralisation paraissait plus valorisante, plus honorable, même s'ils n'étaient pas à l'aise dans cette langue. En effet, le français oral n'est jamais pleinement accessible pour nous. Ils n'avaient pas eu la chance d'avoir eu M. Alain comme pédagogue, comme guide sur leur chemin de croissance.

Avec les Sourds de l'association, on avait de longues discussions qui faisaient émerger des idées, on organisait des conférences sur divers sujets en invitant des intervenants extérieurs. Pour avoir été oralisés des années durant, beaucoup de membres de l'association prêtaient peu de valeur à la langue des signes. Ils la pratiquaient plus ou moins bien, mais dans l'ensemble leur niveau était faible. Les activités étaient toujours les mêmes : on jouait aux cartes, à la pétanque, des voyages étaient organisés. C'était déjà bien qu'il y ait des activités diverses de loisirs, mais cela ne suffisait pas. La culture y était pratiquement absente. Quelques copains et moi, nous étions dans la force de la jeunesse, nous avions d'autres ambitions, nous avions besoin d'informations, nous voulions du renouveau, nous voulions faire évoluer le cadre de l'association qui nous semblait vieillot. Nous rêvions de changer le monde ! Nous étions alors très demandeurs auprès du conseil d'administration et j'ai fini par en faire partie.

C'est à cette époque-là, à la fin des années 1980, que nous avons invité Guy Bouchauveau, un animateur scientifique sourd de la Cité des sciences et de l'industrie de la Villette à Paris. Je ne sais plus comment nous était venue l'idée. Je crois que nous avions vu une vidéo de lui. Nous avions trouvé son discours d'un grand intérêt pour les membres de notre association. J'ignorais complètement le contenu de sa conférence. Nous avons organisé sa venue, une date a été fixée, c'était un samedi après-midi et il y avait un monde fou, la salle était pleine à craquer ! Guy a fait sa conférence avec brio, sur le thème « Identité et culture sourdes ». Le sujet était sérieux, mais il avait le don de rendre vivant son discours par des touches d'humour. Sa belle langue captivait l'assistance. Il savait parler de choses complexes avec clarté. La question de l'identité des Sourds, telle que le conférencier l'a présentée, m'a fait beaucoup réfléchir. Des facettes obscures de mon histoire s'éclairaient alors d'un jour nouveau.

Les paroles de Guy m'ont fait l'effet d'un sacré coup de massue, la dimension culturelle a été pour moi une révélation ! Je comprenais qu'il y a la culture des entendants qui est la leur, la culture des Sourds qui est la nôtre. Je me suis retrouvé, je savais enfin qui j'étais ! La langue des signes peut tout dire, il peut y avoir du théâtre en langue des signes, des conférences en langue des signes, etc. Et ça change tout ! C'est alors que j'ai compris : il y avait eu une première partie de ma vie qui était révolue, et une seconde qui commençait après cette prise de conscience. Un nouveau chemin se frayait désormais en moi.

Grâce à la langue des signes, j'ai découvert de nombreuses possibilités et j'ai alors commencé à rencontrer de plus en plus de Sourds. J'ai abandonné le foot, à la grande déception de mes camarades : j'étais le numéro cinq et je lâchais tout. On me disait : « Pourquoi tu t'en vas ? T'es un bon ! » Mais les échanges que j'avais dans cette activité ne me donnaient plus satisfaction. J'avais soif d'apprendre, de découvrir le monde, d'élargir mes échanges sur des thèmes diversifiés, de me cultiver, etc. C'était comme si une immense porte s'était ouverte, une nouvelle voie s'offrait à moi, une voie qui m'inspirait. La réappropriation de la langue des signes qui était désormais devenue ma langue a marqué une étape décisive dans mon histoire.

Je ne pouvais imaginer qu'un entendant veuille apprendre la langue des signes

Durant mon enfance, Laurent, mon frère sourd, et moi, nous communiquions naturellement par signes. Cependant, nous ne savions pas que c'était une langue. Ma mère nous a laissés libres de la pratiquer. Son usage n'était donc pas interdit au sein de notre famille, comme c'était le cas pour la plupart de mes camarades d'école. Je me souviens que ma mère était abonnée au journal *Écho Magazine*[1] dans lequel Bernard Truffaut, le directeur, lui-même Sourd, écrivait des articles. À l'école de Fougères, les professeurs avaient informé les parents de l'existence de cette publication, en leur disant qu'ils y trouveraient toutes sortes d'informations concernant les Sourds. Ma mère avait été intéressée et s'y était abonnée. Moi, je ne le savais pas. Donc elle lisait régulièrement ce journal. Un jour, elle est tombée sur un article de Bernard Truffaut où il affirmait qu'il n'est pas possible que les Sourds parlent comme les entendants ; il écrivait qu'avec une méthode fondée sur l'oral l'apprentissage requiert beaucoup plus de temps, car nous ne pouvons pas comprendre facilement, et a donc une moindre efficience. Alors que, continuait-il, la langue des signes nous permet d'être à l'aise, d'acquérir des connaissances facilement et de manière efficace. Elle est notre langue naturelle ; grâce à elle, nous pouvons nous exprimer sans limites, ce qui n'est pas le cas avec le langage oral-vocal.

Ses écrits ont permis à ma mère de mieux me comprendre et d'avoir une vision des Sourds différente de celle des professionnels. À partir de ce jour, elle s'est intéressée de plus près à la langue des signes. D'ailleurs, elle m'a dit son envie de l'apprendre et m'a demandé de lui enseigner cette langue. Je devais avoir quinze ans. J'avais été très surpris et aussi terriblement gêné ! J'ai tout de suite dit « non ». Pour moi, cette langue, je ne la connaissais pas, il était hors de question que

1 *Écho Magazine*, journal mensuel des Sourds créé en 1908, existe toujours.

je la lui apprenne. C'était même une réaction viscérale. Rétrospectivement, je crois comprendre que c'est parce que, depuis tout petit, j'étais baigné dans la négation de cette langue et je ne pouvais pas imaginer qu'un entendant, encore moins ma mère, veuille l'apprendre. Elle a été un peu déçue mais elle était intriguée et en plein questionnement.

À la maison, au sous-sol, mon père avait son atelier. J'étais à ses côtés et je le regardais bricoler. Un Sourd, Michel, est venu à la maison. Je ne le connaissais pas. Il demandait un service à mon père : amener ses enfants, tous les trois sourds, quelque part le dimanche soir. Mon père avait répondu qu'il était désolé de ne pas pouvoir le faire par manque de place dans sa voiture. Dans le secteur, quelques familles qui avaient des enfants sourds s'étaient organisées pour les amener à tour de rôle le dimanche soir à l'arrêt d'un autocar scolaire, qui les conduisait ensuite jusqu'à l'institut des Sourds. Ce Michel allait repartir quand je lui ai demandé s'il était sourd : « Oui », m'a-t-il répondu. Il m'a dit deux ou trois petites choses en langue des signes. J'étais abasourdi de découvrir cet homme-là ! Un Sourd était entré chez moi et je ne le savais pas ! Je ne comprenais pas : comment mon père avait-il pu ne rien me dire à son sujet ? Il ne m'avait pas donné d'explication, lui, mon père ! Pourquoi ? Cette question lancinante me poursuit toujours. Est-ce de manière délibérée que mon père n'a jamais évoqué avec moi l'existence de cet homme sourd qui habitait non loin de chez nous ? C'était si important, pour le jeune garçon que j'étais, d'être en relation avec des voisins sourds !

Ma grand-mère paternelle habitait un village voisin. Tout près de chez elle vivait une famille comprenant plusieurs membres sourds, enfants et adultes. C'était la famille de Michel ! Ces Sourds gravitaient donc dans mon proche voisinage. Ils ne devaient pas passer inaperçus à mes yeux et pourtant j'ignorais complètement leur existence ! Mes parents auraient pu me parler d'eux, m'amener les voir. J'aurais pu bénéficier de leur présence, parler avec eux en langue des signes, jouer avec les enfants sourds... Mais non, mes parents ne m'en ont jamais parlé. Était-ce un secret de famille ? Quel secret ? Pourquoi ? Des questions sans réponse... Cela m'est si douloureux d'évoquer ce souvenir que je me retiens de pleurer.

Plus tard, à l'âge de seize ou dix-sept ans, j'étais membre de l'équipe de foot de mon village. Les samedis, on participait à des tournois avec les villages environnants. Lors d'un match, j'ai rencontré Michel et c'est à ce moment-là que j'ai découvert l'existence de ses trois enfants sourds, Pascal, Olivier et Nathalie. C'était une rencontre incroyable ! Je ne les connaissais pas car ils allaient à l'école de Saint-Jean-de-la-Ruelle, près d'Orléans, avec pour enseignant un Sourd, M. Barberot. Pourtant, comme je l'ai dit, Michel n'habitait qu'à quelques pas de chez nous. Je ne comprenais pas pourquoi mes parents m'avaient placé dans une école réputée parmi les plus oralistes, celle de Fougères. J'aurais sans doute été plus heureux à l'institut d'Orléans, comme les enfants de Michel, puisque l'enseignement y était dispensé en langue des signes, et en plus par un enseignant sourd. Cette histoire m'a beaucoup intrigué. Cependant, je n'en ai jamais parlé à mes parents, je ne leur ai jamais demandé ce qui avait motivé leur choix.

La communication au sein de la famille

Malgré les conseils de la première orthophoniste qui l'a encouragée à opter pour la voie de l'oralisation, ma mère, au bout de plusieurs années, a fini par comprendre que je n'oralisais que très peu et que j'étais beaucoup plus à l'aise pour m'exprimer en langue des signes. Elle avait compris combien d'efforts il me fallait faire pour lire sur les lèvres et pour oraliser, et combien c'était épuisant pour moi. Mon père me parlait vocalement comme il pouvait. J'avais beau lire sur ses lèvres, je ne comprenais presque rien. Je renonçais et passais par ma mère pour comprendre ce qu'il voulait me dire. Elle me parlait plus lentement, en articulant clairement, avec beaucoup de patience. C'était souvent par le truchement de ma mère que je communiquais avec mon père, Cela me frustrait bien sûr, j'aurais tant voulu avoir une relation directe avec lui, être à l'aise dans la communication avec lui. Finalement, mon père, je ne l'ai jamais compris ! J'en ai souffert. J'étais beaucoup plus en lien avec ma mère.

Souvent, en famille, quand ça discutait, je demandais à mon frère de me rapporter ce qui se disait, et il traduisait pour moi comme il le pouvait. Cela a toujours été ainsi et c'est encore comme cela aujourd'hui. Mon frère sert de relais et grâce à son aide je peux m'intégrer dans les échanges. Maintenant, quand je veux dire quelque chose à ma mère, par exemple, je le dis en langue des signes et mon frère traduit. Ça fait longtemps que j'ai abandonné le français oral pour communiquer, même en famille. J'ai compris que ce n'était pas dans ma nature, qu'il était inutile de m'efforcer d'oraliser, que c'était peine perdue. Alors, à l'occasion, je profite de l'aide de mon frère qui peut passer d'une langue à l'autre sans problème et qui accepte de me rendre ce service. Ce n'est pas l'idéal, mais c'est mieux que pas de communication du tout. J'aurais tant voulu que toute la famille parle ma langue...

Parfois, on passait par l'écrit. Je me souviens de la première fois : ma mère m'a dit quelque chose que je n'ai pas compris, alors elle a pris une feuille de papier et y a écrit ce qu'elle voulait me dire. Avec cette astuce, je pouvais lui répondre par « oui » ou « non » ou par phrases courtes. L'idée est venue d'elle. En fait, elle a compris qu'avant mes quinze ans je ne prêtais pas attention à ce que l'on me disait ; c'est pourquoi elle a mis cette méthode en place. À l'écrit, elle utilisait des phrases simples qui me permettaient de mieux comprendre. En règle générale, on utilisait un calepin, mais si elle devait m'expliquer quelque chose de plus long, elle prenait une feuille de papier. Cela pouvait par exemple concerner l'héritage d'une maison, des problèmes familiaux, etc. Cela pouvait être aussi la définition d'un mot que je n'avais pas compris. Cette forme d'échange par écrit ne menait pas loin, mais, au moins, elle était nettement préférable à la seule oralisation. Je ne suis pas à l'aise avec le français écrit.

Ma prise de conscience des valeurs sourdes

Je regrette de ne pas avoir bénéficié d'un enseignement de la langue française adapté comme on peut le voir dans les rares classes bilingues. Là, les enfants sourds arrivent à un bon niveau de lecture et d'écriture grâce à la langue des signes. Ils peuvent atteindre le même niveau que les enfants entendants du même âge. Le bilan de l'enseignement dispensé aux enfants sourds dans les classes bilingues montre que l'apprentissage du français marche très bien sans passer par l'audition, ni par l'oralisation. Ces enfants sont assurés de maîtriser les deux langues : la LSF et le français. Ils peuvent aller jusqu'à l'université sans problème, à condition toutefois qu'ils puissent bénéficier d'une accessibilité totale pour suivre les cours et les diverses activités faisant partie du cursus. Ce n'est malheureusement pas le cas aujourd'hui en France, car les étudiants sourds doivent se battre sans relâche pour avoir droit à des interprètes.

La situation des enfants élevés dans l'enseignement oraliste présente, à l'inverse, un bilan déplorable : en plus de ne maîtriser vraiment ni la LSF (leur langue !) ni le français, ils ont des problèmes psychologiques. Il y a bien sûr des réussites, mais elles sont, à mon sens, isolées. Et ces réussites sont obtenues au prix d'efforts surhumains, de grandes contraintes et surtout d'une immense pression. Il est en effet très malaisé de suivre les études dans une langue qu'on ne maîtrise pas : le français oral. C'est extrêmement difficile et épuisant de lire sur les lèvres du professeur à longueur de journée. De plus, nous ne sommes jamais assurés d'avoir compris. Ce n'est pas confortable !

Ma prise de conscience des valeurs sourdes date de la conférence de Guy Bouchauveau sur le thème de l'identité. En fait,

M. Alain a été le premier déclencheur de mon évolution vers mon identité de personne sourde. Les mots de ce professeur comme ceux du conférencier m'ont profondément touché et ont éveillé en moi ma personnalité. C'était comme si, après une longue période de malnutrition, je recevais enfin des nourritures appropriées, nourrissantes et qui font du bien.

C'est quelque chose qu'en général les entendants ne connaissent pas et ont donc du mal à comprendre. Je veux parler du changement qui s'est opéré en moi lorsque j'ai découvert et intégré les valeurs sourdes : la langue et la culture des Sourds. Cela arrive à tous les Sourds qui sont passés de la privation de la langue des signes à sa réappropriation. En fait, la privation n'est pas obligatoirement complète, elle peut être partielle, je parlerais plutôt de négation ou de stigmatisation. À l'école de Fougères, cette langue était interdite, du moins dans les classes. C'était vrai de mon temps. J'ignore comment ça se passe actuellement dans cette école. En tout cas, si l'interdiction de la LSF dans l'éducation a été abrogée en 1977, cette langue n'est pas pour autant pratiquée systématiquement dans toutes les écoles de Sourds, loin de là. L'éducation bilingue peine à se développer, même si la loi du 11 février 2005 autorise cette option.

Dans les milieux éducatifs et dans les instances gouvernementales, notre langue continue à être dévalorisée, du moins elle n'est pas assez valorisée, ni vraiment reconnue. On ne doit pas séparer la langue de la culture qui la porte, la façonne. On voit aujourd'hui quelques professionnels intégrer certains éléments de la langue des signes dans leur pédagogie. Mais leur vision demeure limitée (et leur approche inadaptée) s'ils ignorent les aspects culturels, historiques, sociologiques du peuple sourd. Ce qui a en fait changé ma vie, ce n'est pas seulement la langue des signes, c'est surtout la rencontre avec des Sourds qui sont au clair avec leur identité et qui véhiculent les valeurs de la communauté sourde. Comme mon ancien professeur M. Alain, comme Guy Bouchauveau et comme bien d'autres Sourds de valeur que j'ai eu la chance de rencontrer.

La difficile intégration dans le monde du travail

M. Alain et Guy Bouchauveau sont des exemples de personnes militantes. À l'époque, dans les années 1980, le militantisme chez les Sourds était embryonnaire. J'ai eu envie de suivre leur sillage en montrant aux Sourds autour de moi la valeur de la langue des signes et en les informant sur la culture sourde. Beaucoup d'entre eux ignorent ce qui se passe en dehors de la France, ne savent pas comment est constitué le réseau international des Sourds, ne connaissent pas les Sourds influents, célèbres... Bien peu nombreux sont ceux qui se posent des questions sur l'éducation qu'ils ont reçue. Ils ne peuvent pas imaginer qu'elle aurait pu être différente. « C'est comme ça », cette expression revient souvent dans leur discours. Il y a en eux une lourde résignation, un défaitisme. À la limite, certains pensent qu'il est normal que les Sourds aient des problèmes, qu'ils soient inférieurs aux entendants. Pour tout dire, ils sont opprimés. C'est extrêmement difficile de les faire sortir de cet état. En plus, beaucoup d'entre eux ont un niveau moyen en LSF.

J'accorde aussi de l'importance à la sensibilisation des entendants à nos réalités. Il m'arrive parfois d'organiser des séances d'information. Ce n'est jamais simple, parce qu'il faut à chaque fois prévoir la présence d'un interprète, qu'il faut rémunérer. C'est à ces occasions-là qu'on mesure l'ignorance des entendants. La plupart d'entre eux se font des idées fausses sur nous, sur notre langue : ils croient qu'elle ne permet pas de tout exprimer. Quand ils entendent mon discours par le truchement de l'interprète, ils sont étonnés de découvrir la richesse et l'étendue de la langue des Sourds. Une petite démonstration de cette langue suffit à leur montrer qu'elle est construite sur une grammaire précise et complexe. C'est à chaque fois un plaisir pour moi de leur faire découvrir mon monde. Curieusement, je n'ai jamais compris pourquoi, les parents militants et les professionnels de la surdité, notamment les médecins ORL, sont en général réfractaires à notre appel à plus d'ouverture, au dialogue. Tous ne sont pas dans une position figée, mais beaucoup quand même ! J'aimerais qu'ils nous regardent autrement que comme des « déficients auditifs », qu'ils ne nous voient pas comme des « oreilles sur pattes », mais qu'ils nous considèrent comme des êtres humains.

J'ai eu beaucoup de difficultés à m'intégrer dans le monde du travail. J'avais du mal à évoluer dans un environnement où la langue des signes était totalement absente. Il n'y avait que des entendants autour de moi et je n'étais pas à l'aise avec eux. J'aimais le travail d'ébéniste, mais j'avais besoin d'échanges avec mes collègues. C'était toujours problématique de demander un service ou quelque chose. Je devais transcrire ma demande sur un bout de papier. Pour des mots ou des petites phrases, cela allait, ce n'était pas trop contraignant. En revanche, s'il fallait formuler des choses plus complexes, j'étais en difficulté parce que je suis loin de maîtriser le français écrit. C'était difficile aussi quand mes collègues m'écrivaient quelque chose. C'était vraiment pénible ! Et il n'y a pas que la communication technique. Les échanges à bâtons rompus, sans queue ni tête, pour le plaisir de bavarder, pour l'aspect convivial, sont importants. La parole fait partie intégrante de notre humanité. C'est pareil quand nous nous retrouvons entre Sourds, nous prenons plaisir à bavarder de tout et de rien. Alors, passer huit heures, seul Sourd parmi des collègues entendants sans bavarder, c'était insupportable pour moi et, en fin de journée, j'étais épuisé physiquement et moralement. Cela explique pourquoi, en cinq ans de travail comme ébéniste, j'ai quitté beaucoup d'entreprises. Chaque fois que le patron me disait quelque chose ou était en colère, je ne comprenais rien à ce qu'il me disait. Alors, je préférais partir. La législation du travail, à l'époque, me dépassait et je n'étais pas en mesure de revendiquer mes droits. Ce n'est que plus tard que j'ai évolué dans ce domaine. Lorsque je suis devenu responsable d'un centre de formation à la langue des signes, il m'a fallu acquérir des connaissances en matière de législation du travail.

La première fois que j'ai laissé tomber mon boulot, j'appréhendais la réaction de mes parents. Je suis parti une journée pour participer à une compétition et tout s'est bien passé, mais lorsque je suis rentré, j'étais inquiet. Cela faisait deux jours que je n'avais rien dit, je ne pouvais pas, je gardais ça secret. Le lundi, mes parents m'ont demandé pourquoi je n'allais pas travailler, alors je leur ai dit que j'avais quitté mon travail. Ça les a laissés sans voix. Je leur ai expliqué mes raisons : mon malaise à travailler dans un environnement où il n'y a pas d'autre Sourd, mes difficultés de communication avec mon patron et mes collègues entendants... Mes parents ont eu une réaction plutôt mitigée, mais ils n'ont pas insisté pour que je retourne travailler.

La culture sourde me permet de m'intégrer dans le monde

À l'âge de trente ou trente et un ans, je ne manquais jamais l'occasion d'assister aux conférences pour les Sourds. C'était généralement intéressant et cela m'ouvrait l'esprit. J'étais en immersion dans la culture sourde, car les conférences offraient aux Sourds des occasions de rencontre. J'avais découvert çà et là des associations comme IRIS et des entreprises gérées par des Sourds, comme IVT. Je voyais tout ça autour de moi et j'ai réalisé que j'avais les mêmes rêves qu'eux, je voulais moi aussi créer quelque chose. Au fond de moi, je sentais que j'en étais capable. Parallèlement à cette réflexion, j'ai suivi une formation de gestion d'entreprise, puis j'ai créé à Rennes mon association qui avait pour objectifs de mettre en place des services sociaux et culturels pour les Sourds et de développer des actions d'information, de sensibilisation et de formation destinées aux entendants. Je proposais des cursus d'apprentissage de la langue des signes. Cela a bien marché et je peux m'estimer heureux d'avoir réussi. Au départ, c'était un peu perturbant pour moi mais j'ai tenu bon, je n'ai rien lâché malgré les nombreuses difficultés.

Les gens ont commencé à me considérer, non pas parce que je me mettais en avant, mais parce que je parvenais à donner des informations, à sensibiliser le public à l'identité sourde, à la langue des signes et, petit à petit, ça s'est développé. Les gens me félicitaient et me disaient que ce que je faisais était important. J'ai senti que je gagnais en confiance, j'avais trouvé ma place, je me sentais plus fort. Cette expérience m'a fait beaucoup de bien, j'ai réalisé que je pouvais continuer sur cette voie car j'ai de bonnes potentialités pour mener à bien des projets. Cependant, sans la conscience de sa propre valeur, on ne va nulle part, on ne sait pas ce que l'on fait. La valorisation c'est important, c'est ce qui manque encore trop souvent dans les milieux éducatifs des enfants sourds.

Le sentiment de ma propre valeur, je ne l'ai donc acquis que bien longtemps après ma scolarité, au cours de laquelle je n'avais pas le sentiment de pouvoir choisir ma vie, ni le métier que je voulais faire. J'avais obtenu mon diplôme de menuisier mais, en réalité, ce n'était pas un domaine que j'aimais. J'avais suivi ce cursus par contrainte et non par choix, car très peu de filières m'avaient été proposées. Le choix se limitait à quelques métiers manuels, comme la menuiserie ou la cuisine. Mon rêve était de devenir électricien comme mon père. Mon frère entendant faisait le même métier. Mon frère sourd, quant à lui, travaillait comme cuisinier dans une entreprise d'électricité. J'avais envie de faire la même chose qu'eux. Mais ma mère m'avait dit que les études étaient trop difficiles. Je me demandais pourquoi elle disait cela. En lui en reparlant plus tard, je l'ai interpellée : si j'avais pu aller jusqu'à la qualification d'ébéniste, pourquoi n'aurais-je pas pu tout aussi bien réussir celle d'électricien ? Et c'est à ce moment-là qu'elle m'a avoué que c'était un professeur de mathématiques de l'école de Fougères qui lui avait dit que je ne pouvais pas faire d'études d'un niveau si élevé, que je ne pourrais pas suivre. Pourtant, j'ai obtenu mon CAP de menuisier, puis celui d'ébéniste, ainsi que le code de la route et le permis de conduire. Avec tout ça, ma mère a compris que j'étais capable de beaucoup de choses, en tout cas de beaucoup plus de choses que ne l'avaient prédit mes enseignants entendants... Et c'est bien cela que je voulais faire valoir auprès des Sourds : il ne faut pas se sous-estimer ni se laisser faire. Et il faut être fier de notre langue.

Jusqu'au bout de mes projets

Ce n'est donc qu'après l'école que j'ai découvert la vraie vie et que j'ai avancé. Question famille, je me suis marié avec une femme entendante. Quand nous nous sommes rencontrés, elle ne connaissait pas du tout la langue des signes et on communiquait par mime. Cela ne nous a pas empêchés de tomber amoureux, même si la communication dans les débuts de notre idylle était laborieuse. Cela nous frustrait bien évidemment, mais en apprenant sur le tas, ma femme a vite acquis les bases de ma langue. Nous avons eu deux enfants, tous les deux entendants. Je leur ai appris à communiquer et à s'exprimer en LSF. Lorsqu'on est tous ensemble, on signe, on oralise très peu. C'est mieux de signer, les enfants peuvent vraiment s'exprimer, on échange plus facilement. Quelquefois, quand ils parlent entre eux, cela m'énerve et je leur demande d'arrêter et de signer.

Avec ma femme, nous avons vécu ensemble pendant presque un quart de siècle. Je partageais mon temps tant bien que mal entre la charge de la famille et la présidence du Centre socioculturel des Sourds de Rennes. Il y avait, entre les membres de l'association, quelques tensions, des conflits internes, ce qui a rendu difficile mon rôle de président. Alors, de septembre 2012 à avril 2013, j'ai suivi une formation pour les chefs d'entreprise dispensée par la Chambre de commerce et de l'industrie (CCI). J'avais fait venir des interprètes, c'était parfait, je comprenais bien et j'apprenais beaucoup. C'est à ce moment-là que j'ai réalisé toute l'étendue de mon ignorance. Je n'avais jamais eu de formation comme celle-là auparavant, je n'avais pas vraiment de vision ou de stratégies pour l'avenir et cela manquait à mon équipe.

Cette formation m'a redonné confiance, j'ai compris que je pouvais aller jusqu'au bout de mes convictions et de mes réflexions. J'ai pris conscience qu'au sein de mon équipe on pouvait tous arrêter d'oraliser pour pratiquer uniquement la langue des signes. Cette position a semblé radicale à certains employés. Quand on entre dans mon entreprise, on doit parler la langue des signes. J'avais envie qu'on soit tous sur un pied d'égalité, que les entendants présents fassent l'effort de signer. J'ai aussi fait appel à des interprètes qui venaient régulièrement à l'association, plusieurs fois par semaine. Petit à petit, la situation s'est améliorée et mon association s'est développée. Lorsque j'étais dans une entreprise entendante, intérieurement je me sentais... comment dire ? Je me sentais mal. Dans une entreprise où la langue des signes est omniprésente, je me sentais plus libre d'imaginer, de créer. C'était en tout cas très différent.

Dans la formation, on évitait de se focaliser sur la gestion des finances, on prenait du recul. On avait une vision plus générale de la gestion en ce qui concerne le marketing, les ressources humaines et les finances. Ces trois éléments sont liés. Chaque personne a de la valeur, personne ne m'avait enseigné ça. Sans la connaissance de ces bases, le risque dans le travail est qu'on fonctionne un peu comme une machine, alors il faut garder ces éléments en tête : le respect de l'individu, la valorisation des idées de chacun, l'organisation des tâches, pour développer l'entreprise et, par-dessus tout, la motivation. Tout ça, je l'ai découvert grâce à la formation et j'en suis heureux. Cela faisait vingt ans que je gérais l'association, mais ce n'est que récemment que j'ai suivi cette formation. J'ai vu un réel changement, l'association a décollé. J'ai retroussé mes manches et j'ai agi. J'ai commencé à donner plus de valeur à l'action.

J'ai dû faire pas mal de dossiers, rencontrer des gens pour des demandes de financement réservé aux Sourds. Dans mes rencontres avec les services publics ou administratifs, j'ai souvent dû montrer que j'étais autre chose qu'un handicapé et que la langue des signes était une vraie langue, qu'avec un interprète on pouvait communiquer sans problème. Il m'a fallu pratiquement à chaque fois rabâcher la même chose, tant l'ignorance des entendants sur nous est énorme. J'ai aussi rencontré des élus politiques, informé des entreprises, des services sociaux, lors de rencontres ponctuelles ou de conférences que je donnais. Je voulais qu'ils prennent conscience que la langue des signes est une langue riche, qu'il pouvait y avoir des professeurs de LSF sourds, et que l'on pouvait aussi aller aussi loin et haut que les entendants, à condition de disposer de moyens adaptés. Divers secteurs nous sont ouverts. Pour ne citer que quelques exemples, nous pouvons monter des pièces de théâtre avec des comédiens sourds, réaliser un film, plaider au tribunal, soigner des malades... Et mille autres choses !

Quand deux visions s'affrontent

Il y a quelques années, une association régionale concurrente, gérée par des parents d'enfants sourds, œuvrait en parallèle dans le même secteur que nous. Je ne la nomme pas ici. Un jour, à la préfecture d'Ille-et-Vilaine, en présence de quelques élus, eut lieu une réunion pour débattre de la question de l'accessibilité des services publics aux personnes en situation de handicap. Il y avait plusieurs associations représentant différents handicaps. Je représentais alors l'Association des Sourds de l'Ille-et-Vilaine. C'était avant l'entrée en vigueur de la « loi handicap » du 11 février 2005. À cet effet, le gouvernement, sous Chirac, avait lancé un grand chantier pour recueillir les expériences et les besoins des handicapés. Le coordinateur-modérateur de la réunion expliquait comment fonctionnait la loi et tout ce que cela impliquait.

Un tour de table invita chaque représentant à exprimer la problématique de son public. Ce fut mon tour. Un interprète était présent pour traduire ce que je disais. Je présentai la problématique des Sourds dans l'usage des espaces sociaux, leurs difficultés d'accès à l'information, les limites de la communication avec les agents des administrations et des services publics. Je précisai que j'avais élaboré mon analyse de la situation des Sourds à partir de leurs propres témoignages. Pour moi, les Sourds n'avaient aucun problème, ils avaient même un énorme potentiel. Si on se trouvait dans des impasses, c'était parce qu'il n'y avait pas assez d'interprètes et que la langue des signes manquait de visibilité. Grâce à elle, nous pouvions tous être égaux, Sourds et entendants. À mon avis c'était plus un problème d'éducation. Cette présentation pouvait paraître présomptueuse, exagérée, voire fausse... Et pour cause, cela allait à l'opposé de ce qui est habituellement pensé sur nous, les Sourds : nous sommes des handicapés, des handicapés lourds, des handicapés de la communication.

Enfin, j'ai insisté sur l'importance de la langue des signes comme vecteur de notre accessibilité à l'information et à la communication, notamment avec le recours des interprètes. Leurs services nous permettent d'être autonomes et d'exercer notre citoyenneté. Mon voisin, qui représentait l'association des parents d'enfants sourds, n'était pas du tout d'accord avec moi : il avançait la nécessité d'une diversité de choix en matière de communication. D'après lui, certains Sourds préféraient l'oralisation avec ou sans « langage parlé complété » (LPC)[2]. Il y a eu des frictions entre nous, car nous n'avions pas la même philosophie. Le fond du problème, disais-je, était que les acteurs de cette association maintenaient les Sourds dans la dépendance, qu'ils ne prenaient pas vraiment en compte leurs besoins, surtout leur langue et leur culture.

Je veux apporter ici quelques précisions sur le prétendu choix d'un mode de communication. Comment pourrait-il

---

2 Le LPC est un code manuel d'aide à la lecture labiale.

exister quand on sait que, dans la politique actuelle, un certain type d'éducation est massivement imposé : l'oralisation, l'intégration scolaire en milieu entendant et l'implantation cochléaire. Où est notre choix dans tout ça ? Le bilinguisme, autant le chercher comme une aiguille dans une botte de foin. Les quelques parents qui ont fait le choix de la LSF doivent se livrer à un parcours du combattant, encore actuellement.

Quelque temps après, j'ai reçu une lettre de l'association de parents et j'ai été surpris à sa lecture : ce courrier évoquait l'oralisation, le LPC et les interfaces[3]. Je n'entre pas dans les détails, mais, en résumé, les responsables de l'association m'invitaient à les rencontrer pour en parler. Sautant sur l'opportunité d'une possible ouverture, avec un collègue sourd, nous sommes allés les rencontrer. À notre arrivée, il y avait le directeur de l'association, à côté de lui, sa femme la présidente et plusieurs autres personnes. Nous nous sommes assis et nous avons écouté. Ils nous ont expliqué pourquoi ils n'étaient pas d'accord avec nous. Je n'étais pas convaincu par ce qu'ils disaient, alors je leur ai parlé de mon expérience. J'avais constaté autour de moi que les Sourds avaient de réelles difficultés, qu'il y avait un vrai problème et qu'il fallait le montrer. Le ton est un peu monté, nous n'étions vraiment pas d'accord. Nous ne voulions évidemment pas céder. Ils nous reprochaient d'avoir fait, lors de la réunion à la préfecture, une présentation déformée de la situation des Sourds. Cela risquait, d'après eux, de compromettre leurs relations avec les administrations, notre discours réduisant à néant le travail qu'ils avaient mené sur le terrain depuis plusieurs années. Comme s'il n'y avait qu'eux pour faire du bon travail !

La tension est montée un cran. Je leur ai fait remarquer que, ne parlant pas la langue des Sourds, ils ne pouvaient pas les rencontrer véritablement, être à leur écoute, prendre en

3 Les interfaces sont des personnes qui ont pour fonction d'aider à la communication. Ce métier, créé par l'Association nationale des parents d'enfants déficients auditifs (ANPEDA), est censé pallier le manque d'autonomie de certains Sourds ne pouvant pas utiliser les services d'un interprète.

compte leurs expériences, leurs problèmes et leurs besoins. Ils se trouvaient donc à porte-à-faux dans leur mission auprès des Sourds : ils s'occupaient d'un public dont ils ne connaissaient pas la langue, voire la méprisaient ! Moi-même, pour communiquer avec eux, il me fallait passer par l'interprète.

Nous leur avons dit que, s'ils avaient toute légitimité pour s'occuper des enfants sourds, qui relèvent effectivement de leur responsabilité, il n'était pas normal qu'ils continuent à s'occuper de nous, adultes. Cela nous place dans un rapport infantilisant, comme si nous avions besoin de parents à vie pour s'occuper de nos affaires...

Nous ne sommes évidemment pas contre les parents en tant qu'individus, ils sont certainement portés par les meilleures intentions à l'égard de leur enfant sourd. Dans les débuts de la découverte de la surdité de leur enfant, ils sont en plein désarroi et se tournent d'emblée vers la médecine toute-puissante. Nous pouvons le comprendre : ils ont besoin d'être accompagnés, d'être informés, rassurés. Mais la politique actuelle les canalise systématiquement sur la filière des soins et les écarte de nous. Ils sont tenus ignorants de nos réalités. Nos expériences peuvent les aider en ce sens, nous ne demandons pas mieux que de les partager et c'est aussi pour eux que le projet de ce livre a émergé. En revanche, nous contestons l'attitude des associations de parents qui pratiquent la politique de l'autruche et dont les vues se cristallisent systématiquement autour du déficit auditif, excluant notre expérience. Je souhaite qu'il y ait de leur part plus de respect, plus d'ouverture et plus de sympathie.

Sourds et Bretons, même combat

Chaque année, dans le monde, les Sourds fêtent la Journée mondiale des Sourds (JMS). Elle a lieu à la fin de septembre. En 2013, à cette occasion, le collectif des Sourds de Bretagne a organisé une manifestation à Rennes avec des stands, des conférences, des tracts, des représentations artistiques, des fêtes, etc. Cela s'est passé sur la place du Parlement de Bretagne. Le but était de faire découvrir notre monde, le « monde des Sourds ». Nous mettions bien sûr notre langue en avant, il y avait même des initiations à la langue des signes et des ateliers pour les enfants entendants et sourds. Je tenais un stand pour présenter le collectif OSS2007 qui venait d'organiser la fameuse marche Paris-Milan à laquelle j'avais moi-même participé. La place était envahie par la foule sourde, ce qui lui donnait, avec le ballet des mains, un aspect surréaliste.

Sur l'invitation de Lionel Cloître, président du Collectif des Sourds de Bretagne, Lena Louarn, présidente de l'Office public de la langue bretonne, a fait un exposé sur sa politique de protection et de développement de cette langue. L'interprétation a été assurée par Laure, qui connaît les trois langues : le breton, le sourd et le français. Lena Louarn a parlé des langues minoritaires, de leur répression sous le gouvernement de Jules Ferry, du patrimoine culturel, des écoles Diwan qui dispensent un enseignement intégralement en breton, de la lutte des Bretons pour que leur langue acquière un statut constitutionnel, etc. J'étais fasciné par son discours et, en tant que militant, j'ai adhéré d'emblée à sa vision et me suis retrouvé en territoire connu : nous avions les mêmes préoccupations, elle pour le breton et moi pour la langue sourde.

Plusieurs semaines après, j'ai eu un entretien avec Lena Louarn à son bureau, au service des langues de Bretagne du conseil régional. Nous avons échangé longuement par l'entremise d'un interprète. Elle a été surprise d'apprendre que notre langue est encore réprimée et qu'une grande majorité d'enfants sourds en sont privés. À aucun moment, il n'a été question entre nous de déficit auditif, d'oralisation, d'intégration scolaire, bref de tout un vocabulaire généralement utilisé par les blouses blanches entendantes, de ceux qui savent ce qui est bon pour nous... Nous avons parlé de langue, de culture, de patrimoine, de bilinguisme... En matière de développement linguistique, à travers les écoles Diwan, les arts et diverses actions de médiatisation, les Bretons ont fait tout un chemin et se sont constitué un ensemble de ressources, de services, une reconnaissance de la région avec des financements importants et du personnel salarié. J'en étais jaloux ! Et pour cause, même la Fédération nationale des Sourds de France ne reçoit aucun aide de l'État et elle doit faire face avec beaucoup de difficultés au manque de moyens. L'écart majeur entre la politique des Bretons et la nôtre tient à ce que nous n'avons pratiquement aucun pouvoir sur l'éducation des enfants sourds ! Les enfants bretons peuvent, si les parents le veulent, être immergés durant leur scolarité dans la culture bretonne et recevoir un enseignement en breton. En Bretagne, tout un réseau d'écoles assure la filière en breton jusqu'au bac.

Lena Louarn a proposé de mettre à notre disposition les ressources de son office public pour que nous puissions développer notre politique linguistique et même créer un office public de la langue des Sourds sur le même modèle. C'est un chantier énorme et de longue haleine, une opportunité à saisir. Il faut pour cela que quelques Sourds s'y engagent dans la durée.

Je me sens bien plus en accord avec les militants bretons qu'avec les représentants de certaines associations de parents. Certes, des parents se regroupent dans des associations qui reconnaissent la valeur de la langue des signes et prônent le bilinguisme, mais ils sont vraiment minoritaires. Avec les Bretons, la communication est simple et détendue, je me sens placé sur un pied d'égalité. Nous parlons des mêmes thèmes, nous avons les mêmes préoccupations en tant qu'usagers et défenseurs d'une langue minoritaire. Il n'y a pas de la part des Bretons de condescendance à notre égard. Bien au contraire, je me sens respecté et, en plus, ils me donnent l'impression que je leur apporte quelque chose. C'est une relation saine d'égalité et de fraternité. En revanche, avec les parents défenseurs de l'idéologie oraliste, ce n'est jamais simple ni détendu. Nous n'aimons pas qu'on s'occupe de nous sans nous demander notre avis, qu'on parle à notre place. Beaucoup de Sourds n'approuvent pas leur action, est-ce qu'ils le savent ? Ils devraient être proches de nous, mais ce n'est pas le cas. Ils se positionnent systématiquement sur la défensive. Pourquoi ont-ils peur de nous ? Pourtant, nous sommes prêts à échanger avec eux, à partager avec eux notre expérience. Pour cela, il faudrait qu'ils oublient un peu nos oreilles... et regardent plutôt nos yeux et nos mains.

De l'interdiction de la LSF à sa diffusion à vaste échelle

Je dirige depuis quelques années le centre de formation Visuel-LSF Bretagne à Rennes. Son objectif est d'offrir à tous les publics des cours de LSF. Mon équipe est constituée d'une secrétaire bilingue chargée des relations extérieures, du suivi des divers dossiers et des inscriptions, et de deux formateurs sourds de LSF. Mon organisme est rattaché à Visuel-LSF France qui coordonne onze centres régionaux. Cet organisme national est chargé d'unifier les programmes d'enseignement de la LSF. Tous les formateurs sont titulaires du diplôme de premier cycle universitaire (DPCU) délivré par l'université Paris-VIII.

Nous intervenons auprès de différentes structures : des entreprises qui ont un ou plusieurs employés sourds ou qui projettent d'en embaucher un, des services publics qui envisagent d'accueillir le public sourd, des administrations et divers organismes privés. Nous faisons des sensibilisations sur les Sourds : leurs réalités de vie, leur langue, leur culture, leur histoire, leur insertion dans le monde du travail, etc. Nous assurons des cursus d'enseignement de la LSF en conformité avec le Cadre européen commun de référence pour les langues (CECRI). Les programmes ont été élaborés par l'équipe de Visuel-LSF France durant de longues années. Nous intervenons parfois auprès des enfants et des adolescents avec de courtes sessions de découverte de notre langue et du monde des Sourds. J'aime beaucoup ces interventions.

Notre programme complet de LSF-langue seconde représente un volume horaire total de six cents heures sur cinq mois. Nous recevons des publics diversifiés : des étudiants, des chefs d'entreprise, des entendants devenus sourds, des parents d'enfants sourds, des professionnels de l'éducation des Sourds, etc. Nombre de ces entendants qui viennent apprendre notre langue ne le font pas par nécessité professionnelle, mais par curiosité. Certains sont attirés par sa beauté visuelle, d'autres par son potentiel de communication corporelle.

Grâce à la formation d'entrepreneur que j'avais suivie à la CCI de Rennes il y a quelques années, je dispose des compétences de base pour gérer mon centre. Ma surdité ne pose pas de problème. Pour la communication avec l'extérieur, je fais appel aux interprètes.

De l'interdiction *de facto* à la diffusion à grande échelle, la langue des signes française a fait son chemin. Cette langue attire des catégories diversifiées de la population. À partir des années 1980, la société s'ouvre progressivement aux Sourds. Nous sommes loin du temps où il était impensable que cette langue entre à l'université comme matière d'enseignement ! En quelques décennies, partout en France, des dizaines de Sourds sont devenus directeurs et assurent eux-mêmes la diffusion de la LSF.

Cette évolution positive vaut pour la LSF-langue seconde, celle qu'apprennent les entendants. La LSF est même entrée dans le programme de l'Éducation nationale comme option au bac. En revanche, alors que les entendants ont la possibilité d'élargir avec la LSF leur palette de compétences linguistiques durant leur scolarité, les enfants sourds dans leur grande majorité sont encore à l'heure actuelle privés, eux, de leur propre langue ! C'est grave parce que c'est la seule langue par et avec laquelle ils peuvent se développer pleinement sur tous les plans. C'est une grande injustice !

À la poursuite de mon rêve

Pendant une vingtaine d'années, je me suis beaucoup investi dans le Centre socioculturel des Sourds de Rennes, que j'avais fondé en 1991. Nous avons mis en place de nombreuses activités : cours de langue des signes, centre aéré, conférences... C'était dynamique et valorisant. La communauté sourde de Rennes et des environs a été surprise de notre capacité à mettre tout cela en œuvre. Mon exemple a montré que tout cela nous était possible, à condition que nous trouvions les moyens pour y arriver : recours à des services d'interprètes pour les rencontres avec d'autres associations, pour la collecte d'informations, participation à des formations à la gestion d'une association (salariés, budget, communication...).

Ainsi que je l'ai dit, je poursuis actuellement la diffusion de la LSF dans le cadre de Visuel-LSF Bretagne. Je suis satisfait du chemin tracé, mais il me reste une préoccupation, voire un regret : nous consacrons beaucoup d'énergie à favoriser l'ouverture des entendants à notre monde, à leur permettre d'accéder à notre langue. Mais que faisons-nous pour nous-mêmes ? Pour nous donner les moyens de nous redresser, pour réparer les dégâts de la stigmatisation qu'induit l'oralisme, pour retrouver la confiance ?

J'envisage donc, dans le cadre de mon activité à Visuel-LSF, de faire évoluer l'organisme et de mettre en place des cours de « LSF-langue première » pour les Sourds. Cela suppose de trouver des moyens particuliers, notamment financiers. Mais c'est tellement important pour nous de nous approprier ou nous réapproprier notre propre langue !

Mon objectif est de soutenir ma communauté pour l'aider à évoluer et avoir une vie meilleure. C'est pour cette raison que j'ai décidé de rejoindre le mouvement OSS2007 et de m'engager dans la longue et mémorable marche de Paris à Milan. Nous avons tant à faire pour nous faire connaître et reconnaître. Il nous faut nous mobiliser, informer sans relâche. Aux États-Unis, il y a eu une vraie évolution : les Sourds ont accès aux hautes études, à des métiers très variés, ils ont leur place dans la société. C'est le cas également en Suède et dans d'autres pays dans lesquels la langue des signes est reconnue. En France, nous avons beaucoup de retard. Et on ne peut pas laisser les choses comme elles sont.

Nous devons transmettre notre histoire et notre culture à nos enfants et petits-enfants. Honte à nous si nous ne le faisons pas. Il est primordial que nous nous battions pour soutenir notre communauté et que nous transmettions notre héritage culturel aux prochaines générations.

Jeanine

Comment s'est passée ma petite enfance ? Je sais que je suis née sourde, le 26 juillet 1951, de parents entendants et que j'étais leur premier enfant, mais je n'ai pas de souvenirs de ma petite enfance... Peut-être que l'angoisse de mes parents face à ma surdité, leur désir de me faire parler comme un entendant et l'absence de langue des signes ont créé une situation qui ne m'a pas permis de me souvenir. Je pense que c'était difficile pour moi de passer par l'oral plutôt que par la langue des signes, toujours est-il que je ne me souviens de rien. Ce manque de communication a agi comme une gomme, n'a pas permis à ma mémoire de graver des faits marquants pour moi ; donc, je ne me remémore pratiquement rien de ma petite enfance.

De mon enfance, à peine quelques bribes de souvenirs...

J'aurais aimé avoir davantage de souvenirs... Peut-être est-ce dû à mon environnement familial... J'étais la première, sourde en plus, et mes parents ont focalisé toute mon éducation sur l'oralisme. Un an après moi, ma sœur est née, sourde elle aussi. Mes parents m'ont peut-être mise de côté pour s'occuper d'elle... Ou alors c'est peut-être à cause de la manière dont on s'est occupé de moi... Je ne sais pas trop. L'année suivante, ma mère a accouché de mon frère : celui-là entendait ! Quel soulagement pour les parents ! Ils ne s'occupaient plus trop de nous, d'ailleurs personne ne savait comment éduquer un enfant sourd. Enfin, la dernière est née sept ans après, sourde elle aussi.

La communication se faisait par l'oral : rien de visuel, pas de langue des signes. Peut-être est-ce une explication au fait que je ne me souviens de rien ? Je suppose qu'un bébé qui baigne dans la langue des signes se développe et apprend plus vite et peut avoir plus de souvenirs par la suite...

Ma sœur et moi, nous n'allions pas à l'école, jusqu'à ce que nos parents nous placent au Centre d'éducation spécialisé pour déficients auditifs (CESDA) à Toulouse, rue des Trente-Six-Ponts. C'était un établissement oraliste, bien sûr. Je ne me souviens même pas de l'âge que j'avais lorsque j'y suis entrée, peut-être cinq ou six ans. Je me rappelle seulement des énormes portes qui s'ouvraient, des sœurs en uniforme gris à jupe bouffante et à coiffe blanche. Je ne me souviens que de la cour de récréation, pas de la classe. Je ne sais plus comment s'est déroulée ma scolarité. Je ne me rappelle à peu près rien de ce que j'ai fait entre six et huit ans, sauf de deux exercices qu'on nous demandait. On nous plaçait de gros casques sur les oreilles et il fallait répéter le son « ba » en tenant un ballon de baudruche devant la bouche, il fallait émettre des sons avec la voix... Pour l'autre exercice, il fallait mettre de l'eau dans la bouche et se gargariser pour produire le son « R ». Je serais en revanche incapable de restituer le contenu des cours et je ne me rappelle pas non plus si j'étais contente d'être à l'école. Ah si ! Je me souviens que j'étais interne, donc que je ne rentrais chez mes parents que le week-end. Pour le reste, ce sont des bribes de souvenir... On sortait jouer dehors, je me souviens un petit peu des enseignants.

Souvent, à la fin de la semaine, ou plutôt à la fin du mois, la sœur nous attribuait un carton qui attestait qu'on avait bien travaillé, il y avait un joli dessin avec des fioritures, j'ai oublié la phrase exacte, mais cela nous donnait des bons points. Je commence à avoir des souvenirs un peu plus précis vers mes quinze, seize ou dix-sept ans, mais ça reste très léger, je ne me rappelle que vaguement des cours. Dommage ! [*Sourire.*] Je me souviens de Raymonde. Elle aussi était sourde, on a grandi ensemble, on fréquentait la même classe, on étudiait l'histoire, les mathématiques... Raymonde avait des facilités dans ces matières. J'étais un peu moins douée en histoire. J'étais en revanche plus portée sur les travaux manuels, surtout sur la couture. On avait le même niveau de scolarité.

Je ne sais plus à quel âge j'ai eu mon premier appareil auditif, entre sept et onze ans. Les sœurs nous avaient amenées, Raymonde et moi, à Paris, pour nous faire poser des prothèses auditives. C'était la première fois que nous en portions. Il faut savoir qu'à l'époque, à la fin des années 1950, c'était une technologie toute nouvelle. Je ne me souviens plus vraiment de ce qui s'était passé, mais je sais que j'étais revenue avec un boîtier, sur le devant de la poitrine, servant d'appareil auditif. Une fois appareillée, je n'ai pas tout de suite distingué les sons, il m'a fallu un temps d'adaptation. Je ne sais pas trop comment était ma vie à ce moment-là. J'ai tout oublié au sujet de ce boîtier, de son usage, de l'entraînement que je pratiquais pour m'exercer à entendre. C'est vrai que j'étais timide et donc un peu dans mon coin.

J'ai donc été oralisée tout le long de mon enfance... En grandissant, je lisais sur les lèvres et m'exprimais vocalement. À l'école, nous oralisions, bien entendu, on travaillait notre voix. J'ai oralisé jusqu'à la fin de ma scolarité, j'ignorais qu'il existait une langue des signes. Nous utilisions des signes, mais il s'agissait plus d'un code, de mimes. Je me souviens surtout de l'oralisation. Dans ma famille, on passait également par la voix, j'essayais de comprendre. Mes parents tentaient également quelques mimes. Ils ne se contentaient pas uniquement de parler, leurs paroles étaient toujours accompagnées de gestes et de pointages. Nous étions trois sœurs sourdes, il fallait bien qu'ils s'adaptent pour qu'il y ait un échange. C'était plus un code, mais essentiellement constitué autour de l'oralisation : j'arrivais à comprendre ce qu'on me disait et moi-même, j'oralisais. Mon père parlait avec la voix, mes sœurs aussi... Mon frère également. Parfois, je ne comprenais pas, mais ça se passait bien. On ne se posait pas de questions. C'était comme ça dans la famille, on ne connaissait pas autre chose. Mon père m'emmenait toujours avec toute la famille à la pêche ou dans divers loisirs, mais il ne m'a jamais accompagnée au foyer des Sourds ou dans d'autres endroits pour que je rencontre des personnes sourdes. Par la suite, quand j'ai commencé à sortir, j'ai rencontré des Sourds dans un foyer, mais eux aussi oralisaient. J'oralisais constamment alors que, même avec un appareil, je n'entendais pas ce qui se disait autour de moi. Ou plutôt j'entendais quelque chose, mais je ne comprenais rien. Par exemple, si un bruit fort se produisait, je ne savais pas de quoi il s'agissait, il fallait que je voie pour comprendre. Je ne constatais aucun progrès apporté par l'appareillage. Aucun !

Durant mes trois dernières années d'école, j'ai préparé un CAP, j'ai appris la couture, la puériculture et la cuisine. Nous avions des poupées pour nous entraîner. Dans le programme de formation, en plus de la couture et de la puériculture, il y avait du dessin et de la dactylographie sur des machines à écrire mécaniques. J'adorais la couture, le dessin et la cuisine. Pour moi, ces trois ans ont vraiment été intéressants et m'ont été utiles pour la suite. Pendant cette formation, j'étais avec mes deux sœurs, c'était bien d'être ensemble, il y avait des moments agréables, on jouait ensemble, mais je n'ai pas beaucoup de souvenirs... La dernière année, je passai au statut d'externe. Fini l'internat ! Tous les jours, je faisais le trajet maison-école. Je prenais le bus tantôt seule, tantôt avec ma sœur. Je portais toujours sur ma poitrine un boîtier amplificateur relié à mes oreilles par des fils, mais je les camouflais toujours. Mes deux sœurs portaient aussi le même type d'appareil. Ensuite, j'ai eu deux nouveaux appareils miniaturisés et plus discrets, des contours d'oreille. Je ne peux dire à quel âge, je suis incapable de dire si j'ai eu ces contours pendant ma scolarité ou après.

L'entrée dans la vie active

J'ai terminé ma scolarité à l'âge de dix-neuf ans, en juin 1971, après avoir obtenu mon CAP de couturière. Tout de suite après, j'ai été prise comme stagiaire chez Airbus pour un poste d'employée de bureau. J'ai trouvé ce stage parce que mon père travaillait à Airbus, et était aussi président de l'Association des parents d'enfants handicapés à Airbus Toulouse, l'APEIHSAT. Ma sœur a aussi été embauchée. J'ai d'abord travaillé un mois en tant que stagiaire. Cette période d'essai s'étant bien passée, j'ai eu un contrat de six mois supplémentaires ; à la suite de cela, j'ai été embauchée définitivement comme employée de bureau. J'avais vingt ans.

Mon père a contribué à la création de l'APEIHSAT, dont il a été le premier président. À son initiative, l'association s'est portée acquéreuse d'un vaste terrain au village de Saint-Lys, proche de Toulouse. Par la suite, une petite maison y a été construite pour en faire un foyer de vie pour les enfants handicapés, dénommé « L'espoir ». Mon père s'est beaucoup investi dans ce projet depuis ses débuts. Grâce à lui, ma quatrième sœur, de sept ans plus jeune que moi, a été embauchée dans cet établissement pour travailler à la blanchisserie. C'était un travail pénible avec de lourdes masses de linge à porter, laver, plier, repasser, coudre... Avec le temps, ce foyer s'est agrandi et s'est adjoint de nouveaux bâtiments. Après avoir longtemps occupé le poste de président de l'association, mon père en est devenu président d'honneur. Jusqu'à sa mort, il a toujours été attaché à ce foyer.

Dans ma famille, on continuait à communiquer par la parole. Je ne me souviens pas comment mes débuts au travail se sont déroulés. J'étais tellement concentrée sur les tâches à accomplir que je ne me rappelle pas ce qui se passait autour de moi, comment les gens se comportaient avec moi. Ils devaient parler et moi, je pense que je ne comprenais pas grand-chose…

Dans l'environnement du travail, j'étais la seule Sourde si bien que je ne m'impliquais pas dans la communication, ni dans les relations sociales. Je ne me sentais utile que dans la réalisation des tâches qui m'accaparaient. Sinon, côté relationnel, c'était le désert, il ne se passait pratiquement rien. Et en plus j'étais complètement en dehors de la circulation des informations internes à l'entreprise. Les journées se déroulaient pareilles à elles-mêmes. Je ne vivais rien de bien intéressant à l'intérieur de l'entreprise. Ma mémoire ne s'accrochait à rien du tout, si bien que j'ai oublié tout ce que j'y ai vécu. Aucun souvenir marquant.

Mais je n'étais pas malheureuse. Globalement, de mes trente-cinq années de travail à Airbus, à Toulouse, puis à Nantes pendant dix ans et de nouveau à Toulouse, je garde un souvenir mitigé, ni bon ni mauvais. J'ai eu la chance d'avoir un travail qui me plaisait et j'avais de bons rapports avec mes collègues. Tout se passait bien si ce n'était l'absence de la LSF dans mon environnement de travail. Le fait que l'on ne comprenne pas ce que je disais me frustrait, mais je me débrouillais avec des mimes. Même avec mon appareil, j'entendais des bruits, mais je ne distinguais pas les sons. Je ne pouvais pas comprendre ce qu'on me disait, mais je continuais à porter cet appareil et à oraliser.

Je voyais la LSF sans la voir

Pour ce qui est des sorties, je faisais peu de rencontres à Toulouse. J'avais quand même un groupe d'amis avec lequel je suis souvent sortie pendant ces deux premières années de travail à Airbus Toulouse, mais je ne faisais pas attention à la LSF, je n'avais pas conscience que ça existait. Je rencontrais bien des Sourds qui utilisaient des signes, mais je ne me rendais pas compte que c'était de la LSF. Je ne pouvais pas faire vraiment la distinction entre leur communication et la mienne. Ils oralisaient... Ma famille, mes sœurs oralisaient, mais le groupe de Sourds, peut-être pas finalement... Je ne me souviens plus. J'ignorais l'existence de la LSF, cela me semblait une sorte de code différent de l'oralisation. Quand je voyais leurs signes, je n'étais pas convaincue : je ne voulais pas signer comme eux. Moi, j'oralisais de plus en plus en articulant. Ces signes-là ne me plaisaient pas, je n'en voulais pas.

Je ne me rappelle pas comment j'ai pris mes distances par rapport à tout cela. J'ai eu quelques amis, toujours le même groupe. On allait au club automobile ou au foyer des Sourds d'Albi. On assistait à des rallyes. Un jour, l'équipe de football de Nantes est venue à Toulouse pour un match. J'ai vu celui qui allait devenir mon mari : ce fut le coup de foudre ! Je suis tout de suite tombée amoureuse de lui. Il avait une belle prestance, il était malentendant et oralisé. J'ai été attirée par lui pour ça aussi, il me plaisait. Je n'étais pas du tout attirée par les Sourds qui signaient. On ne signait pas entre nous, on avait un genre de code. Il parlait bien, il était comme un entendant et j'étais séduite par son apparence. Il portait un appareil auditif et il semblait parler avec aisance. Il avait fière allure, j'étais fascinée.

On se retrouvait souvent à Bordeaux. C'est pour cela que, dans cette période, je n'ai pas rencontré beaucoup de Sourds de Toulouse. Je me suis mariée et j'ai déménagé à Nantes. Ma mutation a été facile puisqu'il y avait un site Airbus là-bas. Je continuais à oraliser, j'ignorais tout de la LSF. Quand j'ai quitté Toulouse, toute ma famille était triste. Je leur manquais. J'étais la première à partir et cela laissait un grand vide, surtout à mes parents.

Je suis restée dix ans à Nantes. En quittant Toulouse, j'ai laissé le groupe d'amis que je connaissais depuis l'école. À Nantes, avec mon mari, nous nous sommes fait de nouveaux amis, tous oralisés. Peut-être parce que je restais toujours dans ce petit monde oraliste, je n'ai pas pris conscience du fait qu'il existait tout un monde des Sourds avec des associations, une culture, etc. Globalement, c'est une période où il n'y a rien à dire, car j'étais toujours timide, mal à l'aise à l'oral et assez repliée sur moi-même.

J'ai bien rencontré des Sourds dans les alentours : Rennes, Cognac, Poitiers... Je me suis fait pas mal d'amis, mais c'était toujours des Sourds qui oralisaient entre eux, même en couple, et avec les entendants. On allait bien au foyer des Sourds, mais aucun de nous ne connaissait la LSF, nous oralisions tous entre nous. Les Sourds du foyer restaient en groupe et signaient entre eux. Je voyais leurs gestes plutôt comme un code bancal, j'étais loin de penser que c'était la LSF. Je ne voulais toujours pas de ces signes, que je regardais même d'un mauvais œil.

Nous avions le même groupe d'amis, avec lesquels nous oralisions. Dans la famille de mon mari, ils étaient tous entendants, ma belle-sœur, mon beau-frère, etc., et donc pendant cette période à Nantes nous ne faisions qu'oraliser. Pendant nos cinq premières années de vie commune, mon mari et moi n'avons pas eu d'enfant, je ne sais plus si nous n'en voulions pas ou quoi... Je ne sais plus. Et puis, au bout d'un moment, on en a eu envie. Pendant ma grossesse, ma belle-mère disait que si c'était un garçon, il serait entendant, et si c'était une fille, elle serait sourde. C'était le médecin qui l'avait dit. Ses propos m'agaçaient. Nous avons donc eu notre fils Jérémy, entendant. Ma belle-mère avait toujours des conseils à me donner à propos de l'enfant, elle s'inquiétait, mais moi, ça m'énervait.

Nous oralisions avec notre enfant. Mon mari était malentendant mais il pouvait téléphoner, il parlait bien. Il communiquait vocalement avec notre fils. Quant à moi, je mimais et utilisais ma voix, mais je ne sais pas s'il comprenait tout ce que je lui disais... La communication avec lui se passait généralement bien, même s'il y avait parfois des incompréhensions. Mais il faut dire qu'il est habitué à ma voix, contrairement aux personnes extérieures à ma famille, pour lesquelles ma voix est souvent incompréhensible et qui me prennent souvent pour une étrangère.

Quand mon fils était petit, je ne lui lisais que rarement des livres, car pour moi l'oral n'allait pas de soi. Je ne lui racontais jamais d'histoires ou de contes en LSF. Récemment, je suis allée chez un couple d'amis sourds qui ont un enfant entendant, sa mère lui raconte des contes en LSF. J'ai trouvé ça génial ! Mais à l'époque, c'était quelque chose que je ne connaissais pas et que je ne pouvais imaginer !

Mon fils a grandi normalement. Nous sommes restés à Nantes jusqu'à ses quatre ans. Tout se passait bien. Mon mari travaillait comme intérimaire pour le compte d'un artisan et tous les deux partaient souvent en déplacement. Puis un jour son patron est tombé malade, donc il faisait les déplacements seul. Il partait très souvent et loin, je restais seule avec mon fils. C'est pourquoi, quand Airbus a proposé du travail à Toulouse, car il y avait de moins en moins de travail à l'usine de Nantes alors qu'à Toulouse, au contraire, les besoins augmentaient, j'ai sauté sur l'occasion et j'ai décidé de postuler. Cette proposition tombait bien. Je voulais effectivement changer de lieu de vie et surtout me rapprocher de ma famille. Mon mari était d'accord, car son travail n'allait pas très fort et il en avait assez de ces déplacements. Une mutation n'était pas chose facile, mais je m'étais portée volontaire, je connaissais bien Toulouse, j'avais de la famille là-bas, c'était différent d'une mutation pour un endroit inconnu. Et mon père, par son association, avait appuyé ma demande auprès du directeur. J'étais impatiente de pouvoir retrouver ma famille. Enfin, ma demande a été acceptée, mon fils avait donc quatre ans à l'époque, et nous avons déménagé. Grâce à ma famille, la réinstallation à Toulouse n'a pas été difficile. Pour le travail, ça s'est bien passé ; j'étais aux services administratifs, plus précisément aux ressources humaines, et j'exerçais la fonction de perforeuse et d'informaticienne.

Grâce à la LSF, j'ai découvert mon identité à cinquante ans !

J'avais mon groupe d'amis, toujours composé des mêmes personnes, on a continué à se fréquenter pendant plusieurs années. D'autres Sourds travaillaient à Airbus à Toulouse, mais, étant dans le secteur administratif, je ne le savais pas. Un jour, après mon divorce en 1999, un collègue sourd, Benoît, est venu me voir au travail. Il m'a demandé si j'étais sourde, j'ai répondu : « Oui », et il m'a appris qu'il y avait à Airbus différentes sections linguistiques pour apprendre les langues : l'italien, le flamand de Belgique... et qu'une section LSF venait d'être créée.

La « LSF » ? Je ne savais pas ce que c'était. Je me suis quand même portée volontaire pour participer aux cours. Au total, nous devions être une douzaine de Sourds. Les cours avaient lieu dans les locaux d'IRIS. Et là, la révélation ! Le déclic ! Comment avais-je pu passer à côté de cela ? Je trouvais enfin mon identité : la LSF. C'était celle-là, et pas une autre ! C'était formidable ! D'un coup, le monde s'ouvrait tout grand à moi ! J'ouvrais enfin les yeux, j'étais bouleversée. J'avais soif d'apprendre cette langue et de continuer encore et encore ! J'étais transportée !

J'ai suivi une première formation pendant six semaines, mais cela ne me suffisait pas, je voulais approfondir mes connaissances et j'ai donc participé à une deuxième session. Ce qui était dommage, c'est que je ne signais qu'en cours, une fois chez moi j'étais seule... Enfin, avec mon fils qui vivait encore avec moi. Mais je sentais que j'avais besoin de signer.

Cette prise de conscience a changé ma vie. Ce fut un « cadeau » merveilleux, si je puis dire. C'est à cinquante ans que j'ai découvert la LSF ! À partir de ce moment-là, je me suis jetée à corps perdu dans les cours. Je suis contente que cette formation m'ait été proposée et que j'aie pu y participer. J'ai compris que jusqu'alors j'avais, nous avions vécu en vase clos, ignorant absolument tout de la vie à l'extérieur.

Dès cette prise de conscience, ce réveil, j'ai voulu « plonger » dans la LSF. Je me suis mise à fréquenter des Sourds et à pratiquer régulièrement la langue des signes. Je suis allée dans plusieurs associations de Sourds. Alors qu'avant j'étais timide, je me suis en quelque sorte désinhibée en découvrant la LSF, je me suis ouverte aux autres et au monde. La différence avec mon demi-siècle d'oralisme est flagrante : je suis sûre que la LSF est mon identité, cette langue a tellement de valeur pour moi.

Il y a un fossé énorme entre ce que j'ai vécu en oralisant et ce que je vis en pratiquant la LSF. Dans la première situation, j'étais comme anesthésiée, je ne ressentais pratiquement pas d'émotions. Même le français écrit m'apparaissait terne, dénué de sens. Lorsque j'ai découvert la LSF, j'avais accès aux complexités de la langue. J'ai pu percevoir ses richesses et ses subtilités. Cela m'a permis de changer de regard sur le français écrit, de mieux comprendre le sens de ses phrases, ce qui est difficilement accessible par l'oral. Alors maintenant, quand il s'agit d'écrire, même des phrases simples, je sais qu'il ne me faut pas suivre l'oral qui me bloque et dont je ne maîtrise pas le sens. Je ne veux plus écrire n'importe comment. En revanche, si j'ai recours à la langue des signes, je peux écrire, faire du sens, dire des choses, dire mes émotions et le dire bien, c'est beau... C'est d'une immense richesse et je suis loin d'en être arrivée au bout ! En français oral, c'est d'une pauvreté ! Pas d'émotion, c'est triste... Côté LSF, c'est merveilleux, tant de choses que l'on peut dire... C'est une langue, une vraie langue. Merci de ce cadeau, merci à l'abbé de l'Épée, pour ce qu'il nous a légué, je ne peux imaginer ce que nous serions sans cette langue !

Les gens de ma famille, eux, n'ont pas changé, ils sont toujours dans l'oralisme. Je leur ai expliqué, mais c'est difficile de partager ma découverte de la LSF. L'oralisme est enraciné dans une longue histoire, il a la vie dure et ma famille me ramène toujours à ce mode de communication malgré ma volonté de tirer de l'autre côté. Avec ma sœur, la communication... Comment dire... Quand j'ai eu cette révélation de la langue des signes, la communication avec la plus jeune de mes sœurs m'est apparue comme incertaine, incomplète... J'ai dû m'adapter avec effort, mais c'est insatisfaisant, décevant... C'est tellement plus beau, plus simple, avec la langue des signes... Cette communication réduite de l'oral m'a renvoyée à ce que j'étais avant : j'étais comme elle ! Ce mode n'est qu'une succession de codes, cela n'a rien à voir avec la véritable langue des Sourds. J'ai essayé de lui expliquer que l'on pouvait fréquenter des tas de gens avec qui on pouvait réellement échanger, que c'était riche, qu'il y avait du théâtre... Mais en vain, elle n'a pas suivi mon exemple, c'est dommage !

Avec le reste de ma famille, ça continue comme avant, je fais l'effort de parler avec la voix, d'oraliser pour me faire comprendre... Mais je ne suis plus la même, je suis tellement plus ouverte, je me sens tellement plus vivante. Avant, j'étais frustrée, repliée sur moi-même, timide, alors qu'aujourd'hui j'explose littéralement. D'ailleurs, nombreux sont les gens qui me le disent : « C'est incroyable comme tu t'es ouverte. » Et ils ont raison, je ne suis plus la même. Vouloir s'exprimer en français oral, c'est s'exprimer avec gêne, en n'étant sûre de rien, en craignant tout le temps de ne pas être comprise... C'est terrible ! Comment je faisais avant ?

Il y a vraiment un avant et un après, c'est flagrant ! Aujourd'hui, je suis vraiment moi-même, je me suis retrouvée, j'ai maintenant une identité claire et bien à moi. Et c'est d'une beauté ! Maintenant que je me suis retrouvée, je suis tellement pressée de rattraper le temps perdu, impatiente... Je suis comme l'enfant qui vient de naître, qui découvre le langage et qui a tant de choses à entendre et à dire ! Je sais qu'il n'est jamais trop tard pour bien faire, alors j'ai hâte d'aller de l'avant. De continuer encore et encore, d'aller plus loin avec la langue des signes que j'adore plus que tout ! [*Rire.*]

La création artistique devient possible à tout âge

Donc ça a vraiment été une révélation, une fantastique ouverture, je suis maintenant dans des associations, je participe à tout un tas de choses parce que tout est devenu tellement plus facile ! J'ai pu être membre d'un conseil d'administration et faire d'autres choses encore... Je m'investis dans plusieurs associations. Il en est une que j'ai particulièrement envie d'évoquer : il s'agit du Groupe de travail et de recherche sur la langue des signes, qui se réunissait dans les locaux d'IRIS. J'en garde un très bon souvenir. Cela a duré plusieurs années, nous faisions un travail intéressant d'étude, de création. Depuis la formation dont j'ai pu bénéficier à Airbus, je suis toujours à l'affût de nouvelles formations sur et autour de la langue des signes. Visuel-LSF a actuellement le projet de proposer aux Sourds une nouvelle formation sur la LSF, je ne manquerai pas de m'y inscrire ! Je continue toujours à me former, ce n'est jamais fini.

Un temps, j'ai fait partie du conseil d'administration d'Act's (Art, culture et théâtre en signes). J'y apportais une modeste contribution. C'est dans le cadre de cette association que j'ai créé un atelier de couture pour les Sourds, que je souhaitais initier à cette activité. J'aurais été heureuse de transmettre mon savoir et mes secrets pour qu'ils se perpétuent à la génération suivante. J'ai pu donner à certains des cours de couture, mais peu de gens sont passionnés par cette activité. C'est bien dommage, car ce métier peut permettre de trouver du travail dans les boutiques de confection, ou les magasins de vêtements qui font des retouches. Finalement, j'ai laissé tomber ce projet pour me consacrer uniquement à la confection de quelques habits de théâtre, par exemple une panoplie de robot pour un Sourd connu pour ses actions militantes, Bruno Moncelle, ou des vêtements de scène pour un comédien sourd qui fait des *one-man shows*, Jean-François Piquet. Une année, pour le Festival des arts sourds Sign'Ô, j'ai confectionné des vêtements pour un bonhomme géant de quatre mètres de haut. Ce personnage avait des mains qui bougeaient, si bien qu'il ne passait pas inaperçu ! Cela montrait que la couture permet de faire beaucoup de choses et pas seulement des vêtements. On peut aussi faire des décors.

J'ai également confectionné des porte-clés avec des petites mains en tissu d'environ cinq centimètres de long, avec le nom d'Act's dessus. J'en ai fait un grand nombre, environ quatre cent cinquante pièces, ici chez moi. Quelques personnes venaient m'aider à rembourrer ces petites mains. Quand il passait à la maison, mon fils Jérémy était étonné de me voir en plein chantier jusque tard dans la nuit. Voyant les petites mains s'amonceler en énorme tas, il me disait pour me taquiner que j'étais comme les petites Chinoises qui travaillent dans les ateliers clandestins ! La vente de ces objets à trois euros pièce a permis à Act's de gagner un peu d'argent. L'association a pu ainsi continuer son activité et s'agrandir. Finalement, la vente, qui s'est faite pour l'essentiel lors du festival Sign'Ô, s'est poursuivie lors de différentes manifestations, tout le stock a été écoulé.

J'ai participé deux fois à la création d'un spectacle de marionnettes en confectionnant des poupées avec leurs petites mains et le décor de la scène. La première pièce, intitulée *Poupée*, s'est déroulée au Théâtre du Grand Rond à Toulouse. Elle a été réalisée avec Martine Brusque, première enseignante sourde dans les classes bilingues de Toulouse. C'était magnifique ! J'ai créé le deuxième spectacle, *Les Vieilles Dames*, avec une amie d'enfance de Toulouse et Poupée Palacios, de Toulouse également, qui est intervenue comme metteur en scène. Il a été joué le 10 juin 2016 à la médiathèque José Cabanis, lors du Congrès national des seniors sourds. Après la pièce, il y avait un jeu de marionnettes plongées dans l'obscurité complète. On voyait seulement la tête et les mains tout en blanc. Sur ce fond noir, les marionnettes parlaient la langue des signes. Cela donnait un effet étonnant, les spectateurs étaient enthousiasmés et surpris par notre performance. Grâce à la langue des signes, la création artistique est possible à tout âge, il n'y a pas de limites.

En 2015, j'ai participé aux portes ouvertes organisées par l'Association des parents d'enfants sourds (APES) pour présenter les classes bilingues, lors du trentième anniversaire de leur création à Toulouse. À cette occasion, des salles de classe et la cour de l'école étaient ouvertes au public. Une exposition de photos retraçait l'histoire des classes bilingues depuis leur création. Des vidéos montraient des situations pédagogiques où l'on pouvait voir des professeurs enseigner aux enfants avec la langue des signes. Je garde un souvenir marquant de cette journée : c'était vraiment une découverte extraordinaire pour moi ! C'est merveilleux de voir des enfants dans un cadre où la langue des signes est présente tout le temps, dans la classe comme dans la cour de récréation. Ils sont complètement épanouis ! J'en suis tout admirative ! C'est une éducation tout à fait différente de celle que j'ai reçue. Les photos et les films m'en ont donné un petit aperçu, mais ils m'ont laissée sur ma faim. Je suis curieuse d'en savoir plus et j'aimerais bien assister à une journée entière de classe pour observer ce qui s'y passe, pour voir la manière dont se font les cours et la relation entre le maître et les enfants.

Grâce à la langue des signes, plein de choses sont devenues possibles, c'est formidable ! Je me sens bien dans ma vie, c'est un beau cadeau... C'est la Providence qui a mis la langue des signes sur mon chemin.

La question des prothèses auditives

Après avoir découvert la langue des signes, comme je l'ai dit, je fréquentais davantage les Sourds et m'impliquais dans la vie associative. Mais je gardais quand même mes appareils auditifs, cachés sous mes cheveux. Je les avais durant toute ma formation de langue des signes... Puis je les ai portés de moins en moins, car j'en ressentais moins le besoin. Puis je ne les ai plus pris du tout.

À cette période, la compagnie toulousaine Danse des signes préparait une représentation de *Carmen* en langue des signes. Un opéra en langue des signes ! Dans un premier temps, un extrait a été présenté au public, et ce n'est qu'un peu plus tard que le spectacle a été joué intégralement. J'ai pu assister à une première représentation. J'y suis allée avec mes appareils. J'ai trouvé ça beau, les chants-signes, le jeu sur scène, tout cela, même si je percevais plus ou moins la musique, les sons... La seconde fois, j'ai voulu essayer de suivre le spectacle sans mes appareils, je les ai laissés à la maison. Eh bien, les chants-signes m'ont procuré plus d'émotions, j'ai bien plus apprécié... Les sons que je percevais la fois précédente, je n'en avais pas besoin et j'étais ainsi plus attentive à la langue des signes, plus disponible, plus sensible à ce qui se jouait. La première fois, j'étais finalement perturbée par ce que j'entendais, j'étais comme entre deux modes de perception, le sonore et le visuel, sans vraiment profiter de l'un ni de l'autre.

Car même si nous percevons les vibrations par le corps, la perception sonore, même avec des aides techniques, est toujours laborieuse et incomplète – avec mes appareils par exemple, je ne peux pas distinguer les notes de musique. Et si on met toute son attention à faire l'effort de percevoir les sons si difficiles, voire impossibles à différencier, on ne peut plus être disponible aux éléments visuels, par exemple au jeu des acteurs dans une représentation. Alors que, quand on fait confiance à notre mode privilégié de perception qui est d'une grande efficience pour nous, le mode visuel, on est totalement disponible et on profite pleinement de ce qui se présente à nous.

Maintenant, en journée, je me passe de mes appareils, je n'en ai pas besoin... Depuis quelque temps, je les laisse à la maison pour la journée. Si je regarde un film à la télévision, je les mets car cela peut me servir pour la musique, les bruits, ça aide à comprendre ce qui se passe, mais c'est tout. En revanche, en journée, je n'en ai pas besoin, ça ne m'apporte rien ! On me disait : « Les appareils vont vous faire progresser », mais en réalité ce n'est pas vrai, on reste toujours pareil. Les prothèses ne m'apportent rien, je les laisse maintenant. Alors que la langue des signes, elle, est amplement suffisante, et elle est si belle. Se forcer à entendre, c'est incertain, contraignant, gênant... C'est tellement différent. Quand je pense que j'ai porté ces appareils si longtemps, quand je pense au prix que ça coûte ! Mes parents achetaient des appareils pour mes deux sœurs et moi, c'était très cher ! Quel gâchis ! La langue des signes est tellement meilleure, elle valorise la personne... Vraiment, quel dommage ! Je dis « dommage » maintenant. Mais, dans toute la partie de ma vie qui a précédé cette découverte, je n'en avais pas conscience, donc je ne peux pas dire que j'ai été malheureuse. Même si, au fond de moi, oui, devoir m'exprimer avec ma voix, devoir répéter souvent a été une gêne constante, une grande source de frustration. Pour comprendre, je n'avais comme seule ressource que d'être entièrement focalisée sur les lèvres de mes interlocuteurs. Et, pour m'exprimer, j'étais toujours inquiète : est-ce que je parlais bien ? Est-ce que les gens me comprenaient ? Je n'en savais rien. Dans ma famille, ils avaient l'habitude de ma voix ; bien sûr, il fallait que j'accompagne mes propos de gestes, de pointages ; c'était un mélange de voix, de gestes et ainsi ils me comprenaient.

Avec mon fils, j'ai toujours fait de la même manière, avec ma voix. Maintenant qu'il est grand et que j'ai découvert la langue des signes, il a voulu l'apprendre. J'en ai été très contente, car ainsi il me comprendrait mieux. Il était séduit aussi par cette langue et tant mieux. Il a donc préparé un dossier pour une demande de formation, mais son travail lui a proposé à la même période un déplacement en Allemagne. Mon fils était donc partagé entre son projet d'apprentissage de la langue des signes et cette mission à l'étranger. On en a discuté, je lui ai dit qu'il était libre de privilégier sa carrière et qu'il pourrait toujours reprendre son projet de formation en langue des signes à son retour. Et puis le temps a passé, il est revenu en France, mais n'a toujours pas repris ce projet, il n'en a guère le temps avec son travail. Toujours est-il que je lui ai demandé s'il préférait que je m'adresse à lui en langue des signes ou avec ma voix... Il a préféré la langue des signes, donc je lui parle davantage ainsi. Je continue néanmoins à utiliser ma voix avec lui, mais de moins en moins. Il me comprend bien et puis, bien sûr, il est habitué à communiquer avec moi.

Jusqu'à cinquante ans, donc, je portais mes appareils auditifs, mais je n'entendais quasiment ni les voix ni les bruits. Mon fils, en grandissant, s'est intéressé à la guitare. Quand il en jouait, je percevais des choses avec mes appareils, qui m'aidaient un peu à pénétrer son univers sonore. J'étais évidemment loin de percevoir la finesse des notes de musique mais, au moins, mon fils était content que je partage son plaisir. De ce que j'entendais de sa musique, je ne comprenais pas grand-chose, mais je sentais des vibrations. C'était plaisant. Et puis je partageais des moments avec lui, j'aimais ça. Même encore aujourd'hui, j'aime la musique et j'aime sentir les vibrations. Durant la période où j'oralisais, je rêvais de chanter et d'entendre, parce que mon père adorait chanter et ça me donnait envie. Mais c'était impossible pour moi car j'étais sourde, c'est ce que je me disais. J'adorais aussi le théâtre que je voyais à la télévision, mais je me disais qu'en raison de ma surdité cela n'était pas possible non plus.

La langue des signes m'a ouverte à la soif d'apprendre !

Mais quand j'ai découvert la langue des signes, le monde s'est ouvert, je me suis rendu compte que c'était possible ! Je pouvais faire du chant-signe ! Quelle joie ! J'ai compris qu'avec la langue des signes, tout était possible. À l'égal des entendants, nous pouvons tout faire, nous sommes au même niveau ! Aujourd'hui, j'ai vraiment une grande soif d'apprendre, de faire du chant-signe, de travailler sur des poèmes.

La poésie, j'adore ça ! Avant, quand je lisais un livre qui parle d'amour, d'histoires romantiques – oui, j'aime bien les histoires romantiques –, j'avais l'impression de comprendre ce que je lisais, mais en fait, je n'en saisissais pas vraiment le sens. Je ne faisais que déchiffrer sans comprendre. Pour moi, lire, c'était ça. Mais non ! Quand j'ai découvert la langue des signes, on m'a fait comprendre que les écrits contiennent du sens, que même des phrases simples disent des choses précises. Ça a été un choc pour moi ! Aujourd'hui, je n'ai plus le même rapport à l'écrit qu'auparavant, car je sais qu'il y a une signification dans un texte, même si je ne peux pas encore complètement la saisir. Je rêve de tout recommencer, d'avoir eu le même enseignement que les enfants sourds des classes bilingues, je trouve ça vraiment bien qu'ils puissent apprendre le français écrit, quelle chance ils ont ! Chance que je n'ai pas eue. J'aimerais tant savoir lire, être capable d'écrire des poèmes... Mais je suis illettrée, je ne peux pas le faire. Maintenant, il faut que je lise, j'ai vraiment envie de continuer d'apprendre. Par la suite, j'aimerais faire des stages, des ateliers d'écriture, de lecture, faire du chant-signe, des poésies. J'en ai très envie, j'ai tellement besoin de ressentir des émotions ! La LSF est riche, on peut tout faire avec et je veux absolument continuer d'avancer avec elle !

J'ai pris ma retraite en juillet 2006. Auparavant, en mai 2005, Airbus a offert à tous ses salariés le livre *Dernières nouvelles des oiseaux* de l'écrivain Erik Orsenna. Dans cette histoire écrite sous forme de conte, il évoque la naissance de l'aéronautique s'inspirant du vol des oiseaux. Cela m'a donné l'idée de traduire ce texte en LSF et de le montrer à mes collègues et à mes chefs, à l'occasion de mon départ à la retraite. Le livre d'Erik Orsenna tombait bien puisqu'il traite de l'aviation. Mes collègues ne m'avaient jamais vraiment vu parler en langue des signes. Même après la formation dispensée par IRIS, je ne la montrais pas vraiment au travail, et c'est pourquoi je voulais la faire connaître. J'ai fait appel à Martine Brusque pour qu'elle m'aide à travailler sur le conte. Nous avons choisi quelques pages du livre, celles dont la traduction nous semblait assez simple. Je me suis entraînée au style particulier du conte et de la poésie en LSF, et j'ai fait appel à Jacques Sangla, qui travaillait alors à Websourd[1], pour qu'il filme la cérémonie de mon départ, notamment ma présentation en LSF du conte d'Orsenna devant mes collègues. Cela s'est bien passé. J'étais à l'aise dans mon nouveau rôle de conteuse. Mes collègues m'ont enfin découverte, avec émerveillement, dans mon identité de locutrice de la langue des signes. Ils ont vu que je pouvais m'exprimer à l'aise dans cette langue devant tout le monde. J'étais vraiment heureuse de cela. En quittant l'entreprise, j'ai ainsi laissé de moi l'image d'une personne qui s'exprime en langue des signes. J'ai montré à mes collègues l'importance qu'a cette langue pour moi. Je suis fière de l'avoir fait. Je remercie Martine de m'avoir aidée.

En 2007, l'entreprise Websourd m'a proposé de participer à une expérimentation sur un dispositif de visio-interprétation, Visi008 (qui est devenu par la suite Elision). Avant de m'y rendre, j'ai reçu le scénario afin de m'exercer. Sur place, il y avait plusieurs webcams à disposition. La tâche n'était pas simple, mais j'étais très excitée à l'idée de l'effectuer, car c'était comme si je jouais le rôle d'une comédienne. J'ai lu attentivement chaque phrase que je m'efforçais de suivre, non sans difficulté. Une personne dont je me souviendrai toujours, Olivier Calcada, faisait partie du groupe Websourd. Grâce à lui, j'ai dépassé mes difficultés dans la compréhension de certains mots. Notre rôle était de tester Elision en situation réelle. Pendant la phase d'entraînement, qui se révélait ardue, Olivier était gentil et rassurant. Il me lisait le script, me corrigeait et m'avertissait quand je n'arrivais pas à me détacher du texte. Il était vraiment patient. Il me répétait que je devais avant tout comprendre le sens des mots avant de traduire, pour éviter le « français signé », la traduction « mot à signe »

1 Websourd, société créée en 2001 à Toulouse, avait mis en place plusieurs services pour les Sourds, dont un système de visio-interprétation. Elle a été liquidée en juillet 2015. (Voir *supra* le témoignage de Jacques Sangla, p. 154-155.)

J'ai continué à m'exercer pendant plusieurs mois. Après avoir terminé, il fallait que je décontextualise le script et l'adapte à la structure de la LSF. J'ai mis beaucoup de temps à acquérir ce réflexe. Pour continuer sur ma lancée, j'ai décidé de comparer les vidéos d'informations d'actualités brèves en LSF et leur traduction française sur le site Websourd. J'ai remarqué à chaque fois des différences entre les versions, car chacun avait sa façon d'exprimer en LSF ce qu'il avait compris. Cela m'a donné l'idée de faire appel à quatre traducteurs de Websourd, afin de traduire et comparer les productions réalisées à partir de la même actualité. Finalement, j'ai compris que chacun avait sa manière de comprendre sans forcément suivre le texte mot à mot. Grâce à cette expérience, j'ai désormais assimilé la logique de la LSF.

Chez Websourd, je suis toujours fascinée par le travail des traducteurs : j'écoute attentivement ce qu'ils signent dans les vidéos, puis je lis les textes correspondants. Je fais l'effort de les lire et je regarde comment ils les restituent en langue des signes. J'ai pu ainsi me rendre compte à quel point l'expression est riche ; cela m'apporte beaucoup, la langue des signes peut vraiment tout exprimer ! Imaginons que, sur un site, il n'y ait rien en langue des signes, que tout soit dit en français oral, que je sois obligée de lire sur les lèvres : même avec le texte correspondant en regard, je n'arriverais à rien ! Aucune traduction ne pourrait être faite à partir de ça ! On serait à des années-lumière d'un discours en langue des signes !

La technologie au service de notre accès à l'information et à la communication

Sur le site Websourd, tout est dit en langue des signes, cela nous apporte énormément. Oraliser n'apporte rien, on n'avance pas. Quand je vois les traducteurs à l'écran, ça me donne terriblement envie de faire partie des leurs, de travailler avec eux, d'échanger en langue des signes. Chez Websourd, nous baignons constamment dans la langue des signes, tous les échanges se font dans cette langue et je regrette de ne pas avoir travaillé dans un tel environnement. J'ai travaillé pendant trente-cinq ans à Airbus sans la LSF autour de moi. Il n'y avait même pas d'accessibilité à l'information avec des services d'interprètes, qu'on n'a commencé à faire venir que trois ans avant mon départ à la retraite, et encore au compte-gouttes. Avant, j'allais quand même aux réunions avec mes collègues et les personnels administratifs, pour me faire bien voir par mes chefs. Mais les échanges me passaient complètement au-dessus de la tête. Parfois, des diapositives PowerPoint étaient projetées, c'était un minimum que je pouvais saisir, c'est-à-dire pratiquement rien ! Avec la lecture labiale, je m'y perdais, et en plus c'était fatigant de suivre les conversations pendant au moins une heure. C'est pourquoi je suis fascinée par Websourd qui permet aux salariés sourds d'être dans un environnement à leur mesure, d'être tout le temps dans leur langue. Je lis toujours ce qui est dit en langue des signes sur leur site, je lis aussi les textes correspondants, je n'arrive pas toujours à les comprendre, mais j'y parviendrai petit à petit...

Depuis que j'ai accès à ces informations en langue des signes, je fais tout un travail... D'après ce que je comprends, parce que c'est comprendre qui compte avant tout, je peux acheter un livre de poésie ou autre... Par exemple, si je suis intéressée par un thème, j'écoute attentivement puis j'essaye de lire le texte... Si je comprends, je m'y intéresse encore davantage et je vais acheter un livre sur le sujet... Chacun a sa façon de s'exprimer, pour ma part, c'est à partir de la langue des signes que je comprends et ce n'est qu'ensuite que je fais un travail sur le français.

Que tout soit en langue des signes sur Websourd, c'est génial. Il y a aussi Elision, qui est un centre relais. J'ai ça à la maison et c'est un formidable moyen d'accessibilité ! C'est un service d'interprétation simultanée à distance : à l'écran, un interprète traduit l'entretien téléphonique en langue des signes pour moi, en français oral pour l'entendant qui est à l'autre bout du fil. Cela répond parfaitement à mes besoins, par exemple, quand je veux prendre un rendez-vous chez le médecin, ou encore quand j'ai envie d'appeler des amis entendants ou ma famille... Enfin, je peux faire exactement comme n'importe quel entendant qui décroche son téléphone pour tout et n'importe quoi. Jusqu'à maintenant, ce n'était pas possible pour les Sourds, mais maintenant si ! Cela nous procure une liberté énorme ! Plus besoin de prendre la voiture pour la moindre démarche, comme pour aller chez le médecin : avant, il fallait que je me déplace juste pour prendre un rendez-vous, puis que j'y retourne pour la consultation... C'était pareil pour toutes les démarches : hôpital, services sociaux, services administratifs, école, etc. Maintenant, avec la visioconférence, ce n'est plus la peine. Quand j'ai un rendez-vous à prendre, il me suffit d'appeler, c'est facile, on s'adresse à moi en langue des signes, ça fait un bien fou.

Mais imaginons qu'à cause des implants la langue des signes soit de moins en moins utilisée. Cela fait peur ! Je ne peux m'empêcher de penser à toutes ces portes qui se fermeraient si elle venait à disparaître ! Ce n'est pas possible ! Qu'adviendrait-il de l'accessibilité, de la possibilité que l'on s'adresse à nous en signant ? Maintenant que j'y ai goûté, je ne peux plus m'en passer. Pour moi, cette langue, c'est de l'or ! Si elle venait à disparaître, ce serait la fin de tout ! Je vous en prie, continuez à utiliser cette langue, développez-la et arrêtez d'implanter les enfants sourds ! Privilégiez la langue des signes, qu'elle occupe une place énorme, c'est tellement plus fort !

On a parlé du site et du centre relais... Et la télévision ? On y diffuse des films, des informations, beaucoup de choses, avec du sous-titrage, plein de sous-titrages et encore du sous-titrage. C'est difficile et cela va très vite, on passe son temps à aller et venir entre le sous-titrage et les images quand on a le temps ! On voudrait s'attarder sur l'image mais ça va trop vite ! On regarde, on lit et on décroche. Je sais bien que c'est un rêve, mais imaginons une télévision avec plusieurs chaînes, dont une serait spécialisée en langue des signes. Cela répondrait vraiment à nos besoins, et pourtant cela n'existe pas. D'accord pour le sous-titrage mais pas seulement ça. Imaginons une chaîne en LSF qui diffuserait, toute la journée, toutes sortes de programmes, où les informations nous seraient données en langue des signes. Cela manque cruellement.

Cela permettrait le même accès à la connaissance que pour les entendants... Les Sourds se reconnaîtraient et auraient plus d'estime pour eux-mêmes. Les nombreux Sourds isolés qui ignorent tout de la langue des signes découvriraient à travers la lucarne que tout est possible. En voyant des Sourds jouer et s'exprimer en LSF, ils se diraient qu'eux aussi pourraient le faire, ils auraient une meilleure image d'eux-mêmes. La télévision leur montrerait des modèles à suivre.

Il faut absolument diffuser la langue des signes, formidable vecteur de connaissance. Elle seule peut sortir les Sourds de leur isolement. Voilà pourquoi je suis si pressée qu'un tel projet voie le jour. Il faut que les responsables politiques nous écoutent, se rendent compte que la langue des signes est partie intégrante de notre identité. Cela fait des années et des années que nous attendons, encore et toujours, que cette langue se diffuse et ne reste pas enfermée au sein de petits groupes. Ce n'est pas fini. Jusqu'à maintenant on a favorisé l'oralisme, les implants, c'est affreux et vraiment dommage.

Pourquoi les politiques ne font-ils rien, pourquoi devons-nous toujours attendre ? Cela nous fait tous souffrir ! Vite, que les politiques se dépêchent, il est grand temps de valoriser la langue des signes ! Faites vite, que j'en profite tout de même un peu ! Je ne trouve pas juste de payer la redevance TV comme les entendants, alors que je n'ai pas accès aux informations dans ma langue.

Le grand regret

En 2013, j'ai participé à la « marche du siècle sourd » de Paris à Milan. J'ai eu l'occasion d'être avec un groupe de

Sourds, vingt-quatre heures sur vingt-quatre, pendant ce long périple de quarante-deux jours. Le groupe a marché comme un seul homme de Paris à Milan. On parlait en signant, toute la journée : c'était beau ! Je me sentais vraiment dans mon élément... C'était exactement ce qui me convenait. J'ai mesuré à quel point la LSF correspondait vraiment à mon identité. Je sais maintenant que je suis sur la bonne voie. C'était la première fois que je vivais une expérience comme celle-là, et j'en garde un souvenir impérissable. Nous sommes allés jusqu'au bout ! Mais ce n'est pas fini, nous continuons.

Nous tenons des réunions pour continuer à nous battre sur les trois points essentiels de notre revendication. On avance, on avance... On organise des groupes de parole où chacun s'exprime sur sa vie, son histoire, parle de son enfance. Des choses étonnantes sont dites, c'est vraiment intéressant. Il y a autant de récits de vie que de personnes. Moi-même j'ai raconté ma vie, comment j'ai grandi, comment j'ai découvert si tard la langue des signes, comment j'ai compris que, quand on bascule de l'oralisme à cette langue, on se rend compte que tout est possible.

Il s'avère qu'il me manque de nombreux pans de ma vie quand j'étais enfant. J'ai vraiment du mal à me rappeler ces périodes lointaines. Avant, je pensais que, si j'avais si peu de souvenirs, c'était parce que j'avais eu une maladie, que j'avais peu de mémoire et puis j'ai compris. Il me semble que la raison de cet oubli réside dans le fait qu'avec l'oralisme l'apport des connaissances a été vraiment insuffisant... Bien sûr, il me reste des choses de mon enfance, mais si peu. Quand j'écoute ceux qui ont toujours eu la LSF pour langue, ceux qui ont toujours fréquenté des Sourds, je suis sidérée de leur capacité à parler d'eux-mêmes, de leur histoire de vie avec autant de précision. Je comprends que l'oralisme ne m'a pas permis de m'épanouir, je me rends compte que je ne percevais que des bribes de ce que l'on me disait. L'information que je recevais était toujours tronquée, et c'est cela qui ne m'a pas permis de fixer les choses... Oui, quand je vois tout ce que racontent les autres, je ne peux m'empêcher de penser que, jusqu'à ma découverte de la langue des signes, je n'avais jamais communiqué vraiment. Quand j'y réfléchis, je m'interroge. Et si la situation avait été différente ? Si j'avais grandi avec la langue des signes ? J'aurais été quelqu'un d'autre, j'aurais été capable de bien plus de choses.

La langue des signes est vraiment de première importance, elle est indispensable pour construire notre identité. Elle est parfaitement adaptée à ce que nous sommes, nous les Sourds. Pour nous, elle est vitale.

Patrick

Je suis né en 1955 près de Bordeaux. Quand je repense à mon enfance, j'ai peu de souvenirs finalement... Ma mémoire de cette lointaine période est comme engluée dans une espèce de brouillard. Mais, en y creusant, me vient le souvenir de ces têtes qui se penchent au-dessus mon landau. J'ai également la sensation agréable de la couette blanche qui m'enveloppe. C'est comme si c'était hier ! Une autre image me revient que j'ai peine à saisir tant c'est flou... Je suis un peu plus grand, à la maison, une silhouette en blanc s'approche de moi. C'était un ambulancier qui venait me chercher pour m'emmener à l'hôpital. J'avais contracté une méningite bilatérale. Puis je me retrouvais debout dans un lit à regarder tout autour de moi : une pièce plongée dans la pénombre avec des lits disposés en cercle. En face de moi, une porte donnait sur un couloir éclairé. C'était très étrange. Un peu plus tard – à vrai dire, je n'avais pas la notion du temps –, mes parents venaient me chercher. Je me revois alors dans les bras de mon père. On rentrait à la maison. Il y avait un chien très poilu qui me tenait compagnie à côté d'un petit lit à barreaux. Avant, les lits pour bébés étaient en bois. D'ailleurs, maintenant qu'on en parle, j'ai gardé ce lit. Il est toujours chez moi.

L'aube de mon enfance

En grandissant, je suis devenu très violent, très énervé : je donnais des coups de pied et je mordais à droite et à gauche. J'avais les nerfs à fleur de peau. Une fois, mon père m'a mis au coin. Je ne me souviens pas pourquoi il a fait ça. Il n'y a pas de lien entre les différents souvenirs que j'évoque. Ce ne sont que des flashs qui me reviennent.

Je me rappelle une fois où j'ai été particulièrement violent avec l'un de mes frères. Je suis le dernier d'une fratrie de trois garçons. Mes deux frères, Bernard et Didier, ont respectivement trois et quatre ans de plus que moi. Bien que plus grands que moi, ils avaient peur de ma violence. Une fois, pendant que mon aîné mangeait, je lui ai enfoncé la fourchette dans la bouche. Je voyais bien qu'il avait mal et je n'étais pas fier de moi ! Je devais surement être dépassé par ma propre violence.

Mes parents travaillaient et ils m'emmenaient souvent chez une voisine qui habitait la même rue, afin qu'elle me garde. C'était une vieille dame aux cheveux gris avec une grosse pustule violacée à côté de l'œil. J'étais tellement obnubilé par ce furoncle que je ne me souviens d'aucune discussion que j'ai pu avoir avec elle. C'est comme si on avait effacé la bande-son d'un film. Il ne me reste que l'image d'elle et de son bouton. Cette vieille dame avait un garçon bien plus grand que moi. Il devait avoir quinze ou seize ans à l'époque. Un jour, il m'a fait signe de le suivre. Il m'a amené à l'abri de jardin tout au fond du jardin. Il s'est allongé sur l'établi et a baissé son pantalon. Son sexe était tout raide. Il jetait furtivement un œil à la fenêtre de la cabane à outils, visiblement inquiet. Je ne comprenais pas ce qui se passait. Il m'a demandé de lui toucher le sexe. Je me suis exécuté à contrecœur. J'étais gêné, je trouvais ça bizarre et je ne comprenais pas pourquoi il me demandait cela... C'est tout ce dont je me souviens. Je crois que je n'en ai jamais parlé à mes parents ni à mes frères. Et pour cause, à ce moment-là, ma communication était pauvre et je ne pouvais évidemment pas leur relater cette scène bizarre. Au fait, ce que je raconte n'est pas chronologique. C'est plus ou moins flou dans mon esprit, je navigue entre les souvenirs.

Ma scolarité à l'école des Sourds de Bordeaux

Tout petit, j'étais dans une école sans même avoir conscience d'être un Sourd au milieu d'entendants. Plus tard, je revois maman m'accompagner le matin à l'école des Sourds de Bordeaux qui se situe rue de Marseille. C'était en 1959.

Je me rappelle lorsque j'y suis rentré pour la première fois. Le portail en bois, de couleur verte, gigantesque, lourd et épais. Avec maman, nous avons avancé jusqu'à une porte par laquelle une religieuse est sortie. Elle était vêtue de noir et portait un voile bordé de blanc. Elle était douce et gentille. Elles ont discuté entre elles, je les voyais parler en remuant leurs lèvres mais je ne captais évidemment rien. J'ai donc intégré cette école et me suis retrouvé avec de nombreux autres enfants. Tous les jours, je faisais le trajet entre la maison et l'établissement. J'étais le seul externe et les autres restaient à l'internat. Je me souviens de ma petite valise bleue, faite d'un carton épais. À l'intérieur, il y avait mon goûter, des pâtes de fruits, du chocolat entre deux tranches de pain...

Comment je communiquais ? Difficile à dire... Nous communiquions bien entre nous avec les mains, mais le souvenir n'est pas net. Comme on ne nous permettait pas d'utiliser notre langue et qu'elle n'était pas enseignée, nous avons dû recourir à une forme de communication bancale faite d'un mélange de mots articulés, de gestes et de mimes. Nos productions langagières n'étaient sûrement pas développées, mais nous en tirions néanmoins une certaine jouissance. Nous étions ensemble, entre nous, et on se comprenait à peu près, en tout cas mieux qu'avec les entendants.

Pour moi, la maison et l'école, c'étaient deux mondes distincts, séparés. Chez moi, je ne montrais pas ma langue, celle que j'utilisais avec mes camarades. C'était impensable ! Jamais personne ne me l'avait officiellement interdit, mais je sentais en moi-même qu'il ne fallait pas signer à la maison. L'interdit était dans l'air comme quelque chose d'oppressant, comme s'il émanait d'en haut, du ciel. Ne pas respecter cet interdit aurait été s'attirer les foudres du ciel ! La peur planait au-dessus de moi. Je n'ai jamais compris d'où m'était venue cette injonction. Je me rabâchais qu'il fallait parler, toujours parler. Ça tournait dans ma tête comme une lancinante obsession !

En famille, j'étais constamment dans les jupes de ma mère. Je m'efforçais de lire sur ses lèvres et d'oraliser. Pendant qu'elle faisait la vaisselle, je me rapprochais d'elle pour bavarder. Échange laborieux et fatigant tant il fallait souvent répéter. Parfois on ne se comprenait pas, cela m'exaspérait ! Je voulais tout comprendre et je voulais qu'elle me comprenne ! Mes deux frères entendants ne connaissaient pas du tout la langue des signes. Même à eux, je ne pouvais donc pas montrer les signes que j'utilisais à l'école. C'est dire à quel point je considérais la langue des Sourds comme méprisable. Il ne fallait pas en parler à la maison. J'avais honte. Vous vous rendez compte du poids de l'interdit !

Pour ce qui est de la scolarité, j'avais de grandes facilités. Je n'avais aucun effort à fournir dans l'apprentissage, j'étais à l'aise en toutes matières. Que ce soit en histoire, en géographie, en sciences, en maths ou en français, je m'ennuyais. Il faut dire que les programmes destinés aux enfants sourds étaient allégés et le rythme des cours lent comparativement aux cours donnés aux entendants. Je finissais toujours les exercices et les devoirs bien avant tout le monde. Les professeurs étaient habillés en soutane noire avec une lavallière bleue. Ils faisaient partie de l'ordre des Frères de Saint-Gabriel. On ne pouvait pas signer en classe, mais c'était autorisé dans la cour. Et en plus certains frères savaient pratiquer notre langue, mais ne l'utilisaient pas pour nous enseigner. Les cours se terminaient à 17 heures et je rentrais à la maison directement. C'était soit mon père qui venait me chercher avec sa Panhard jaune vif, soit ma mère en bus de ville. Je ne rapportais jamais de devoirs, contrairement aux internes qui devaient rester en étude jusqu'à 19 heures. Ils étaient tous assis, alignés dans une grande salle, les petits devant et les grands au fond, chacun face à son tableau. Jamais aucun professeur ne m'a imposé ça. Vraiment, j'étais tranquille. Le samedi matin, mon oncle Paulo m'emmenait à l'école. Sur le trajet qu'on empruntait en bus de ville, il n'arrêtait pas de me parler. Je ne comprenais pratiquement rien, mais je faisais semblant de le comprendre en hochant la tête d'un signe approbateur. Au moins lui, il ne se souciait pas de ma surdité et semblait prendre plaisir à bavarder avec moi. Avant d'arriver à l'école, nous entrions dans une boulangerie et il m'achetait un tas de bonbons, des carambars, des bâtons de réglisse, des sucettes, etc. Je les partageais avec mes camarades de classe. C'était mon bonheur de voir des mines réjouies et malgré mon statut particulier d'externe j'étais apprécié dans le groupe.

Dans ma classe, j'étais toujours sage, gentil, obéissant. Mais quand on faisait des bêtises et qu'on se faisait attraper, tout était noté. À la fin de la semaine, on nous distribuait des cartons rouges, bleus ou blancs. Je ne me rappelle plus ce qui était écrit dessus, quelque chose comme « bulletin de discipline ». Si l'on accumulait les bêtises, on était puni et l'on recevait un carton blanc alors que ceux qui étaient sages recevaient un carton rouge. Moi, j'en avais tout un tas, de ces cartons rouges. Oui, j'étais excessivement sage et obéissant.

Mais j'avais de la chance aussi ! Quand le professeur devait s'absenter ou répondre au téléphone, j'étais toujours désigné comme surveillant. J'allais devant, à la place de l'enseignant et je faisais le pitre. Les autres riaient beaucoup, ils chahutaient. Au retour du professeur, accalmie immédiate dans les rangs. Il voyait sans doute que je mettais de l'ambiance dans la classe. Pourtant, ce rituel a continué, je ne sais pas pourquoi. J'ai des images qui me reviennent, comme ça.

Je suis resté dans cette école jusqu'à obtenir le CEP, le certificat d'études. Ensuite, on pouvait poursuivre en CAP dans le but d'apprendre un métier. À Bordeaux, on avait le choix entre la peinture, la menuiserie, la tapisserie d'ameublement ou la cordonnerie. L'enseignant cordonnier était sourd, un adulte sourd ! Je me rappelle bien que, de la cour de récréation, je pouvais l'observer dans son atelier. Ce grand homme, qui signait et oralisait simultanément, réparant les chaussures, il me fascinait ! Moi, alors jeune Sourd, je voyais les petits et les grands se mélanger dans la cour. Ainsi était mon monde. En parlant de cet homme, parfois, ma mère lui amenait ses chaussures à talons pour qu'il les répare. Il me disait toujours que c'était une belle femme, mais j'étais trop petit pour comprendre. Bref, il était sourd, tout comme le plongeur, le relieur de livres et le professeur de menuiserie. Tous les autres adultes étaient entendants, sauf frère Andrieux, avec son embout à l'oreille et ses cheveux frisés rabattus en arrière. C'était le professeur sourd de l'école ! Il y avait aussi Marocq, l'assistant sourd du professeur de menuiserie. Ces adultes sourds, quoique peu nombreux, représentaient pour moi des repères positifs, tout comme certains anciens élèves qui passaient à l'occasion pour voir leur ancien professeur. En somme, je garde un heureux souvenir de mes jeunes années à l'école des Sourds. C'était un monde dans lequel j'évoluais à l'aise. C'était mon monde.

L'apprentissage de la communication

Du côté familial, mon père ne me parlait jamais. Jamais de jamais ! Jacques nous a parlé de sa relation avec son père. Cela me fait envie ! Son expérience est loin de la mienne. Mon père était un étranger pour moi. Un parfait inconnu ! Lorsqu'il lui arrivait de s'adresser à moi, ce qui était rare, il le faisait toujours par l'intermédiaire de ma mère, jamais directement. Elle, elle essayait de faire tampon, elle s'effaçait devant lui. Elle le craignait beaucoup... Et lui, il buvait tout le temps... Sept à huit litres de bière dans la journée et le soir, à l'heure du repas, il était complètement saoul. L'ambiance était oppressante et j'avais tout le temps le sentiment de marcher sur un champ de mines. Il fallait se faire petit et se taire pour ne pas faire d'histoires.

Avec maman et mes frères, nous passions beaucoup de temps à nous parler de mille choses, mais ce qui est bizarre, c'est que j'ai pratiquement tout oublié de ces échanges pourtant intéressants et riches. Je me suis posé la question de la source de cet oubli, avant de comprendre qu'avec la labialisation je ne comprenais pas la totalité du message. Je glanais quelques informations par-ci par-là. Étant pourtant un bon lecteur labial, j'arrivais à avoir une compréhension moyenne et à me contenter de l'à peu près. En fin de compte, je n'avais qu'un aperçu assez fragile de leurs propos. Il est difficile de se souvenir de choses ou de situations dont les contours sont flous. Les choses qu'on ne comprend qu'à moitié, on les oublie vite.

À l'époque, je ne pensais pas à signer, enfin, je trouvais normal d'oraliser puisque c'était ce qu'on me disait de faire. Je ne m'en sortais pas trop mal grâce à d'assez bonnes capacités d'oralisation et de lecture labiale. Toutefois, comparativement à ce que peut offrir la langue des signes, ce mode de communication était considérablement limité. On m'a inculqué l'idée qu'il ne fallait pas rencontrer trop de Sourds, mais qu'il fallait plutôt faire des efforts pour rencontrer des entendants, côtoyer des entendants... Il faut, il faut, il faut... Ces mots clignotaient sans cesse dans ma tête ! Il faut, il faut, il faut... Et puis la vie a suivi son cours, je ne me rendais compte de rien. J'ai grandi depuis, et avec le recul je constate que mon corps et ma mémoire portent le poids de toutes ces contraintes. J'étais continuellement sous pression. Finalement, faire le pitre et amuser la galerie, comme cela m'arrivait souvent lors des repas de famille ou en classe devant mes camarades, me changeait les idées. C'était comme une soupape de décompression. Ça m'a sauvé ! J'aurais explosé sinon.

J'avais beaucoup de facilités pour les études, en primaire j'ai sauté trois classes. J'étais donc le plus jeune de la classe, j'avais trois à quatre ans d'écart par rapport à mes camarades. Le professeur me chouchoutait. Les autres étaient verts de jalousie, ils n'arrêtaient pas de se moquer de moi et de me harceler. Cela m'affectait beaucoup. Tous les soirs, je m'en plaignais à ma mère. Alors elle est allée voir le professeur pour lui demander d'être moins attentionné envers moi pour ne pas envenimer l'hostilité de mes camarades. Il n'a pas su quoi répondre si ce n'est que j'étais intelligent. J'étais un bon petit caniche, j'avais les félicitations, je travaillais bien, j'oralisais bien... On me donnait des sucreries pour me féliciter, ce qui m'a valu pas mal de caries [*rires*].

Je me souviens des exercices d'oralisation, de l'entraînement laborieux à la prononciation des syllabes, du contrôle du souffle... Les exercices d'orthophonie se faisaient dans une pièce spéciale entièrement insonorisée et équipée d'impressionnants appareils électroniques. J'en ai gardé très peu de souvenirs. Je crois qu'on y allait une fois par semaine, je n'en suis pas sûr. Ce n'était pas ma tasse de thé bien sûr, mais ce n'était pas non plus une torture, en tout cas pas pour moi. Beaucoup de Sourds l'ont vécu comme une torture. L'apprentissage de la parole orale-vocale a été pour eux une expérience humiliante. Et pour cause, on leur demandait de faire quelque chose d'extrêmement difficile. Ils ne pouvaient pas entendre les sons qui sortaient de leur bouche. C'est comme s'ils avançaient à l'aveuglette avec le sentiment pénible de ne pas pouvoir réussir, avec la peur de l'échec... Et aussi le sentiment de sa propre nullité, puisqu'on n'arrive jamais à parler comme les entendants.

En ce qui me concerne, j'acceptais plus facilement les contraintes. Peut-être parce que j'étais plus soumis. J'étais un enfant hyperadapté ! Je ne me posais pas de questions. C'était comme ça, il fallait apprendre à oraliser, c'était pour notre avenir. Nous étions bien évidemment à des années-lumière des concepts de « culture sourde », « langue des signes » ou « peuple sourd » ! Nous étions des bouches et des oreilles à dresser ! Des agneaux sacrifiés sur l'autel du dieu Oral !

De plus, tous les trimestres, on recevait le bulletin scolaire. Il y avait la note et le classement pour différentes matières : maths, histoire, géographie, français... et aussi orthophonie. Chaque élève était donc évalué à l'épreuve de la parole et de la lecture labiale. À chaque trimestre, je donnais le meilleur de moi-même pour être le premier. Je voulais absolument réussir. C'était une obsession, comme si ma vie en dépendait, comme si, pour me faire aimer, il fallait être bien dressé et être à l'image des entendants...

Il n'y a pas longtemps, j'ai retrouvé avec émotion mes bulletins scolaires chez mes parents. Ma mère les avait rangés dans sa table de nuit, à côté de mes dessins d'enfant. Curieux contraste entre le sérieux et l'enjoué. À regarder ces dessins, de doux souvenirs me sont revenus. Il y avait beaucoup de bonheur dans mon enfance, mais elle aurait gagné en légèreté si elle n'avait pas été focalisée sur un but impossible à atteindre : être comme un entendant. Et aussi, si elle avait été nourrie par la langue des signes.

Seul garçon dans une école de filles

Par la suite, à l'âge de onze ans, j'ai intégré l'Institut national des jeunes Sourdes, proche de Bordeaux, à Gradignan. J'étais le premier garçon parmi deux centaines de filles ! Cet établissement ouvrait pour la première fois une filière du secondaire. À l'époque, le rythme de la scolarité était plus lent chez les Sourds que chez les entendants. Deux années chez les Sourds correspondaient en fait à une année chez les entendants. On parle aujourd'hui de CM1, de CM2, mais, à mon époque, on parlait de neuvième, huitième ou septième. Je suis passé directement de la classe de huitième à la sixième. L'année d'avant, les filles avaient été intensivement entraînées en vue de leur entrée au collège. J'étais complètement à la traîne ! En plus, les cours n'étaient pas donnés directement par un professeur. Chaque semaine, nous recevions par correspondance les différents cours, mathématiques, histoire, géographie, français, etc., que nous devions préparer pour la semaine d'après. Quelle charge de travail énorme on avait et que le rythme était rapide ! Et puis, j'étais terriblement impressionné ! J'étais le seul garçon au milieu de toutes ces filles. Je n'en avais vraiment pas l'habitude. J'étais à l'aube de l'adolescence et ce que j'apercevais sous leurs jupes me troublait. Au premier été, avec leurs jambes nues... Ça m'a excité plus d'une fois, je peux le dire !

J'étais focalisé sur mes études et ma réussite scolaire. Je me fixais l'objectif d'arriver jusqu'en classe de 3e pour obtenir le BEPC. Normalement, suite à cela, j'aurais dû continuer dans une école de Sourds privée payante, le cours Morvan de Paris qui proposait un cursus jusqu'au bac, mais cela ne s'est pas fait en raison du coût trop élevé de cette école. Tous les élèves de cet établissement venaient de familles aisées alors que ma famille était modeste et n'avait donc pas les moyens. Pourtant, ma mère s'est démenée pour chercher des solutions, d'autres écoles, elle s'est heurtée à bien des obstacles. Elle a finalement trouvé un lycée spécialisé accueillant des handicapés, le lycée du Parc Saint-Agne, près de Toulouse. Elle avait vraiment envie que son fils réussisse, elle ne voulait pas que je m'arrête à un CAP et elle souhaitait me voir faire des études supérieures. Je lui suis reconnaissant de m'avoir poussé à aller de l'avant, et surtout d'avoir eu foi en moi.

J'ai de bons souvenirs de ces quatre années passées avec ces filles de « Gradignan », qui d'ailleurs m'adoraient. Car régulièrement, lorsque les cours étaient terminés et que les professeurs partaient, nous restions dans la salle d'étude où je me positionnais devant le tableau, à la place des profs, que j'imitais à la perfection. Je pouvais singer chaque professeur, ce qui faisait rire aux éclats les filles qui en redemandaient toujours. C'était chaque soir mon spectacle de *one-man show* !

Ce sont de tendres souvenirs. À l'époque, je dormais chez mon oncle, qui était curé, et je faisais le trajet tous les jours. Et puis mon dernier jour de classe est arrivé. Je n'allais plus jamais les revoir. En arrivant dans la salle de cours le matin, j'ai été très ému de découvrir le tableau couvert de messages d'adieu. Il y en avait de mes camarades de classe, mais aussi de celles des autres classes ! Il y avait des « Au revoir », des signatures, des « On t'aime », « On ne t'oubliera jamais », des petits dessins et plein de cœurs... Une farandole colorée de mots et de dessins ! L'image demeure à jamais gravée dans ma mémoire et son évocation m'a aidé par la suite lorsque je traversais des périodes difficiles.

Les remous de l'adolescence

Après la classe de troisième, j'ai donc intégré le Parc Saint-Agne de Ramonville. C'était un centre où l'on trouvait des jeunes avec tous types de handicaps : des handicapés moteurs, des aveugles... Cela m'a vraiment déprimé, j'étais très malheureux là-bas. Il y avait seulement quelques Sourds isolés dispersés dans différentes classes. C'était très dur de passer d'un environnement sourd et signant à un endroit comme celui-là ! De passer de la vision des beaux corps des jeunes filles à celle des corps difformes des handicapés... J'écrivais à ma mère tous les jours, j'avais besoin de m'exprimer, d'exprimer mon désarroi. Alors elle demandait à la famille et aux amis de m'écrire pour me remonter le moral. Si bien que je pouvais recevoir jusqu'à trois ou quatre lettres par jour. J'ai donc dû faire beaucoup d'efforts pour continuer d'étudier, en oralisant, puisqu'il y avait une majorité d'entendants, en m'appuyant sur les notes de mes voisins. Les professeurs étaient tous entendants et il m'a fallu lire sur leurs lèvres à longueur de journée. À l'époque, le métier d'interprète français/langue des signes n'existait pas encore. Les rares Sourds qui allaient jusqu'au bac devaient se débrouiller à la force de leurs yeux. C'est bien le cas de le dire puisqu'ils devaient investir dans la vision plus qu'à l'accoutumée pour glaner les informations sur les lèvres et dans les notes des voisins.

C'était le cas pour moi. J'étais ainsi tout le temps sous pression. En français, j'étais complètement largué, j'étais dans les derniers ! En histoire-géographie, je n'accrochais pas du tout... Dans d'autres matières en revanche, comme la physique et les mathématiques, j'avais un bon niveau.

Ensuite, en première, avait lieu l'épreuve du bac de français. Je me suis énormément entraîné, j'ai appris par cœur les explications de texte. Il y avait une cinquantaine de textes que nous devions connaître pour l'épreuve orale du bac. Nous n'étudiions que du vieux français, qui datait de l'époque de Molière ou encore avant... Cela ne m'intéressait absolument pas.

Ma dernière année au lycée, j'avais donc dix-sept ou dix-huit ans, a été une période vraiment noire de ma vie. J'ai craqué ! C'est difficile pour moi d'en parler, d'expliquer... Il s'est produit en moi un profond chamboulement, comme si mon univers dégringolait, se désagrégeait. J'étais submergé par une angoisse intense, je me sentais mal, mais je ne le montrais pas. Je donnais le change. Dans l'établissement, il y avait un psychologue, entendant bien sûr. Je suis allé le voir, je lui ai dit mon mal-être. Il ne m'a rien dit, il s'est levé puis il m'a raccompagné à la porte. Sans un mot, sans explication. Il me jetait et me laissait me débrouiller seul avec mes problèmes. L'angoisse me prenait à longueur de journée et, la nuit, c'était à peine si j'arrivais à dormir deux ou trois heures. Je ne comprenais pas ce qui se passait, le ciel m'était devenu subitement menaçant. Je flirtais avec la folie. J'avais peur de devenir fou. Je ne pouvais parler à personne de mon mal-être. Ce n'est qu'au bout de plusieurs mois que je me suis résolu à en parler à ma mère, tout en minimisant toutefois la gravité de mon état pour ne pas l'inquiéter. Finalement, elle m'a accompagné chez le médecin de famille qui m'a prescrit des calmants. Je me souviens des noms : Valium et Temesta. Je n'étais pas loin d'abandonner les études. Ma mère a insisté pour que j'aille au bout de l'année et que je passe le bac. C'était tout juste si j'ai réussi les épreuves du bac. J'avais été très déçu par cette école inhospitalière. La langue sourde y était totalement absente, si bien que je m'y sentais comme en terre étrangère. Les Sourds y étaient quasiment absents. Quand j'ai quitté cette école pour retourner chez moi, je me suis fait la promesse de me reconstruire et de me retrouver. Le forcing oraliste ajouté à l'exclusion de la langue des signes durant mes jeunes années et l'éprouvante expérience d'intégration scolaire en milieu entendant au lycée avaient eu raison de mon équilibre psychique.

À ce moment-là, je rêvais d'être astronome, mais il fallait faire de longues études pour ça, dix ans, voire plus. Je voulais un jour afficher fièrement ma réussite, mais, après ce qui s'était passé au lycée, j'ai perdu cette ambition.

La dure épreuve de l'intégration dans le monde des adultes

Grâce aux démarches obstinées de ma mère, j'ai été admis en prépa math sup au lycée Montaigne de Bordeaux. Mais juste à la rentrée j'ai changé d'avis : j'ai décidé de ne pas intégrer cette classe. Après ça, j'ai traversé une période d'errance, pour finalement rentrer à l'IUT, en électronique.

Je me souviens de l'amphi, rempli d'entendants. Je revois les enseignants qui ne font qu'écrire au tableau, grâce à ma mère qui avait informé l'université qu'il fallait s'adapter à ma surdité. À l'époque, il n'y avait pas d'interprète et je faisais énormément travailler mes yeux, puisant dans les copies fournies par les professeurs et les notes de cours de mes voisins. J'étais constamment dans l'effort, dans la pression. Je ne me sentais jamais à l'aise parmi tous ces entendants autour de moi, avec le pénible sentiment d'être étranger. J'ai décroché trois mois plus tard.

Après avoir erré un temps sans but ni avenir, j'ai été convoqué dans un centre d'études psychotechniques, pour passer un test de QI. Je ne le savais même pas, mais dans ce centre travaillait un de mes cousins. J'ai passé les tests, que mon cousin a analysés. Puis il est allé voir ma famille et leur a annoncé que j'étais très intelligent, largement au-dessus de la moyenne, parmi les meilleurs. Bien sûr, j'en étais fier, je m'en vantais : « Je suis intelligent, en plus, j'oralise... » Le modèle du bon Sourd... Malgré cela, quelque chose n'allait toujours pas...

Je n'évoque pas cette histoire du QI pour me vanter, mais pour couper court à un certain préjugé qui rabaisserait l'intelligence des Sourds « gestuels » jusqu'à les considérer comme des débiles. Combien de fois avons-nous été humiliés quand on nous traitait de « singes » ! Il est heureux que, dans le sillage d'Oliver Sacks, le célèbre neurologue britannique auteur de *Des yeux pour entendre*, les neurosciences se penchent aujourd'hui sur l'étonnante plasticité du cerveau qui permet aux Sourds une exploitation optimale de leur intelligence grâce à la langue des signes. Cette langue, qu'on appelait dans les institutions avec mépris les « gestes » ou le « langage gestuel », c'était pour ceux qui « ne sont pas intelligents ».

À l'âge de vingt et un ans, j'ai été orienté par la Cotorep (Commission technique d'orientation et de reclassement professionnel) vers le Centre de réadaptation professionnelle de Bouffémont, dans le Val-d'Oise. J'y ai suivi durant deux années la formation d'agent technique électronicien. J'ai obtenu le diplôme sans peine.

Après une année passée dans une entreprise de fabrication de composants électroniques, je suis retourné à mon ancienne école, rue de Marseille. J'avais passé toute mon enfance là-bas. Cette fois-ci, j'y retournais pour y travailler comme éducateur. Je n'avais pas encore de diplôme, mais postulais à un emploi comme c'était possible à cette époque. Ma candidature fut dans un premier temps refusée par la direction. Les écoles de Sourds étaient réticentes à embaucher du personnel sourd – la situation ne s'est d'ailleurs pas améliorée depuis. Finalement, je pus quand même être embauché grâce, encore une fois, au soutien de ma mère qui, travaillant à la Sécurité sociale, avait plusieurs fois aidé les administrateurs de l'école à obtenir des financements. Le président de l'association gestionnaire demanda à la direction de revenir sur son refus qui n'était pas motivé, ma candidature présentant un intérêt pour l'établissement.

Lors de mon entrée dans cette école comme professionnel, je m'affichais fièrement comme « le Sourd qui réussit, qui oralise, qui est proche des entendants, qui écrit bien ». À ce moment-là, je snobais le groupe des élèves sourds qui signaient entre eux. Pour moi, ils ne travaillaient pas assez, ne faisaient pas d'efforts, contrairement à moi qui étais si proche des entendants. J'affichais une attitude condescendante vis-à-vis des Sourds, à la limite du mépris. J'ai honte de raconter cela aujourd'hui, mais rétrospectivement je comprends que j'ai grandi dans le mépris à l'égard des Sourds, dans le mépris de moi-même ! J'étais complètement conditionné à penser et à me comporter comme un entendant. Je fonctionnais donc de manière artificielle dans un rapport conflictuel avec la langue des signes, avec ma propre langue ! Et un beau jour, un mauvais jour conviendrait-il de dire, l'équilibre avait été rompu. C'est ce qui m'était arrivé durant ma scolarité au Parc Saint-Agne.

La bascule du conditionnement oraliste vers ma nature véritable

J'étais seul Sourd parmi mes collègues. J'avais la charge d'un groupe d'adolescents qui étaient dans leur dernière année de formation professionnelle. J'étais proche d'eux en âge, seulement quelques années nous séparaient. L'encadrement pédagogique et éducatif n'était assuré pratiquement que par des entendants. Mais il y avait une personne parmi eux à qui je voue une reconnaissance éternelle, car il m'a permis de me libérer et de m'ouvrir. Oui, de me libérer, c'est bien le mot. Cette personne, c'est Paul Jouison, mon supérieur hiérarchique, mon éducateur-chef. Il était passionné par la langue des signes et ne cessait de décortiquer ses structures et mécanismes. Il m'a tout appris, m'a fait découvrir les règles de fonctionnement de ma langue, ses configurations, sa grammaire... J'ai découvert la langue peu à peu, ses richesses, ses subtilités, ses complexités... J'ai découvert ma langue ! Avant, je croyais que la langue des signes, c'était n'importe quoi, n'importe comment, que ce n'était que de l'à peu près, qu'elle était dépourvue de règles... Finalement, Paul m'a tout expliqué : la précision, la façon de parler du passé, du présent et du futur, d'exprimer le singulier et le pluriel, ou encore que les mots « arbre » et « forêt » ne se signent pas de la même manière. Et beaucoup d'autres règles.

Avant, je croyais que le français était une langue supérieure et que la LSF était une langue inférieure, une langue honteuse. Je me suis alors réveillé. C'était comme un déclic qui m'a propulsé dans un autre monde, dans mon monde ! Paul Jouison n'arrêtait pas de me répéter que j'étais sourd, mais toujours en douceur, sans rien imposer. Cela m'a donné à réfléchir, j'ai pris conscience qu'effectivement, j'étais sourd. Cela m'a perturbé, gêné. J'avais toujours vu les choses différemment. C'est vrai que j'avais beaucoup de mal à me définir, c'était très bizarre. Sur l'insistance de Paul, j'ai animé des cours de langue des signes. Je crois que c'était en 1976. J'étais si gauche devant mes élèves qui étaient des professionnels entendants travaillant dans le même établissement que moi ! Paul Jouison m'a conseillé tel programme, telle méthode pédagogique. Cet épisode a provoqué un grand chamboulement dans ma vie.

C'était une période charnière qui m'a propulsé dans la reconquête de mon identité. Je me suis retrouvé. Cela ne s'est pas fait du jour au lendemain, il m'a fallu beaucoup de temps, mais la transformation était enclenchée à partir du moment où je m'étais réapproprié ma langue.

Il est vrai que notre environnement connaissait un grand bouleversement... C'était l'époque du « Réveil sourd. » Avant, il ne venait à l'idée d'aucun Sourd de mettre en avant la langue des signes et de se battre pour elle... Puis soudain une vive lumière nous a illuminés, nous faisant sortir d'une longue période obscurantiste, ça a été d'une force incroyable. De plus, il y avait eu aussi les révélations que m'avait faites Paul Jouison... Les choses ont évolué pour moi très progressivement... À ce moment-là, j'étais en contact avec les élèves et plus ça allait, plus je me sentais proche d'eux. Je me rendais compte que j'avais vécu les mêmes choses qu'eux... Et puis il faut dire qu'il y avait autre chose d'important dont je me rendais compte : auparavant, quand j'étais moi-même élève, j'avais toujours pensé que les professionnels entendants qui gravitaient autour de nous, les Sourds, c'est-à-dire les éducateurs, les enseignants, étaient là par vocation, par générosité pour les Sourds, qu'ils étaient engagés corps et âme pour nous. Mais par la suite, en observant leurs comportements, en prenant du recul, j'ai compris peu à peu que le tableau n'était pas aussi idyllique...

J'ai donc travaillé comme éducateur pendant deux années, un an avec les plus grands, puis la seconde année avec les plus jeunes. Durant toute cette période, je réfléchissais beaucoup... Avant, pour moi, il y avait les bons Sourds d'un côté, ceux qui oralisaient, et de l'autre les mauvais, ceux qui signaient. Voilà exactement comment je me représentais les choses et je ne me posais pas plus de questions. Et puis, bien sûr, j'ai progressivement perçu les choses différemment... Oraliser, ce n'était pas si bien que ça, finalement... Il faut dire qu'autrefois j'appréciais ô combien de parler vocalement, oui, je croyais aimer ça ! C'est bien comme cela que je voyais les choses ! J'avais le pouvoir de parler... « La langue des signes, très peu pour moi, c'était bien loin de mes valeurs ! » Peu à peu, cette logique s'est inversée. Oh, ça ne s'est pas fait d'un coup, le processus a même été assez long. Cela n'a pas été facile, j'ai connu de nombreux conflits internes... La pratique du yoga m'a aidé, un des principes de cette discipline étant de se connaître par voie d'introspection, de se chercher au fond de soi-même, de se réconcilier avec les différentes facettes de sa personnalité...

Cela m'a permis de percevoir les tensions qui s'étaient enkystées dans mon corps. Elles étaient dues aux efforts constants et énormes que je faisais pour oraliser, lire sur les lèvres et me comporter dans le monde des entendants. J'ai alors pu me rendre compte du caractère artificiel de la langue imposée : le français vocal-labial. Avant cette prise de conscience, tout me semblait aller bien avec ma mère, mes frères, nous nous parlions oralement et c'était bien ainsi... Et puis cette façon de communiquer avec mes proches me devenait pénible, avec la conscience aiguë des tensions dans la gorge et dans tout le corps. Faut-il comprendre que, dans ses tentatives d'adaptation à l'environnement, le corps a la faculté d'encaisser des tensions et des douleurs au point de les oublier ?

Durant les deux années passées comme éducateur à la « rue de Marseille », avec la prise de conscience de la valeur de la LSF, je regardai autrement l'éducation des Sourds. Mon esprit critique s'est développé. Avant, je n'avais jamais rien revendiqué, je n'avais absolument rien d'un militant, j'étais soumis et gentil ! Mais, à ce moment-là, mon âme de militant s'est peu à peu révélée, j'ai commencé à râler, à ruer dans les brancards ! Pour exprimer mon désaccord, je me suis mis à écrire, à rédiger mon analyse critique de l'école des Sourds. En douce, j'en ai fait des copies avec la photocopieuse de la direction, que j'ai distribuées dans l'établissement... Quel tollé parmi les éducateurs et les enseignants ! Je les « tuais » ! Voilà comment j'ai commencé à me battre. Il fallait oser ! Dans mon papier, je critiquais le travail des éducateurs, leurs comportements, la manière qu'ils avaient d'établir la relation avec les jeunes Sourds, le fait que c'était tout juste si certains avaient quelques rudiments de langue des signes... Je ne me souviens pas précisément de ce que j'écrivais à l'époque, mais mon papier a fait des vagues !

Ensuite, en 1981, j'ai intégré la formation d'éducateur à l'École de formation psychopédagogique (EFPP) à Paris. Une formation pour entendants et c'était tout nouveau que cet établissement accueille des Sourds. C'était vraiment une grande première, une ouverture formidable ! Et puis c'est à cette même époque qu'a été fondé au château de Vincennes IVT, le théâtre des Sourds ! Oh, c'était quelque chose ! Je me souviens bien du château de Vincennes, je me revois grimpant cet escalier en colimaçon dans la haute tour, jusqu'à cette épaisse et immense porte en bois qu'il fallait pousser pour pénétrer dans le théâtre des Sourds ! Je revois ce grand espace, ces lourds rideaux noirs, les quelques artistes sourds qui étaient là, travaillant des textes en langue des signes... C'était magnifique ! Il y avait le fondateur américain Alfredo Corrado dirigeant sa troupe de comédiens sourds, son beau parler me fascinait. Il me semble qu'il y avait Guy Bouchauveau, mais je ne suis pas sûr que ce soit dans ce contexte que je l'ai rencontré, lui d'une si grande éloquence en langue des signes... Enfin, des Sourds d'un très haut niveau, nous approchions là des hauts sommets ! Moi qui avais en tête que les Sourds ne pouvaient avoir qu'un petit niveau, je découvrais là le contraire ! J'étais impressionné... C'était beau.

Cette période a été pour moi fantastique. Je vivais dans la pénombre et soudain quelqu'un avait allumé toutes les lumières ! En plus de tout cela, je menais des recherches par moi-même, je lisais beaucoup, des ouvrages touchant des domaines divers, psychologie, sociologie, développement personnel, spiritualité... C'était quasiment une psychothérapie, je traversais une période de tumultes, j'en étais bouleversé. Je me posais un tas de questions à mon sujet. Je menais donc un sérieux travail sur moi-même, je pratiquais le yoga... Et, progressivement, j'opérais une distanciation vis-à-vis de mon vécu et de moi-même. Il faut dire que Paul Jouison m'avait permis d'amorcer ce travail, il m'avait ouvert la voie... Mais le chemin a été long et douloureux.

Qu'il m'a été difficile de me soustraire à l'injonction d'être et de parler comme un entendant. Cet ordre indiscutable et impérieux s'était immiscé dans mon cerveau et s'y était enraciné. C'était un combat permanent pour que je l'extirpe, que je l'arrache de mon être pour le rejeter loin de moi, mais il s'accrochait et me revenait encore et encore... Non, ça n'a pas été chose facile. Donc beaucoup de lectures, de recherches, de pérégrinations pour comprendre, me retrouver... À travers son enseignement transmis dans de nombreux ouvrages, notamment *Les Chemins de la sagesse,* Arnaud Desjardins, une grande figure de la spiritualité, m'a beaucoup apporté dans la compréhension du psychisme humain. J'ai ainsi compris que beaucoup de gens, pour diverses raisons, sont aussi confrontés à de graves problèmes existentiels, ce n'est pas réservé aux Sourds. Je croyais que nous, les Sourds, étions les seuls à être malheureux et qu'au contraire, pour les entendants, tout allait pour le mieux dans le meilleur des mondes. Des portes se sont donc ouvertes sur d'autres réalités, d'autres mondes. Durant toute ma vie et depuis ma plus tendre enfance, j'avais été cantonné à un vase clos, partagé entre la famille et l'école... Et c'est bien grâce à la langue des signes que j'ai pu m'ouvrir au monde.

Pour moi, il y a un avant et un après. La bascule s'est opérée avec la prise de conscience de ce que représente la langue des signes dans toutes ses dimensions. Aujourd'hui, je suis intrigué quand je songe à celui que j'étais avant. Je pouvais dire : « j'aime m'exprimer en français oral », « j'aime converser avec les entendants », « j'aime... » Quand j'y pense, je me dis qu'il n'est pas possible d'avoir été conditionné à ce point. Je n'étais qu'une marionnette, un jouet et non un sujet. Le travail que j'ai dû accomplir pour me retrouver moi-même, pour mettre au jour ma véritable nature, a été considérable ! Et j'ai pu enfin suivre le chemin qui est le mien.

Entre lèvres et livres, mes yeux lisent le monde

Jusqu'à l'âge de douze ans, je ne lisais pas... Je regardais des BD mais je ne lisais pas ce qu'il y avait dans les bulles. Quand j'étais en sixième, une surveillante me répétait qu'il fallait lire et que c'était important. Elle insistait vraiment alors je me forçais un peu. Et puis, nouveauté pour moi, j'ai pris les livres de la « Bibliothèque verte », qui étaient destinés à un jeune public. Au départ, je les lisais un peu sous la contrainte, mais petit à petit je m'intéressais à ces histoires. Parfois, c'étaient des histoires d'amour dans lesquelles un garçon et une fille se cherchaient un peu, ça m'émouvait et me faisait rêver... Bon, des livres vraiment adaptés à mon âge. Je suis donc devenu un lecteur.

En plus, ma mère adorait lire. Elle me conseillait des bouquins, m'en parlait, me racontait... Je m'efforçais de lire sur ses lèvres et m'intéressais à ce qu'elle me disait. Elle me parlait beaucoup, elle parlait de sa famille, de quand elle était petite, de ses frères et sœurs, me racontait ses souvenirs de l'époque de la guerre, l'occupation par l'armée allemande, les troupes qui défilaient dans les rues, la peur... Elle me parlait ainsi, et je tâchais de la suivre en lisant sur ses lèvres... Mais elle avait le souci de communiquer avec moi, avait une réelle envie de transmettre tout ça à son enfant et d'entretenir un lien fort.

Je me suis pris de passion pour la lecture. Les romans agrémentaient ma jeunesse en me transportant dans des histoires diverses, dans mille mondes. En quelque sorte, la lecture des livres comblait les blancs laissés par la lecture labiale. Sur les lèvres de l'interlocuteur, nous ne pouvons pas saisir l'intégralité de son message même s'il articule clairement. Un bon lecteur peut saisir au mieux 50 % du message articulé et, pour le comprendre, il faut faire appel à la suppléance mentale pour compléter les parties non perçues. C'est vraiment un exercice contraignant, peu efficient, on s'en lasse à force. Cela peut à la limite marcher pour des messages simples et courts, notamment à caractère utilitaire. Mais quand un entendant veut me dire quelque chose, je préfère qu'il me l'écrive : comme je maîtrise la langue française, je comprends parfaitement et je réponds de la même manière. Cela me stresse moins que la lecture labiale !

Les livres sont un tremplin vers le monde des entendants, ils compensent le manque d'information quand on se trouve dans un groupe d'entendants où les échanges passent par-dessus ma tête, comme c'est le cas dans une famille ou une entreprise. Ils m'aident à les comprendre, à me rapprocher d'eux et à les voir comme mes semblables. Ils donnent à voir la diversité culturelle et me confrontent à la multiplicité des regards. Le français est une belle langue, riche de son histoire, tout comme la langue des signes française que j'appelle parfois le « sourd », puisqu'elle fait partie intégrante de la personne sourde. La maîtrise de ces deux langues est un passeport pour une vie autonome et pleine. Ce n'est malheureusement pas le cas pour beaucoup de Sourds. Bon nombre de rééducateurs continuent à penser qu'il est normal que les Sourds soient en difficulté avec l'écrit. Cette croyance, qui empêche les Sourds de progresser, est complètement erronée car les pratiques d'éducation bilingue prouvent le contraire : les Sourds peuvent parvenir au même niveau que les entendants en toutes matières, y compris en français.

Mes mains m'ont fait sortir de la prison de l'oralisme

Autrefois, une fois par an, des quêtes menées par les enfants sourds étaient organisées. Maintenant ça ne se fait plus. On allait dans les rues pour quêter, avec une tirelire dans laquelle les gens mettaient la monnaie... On avait une petite broche en forme de canne accrochée à la chemise à hauteur de poitrine. On se répartissait dans différents secteurs de la ville où on se rendait deux par deux. Une fois, j'étais avec un copain sourd, il signait mais n'oralisait pas du tout. Je lui ai proposé d'aller dans mon quartier. Quand on est arrivés dans ma rue, je lui ai montré ma maison et on y est entrés. À ce moment, je n'ai pas pensé à la question de la langue des signes... Mais à peine est-on entrés que je me suis senti affreusement gêné : j'ai ressenti une très grande honte, j'étais comme pétrifié, je n'osais rien dire. Je n'oublierai jamais ce moment. Il y a eu quelques échanges, je ne sais plus ce que mon copain a raconté... Par la suite, ma mère, qui avait pour habitude de me comparer avec les autres Sourds, m'a dit : « Ton copain parle moins bien que toi. » Que voulait-elle dire en fait ? Qu'elle était contente que je parle mieux que mon copain ou qu'elle avait pitié de lui ? Elle était dans le jugement des autres par rapport à moi, « celui-ci parle mieux, celui-là, moins bien... ». Mine de rien, elle me mettait la pression : il fallait toujours progresser pour parler comme les entendants. Cela me prenait tout le temps la tête, ce n'était jamais assez bien. On ne me le disait pas ouvertement, mais je voyais bien qu'on ne me comprenait pas toujours puisqu'on me faisait répéter. Mon désir d'arriver à la perfection tournait à l'obsession et, parfois, je me voyais en rêve parler comme un entendant !

À propos de cette honte que je ressentais, je me souviens d'une autre situation que j'ai vécue entre vingt et vingt-cinq ans. Je me rendais régulièrement au foyer des Sourds de Bordeaux, rue de Sau. Il y avait du monde, tout le monde signait. Il y avait un bureau dans lequel des personnes allaient et venaient en fermant la porte derrière eux, ça devait être sans doute les gens du conseil d'administration : président, secrétaire, trésorier... J'étais très impressionné, c'étaient des Sourds très importants, c'étaient les chefs. Un jour, il y avait un Sourd qui était là, un Japonais avec qui je discutais... Plus tard, il devait partir et aller à la gare mais il ne savait pas où elle se situait, il était un peu perdu. Je lui ai proposé de l'accompagner... Et nous voilà tous les deux à marcher dans les rues de Bordeaux, on a bien dû parcourir deux ou trois kilomètres. Durant tout le trajet, j'ai eu peur, vraiment peur tellement je craignais de rencontrer quelqu'un de ma famille qui me verrait signer. Je ne voulais absolument pas qu'on me voie parler en langue des signes, c'était ma hantise. J'étais angoissé ! Incroyable ! On a marché, comme ça, moi regardant de tous côtés... Finalement, arrivés à la gare, il avait du temps devant lui ; nous n'étions pas pressés et nous nous sommes installés à la table d'un café. On bavardait... Je signais discrètement pour ne pas me faire remarquer – maintenant, je m'en fiche qu'on me voie signer, au contraire, je le montre ostensiblement, mais à l'époque je me faisais petit... À un moment donné, juste derrière mon camarade sourd qui était en face de moi, j'ai reconnu un copain de mon frère qui était déjà venu chez moi. À sa vue, j'ai soudain été paralysé ! Je n'osais plus rien dire. À tel point que mon camarade m'a demandé ce qui n'allait pas. Je devais être pâle. C'est tout juste si j'ai pu lui répondre quelque chose. Imaginez à quel point j'étais perturbé ! J'étais pourtant un grand garçon, j'avais presque vingt-cinq ans.

Nous étions sacrifiés au culte de l'oralisme. À l'école, à la maison, partout et tout le temps... Mes parents s'en faisaient les fidèles apôtres. Leurs intentions étaient sans doute bonnes. Pour mon père, je ne sais qu'en dire, on ne se parlait pas... Quant à ma mère, je sais pertinemment qu'elle n'avait pas l'intention de me rendre malheureux en m'opprimant, en me mettant la pression... Au contraire, elle me poussait et m'encourageait, mais sans se rendre compte que les efforts que je faisais pour oraliser et lire sur les lèvres étaient bien lourds pour moi. Elle croyait faire ce qui était le mieux pour moi. D'ailleurs, à cette époque, on ne parlait pas de la langue des Sourds comme maintenant. Ce n'est que plus tard que je l'ai compris. En plus, il n'y avait pas de mot pour désigner la langue des signes, les « gestes » étaient diabolisés, c'était quelque chose de sale et horrible. C'était l'impression que j'en avais. Il était inconcevable de s'en servir à la maison, ce n'était pas possible, c'était de l'ordre du tabou. Même avec mes frères dont j'étais proche, c'était impossible. Toute une fantasmagorie perverse s'était construite dans ma tête à l'égard de la langue des signes.

C'est donc assez tard que j'ai véritablement pris conscience de la valeur de la langue des signes. Quand une personne entendante m'a montré ce qu'était la LSF, ça a été comme une clé qui m'aurait ouvert une porte restée fermée. J'ai alors emprunté un nouveau chemin. Auparavant, celui que je suivais était sombre, j'étais effrayé, perturbé, je me sentais oppressé... Je n'étais pas libre, j'étais comme emprisonné... La cage était dorée parce que ma mère prenait soin de moi, me nourrissait, me protégeait, veillait à ma sécurité. Et c'est seulement quand j'ai pu évoluer sur mon nouveau chemin que j'ai pu regarder en arrière et voir la minuscule prison qui me tenait enfermé, où tout était étriqué. Désormais, je pouvais voir grand grâce à la langue des signes. Je pouvais assister à des conférences, à des réunions, je pouvais avoir des projets, les gérer seul, je pouvais faire de l'humour et rire... Je pouvais me projeter dans l'avenir et je me sentais faire partie intégrante de l'humanité. Je pouvais faire une multitude de choses qui m'étaient impossibles auparavant !

La formation d'éducateur spécialisé : le temps de la prise de conscience

Ma formation d'éducateur spécialisé, commencée à Paris à l'âge de vingt-six ans, a été pour moi une période importante. Elle coïncidait avec la belle époque du « Réveil sourd. » Alors, évidemment, nous en parlions beaucoup, en langue des signes, avec les Sourds qui étaient en formation avec moi. Forcément, on s'est détachés du groupe des entendants... Eux ne l'ont pas accepté, ils insistaient pour qu'on fasse des efforts pour s'intégrer dans leur groupe. Ils ont fait pression, sans relâche. Du coup, on a cédé, bon gré mal gré, on s'est soumis... Mais petit à petit j'ai commencé à regimber, à résister. Je n'étais plus d'accord, je me suis mis en colère ! J'osais dire non ! Je changeais. Bien sûr, ça n'a pas été facile. Cela m'a demandé du courage. Quand je me dressais pour prendre la parole en langue des signes, j'en avais les jambes tremblantes et des sueurs froides. Avant, je n'aurais jamais osé faire une chose pareille ! Malgré ma peur, mes bredouillements, mes maladresses, j'ai tenu bon !

Cette tendance à nous retrouver entre nous, Sourds, est un phénomène tout à fait naturel. Les professionnels entendants l'interprètent de manière négative : ghettoïsation, comme si nous voulions nous couper des entendants. En fait, nous sommes attirés par le plaisir et la facilité de parler une langue commune. Et puis, on se retrouve entre semblables, on partage une même culture et des expériences similaires. C'est une pulsion normale, il n'y a rien de maladif dedans. En pays étranger, on est bien content de tomber sur des gens parlant la même langue. Nous avons besoin de nous ressourcer à notre culture pour pouvoir nous ouvrir au monde, il y a un équilibre à trouver et c'est à nous d'y parvenir. Les professionnels entendants font une grave erreur en imposant aux enfants sourds l'intégration en milieu entendant.

Dans cette formation, il y avait des cours magistraux, avec interprétation en langue des signes, pour l'ensemble du groupe des étudiants. Il y avait aussi du travail en sous-groupes, mais cette fois-ci sans interprètes. Tout se passait en français oral, et c'était donc très difficile à suivre pour nous, les Sourds. Moi-même, je m'exprimais en français oral et, en pur produit de l'oralisme, je m'efforçais de faire de belles phrases... Dans le sous-groupe dont je faisais partie, il y avait une jeune femme sourde qui oralisait très bien. Tout le monde s'accordait à dire qu'elle « parlait » vraiment très bien et la félicitait. Ça m'énervait. Je me souviens d'une séance de travail, nous rentrions de stages effectués à l'extérieur pendant quelques mois, et nous devions en faire le bilan en groupe. Ma camarade sourde, qui oralisait si bien, a pris la parole pour raconter ce qu'elle avait vécu en stage puis elle a été questionnée par les membres du groupe... Mais, à la surprise de tous, elle a été incapable de répondre. La question fut alors reformulée, mais rien... On réessaya en simplifiant, mais toujours rien ! Il y avait un grand écart entre son haut niveau d'élocution en français et sa difficulté à mettre en œuvre les capacités réflexives nécessaires à l'analyse d'une situation. Cette personne avait grandi dans l'oralisme. Jusqu'à ses dix-huit ans, elle avait fait, chaque semaine, cinq cents kilomètres pour aller suivre des séances de rééducation de la parole chez une orthophoniste des plus réputées, Mme Borel-Maisonny. Elle oralisait donc très bien. Mais cela ne lui avait permis pour autant d'exercer ses capacités réflexives : elle pouvait s'exprimer correctement en français, même si c'était souvent de manière assez plaquée, mais, dès qu'on lui posait une question, elle se trouvait totalement démunie. Cette situation est fréquente chez les Sourds éduqués dans l'oralisme, qui forme des perroquets et non pas des têtes bien faites.

La reconstruction de mon identité personnelle s'est faite très difficilement parce qu'en appui sur une planche pourrie, dans un contexte où les pouvoirs publics ne reconnaissaient pas pleinement la langue des signes, et c'est encore vrai aujourd'hui ! Pour que les Sourds puissent se construire sainement, il faut qu'ils soient reconnus dans toute leur plénitude. Le drapeau français est hissé pour tous, sans distinction... Mais la langue française s'impose à tous, même aux Sourds, c'est là le drame. Une place doit encore nous être faite mais sous la bannière de la langue des signes. C'est le regard des autres qui est terrible : trop souvent, on nous regarde comme des gens de seconde zone, des êtres diminués... Pourtant, nous, les Sourds, sommes comme nos semblables : dans l'immense diversité humaine, notre différence d'avec les entendants n'est qu'un détail ! Pourquoi médecins, rééducateurs et certains parents en font-ils tout un monde ? Nous sommes faits de chair et de sang ; comme les non-Sourds, nous avons les mêmes besoins, les mêmes rêves, les mêmes peurs. Ce regard nous pèse, nous rabaisse, nous oppresse, nous exclut... Le fossé qui nous sépare des entendants, ce sont les professionnels de la santé et de l'éducation qui l'ont creusé.

Je me souviens, dans les années 2000, d'un voyage professionnel d'une semaine en Tunisie, dont l'objectif était d'apporter un soutien à une école de Sourds. Dans ce pays tout d'abord, j'ai été frappé par le regard totalement différent qu'on porte sur la personne sourde, que l'on considère comme une création de Dieu, à l'égal des autres. J'ai été très désorienté. Dans mon propre pays, je me sentais maintenu dans l'ombre, mais, là, on me mettait en pleine lumière. La société dans laquelle on évolue compte pour beaucoup. Avec une collègue de l'Académie de la langue des signes française et un interprète, nous avons visité la petite école de Douz, située aux portes du désert. Il y avait environ cent cinquante enfants sourds de tous âges. Nous avons été charmés par le bonheur manifeste de ces enfants. Dans cette école, la langue des signes qui est un peu différente de la nôtre figure en place centrale, tous les enseignants la pratiquent couramment ainsi que le directeur.

Le contact avec les anciens

J'ai eu de la chance, car lorsque j'étais à l'école des petits à Bordeaux, rue de Marseille, le foyer des Sourds était situé juste à côté. On allait manger au bâtiment des grands, situé à deux cents mètres de nos classes, et on passait alors devant le foyer des Sourds. Par les fenêtres, on les apercevait, ils se parlaient avec leurs mains... Il y avait des adultes sourds de tout âge, y compris des vieux. Déjà tout petit, j'avais donc conscience de l'existence d'adultes sourds. En plus, à l'école des grands, d'anciens élèves venaient parfois. Je les ai vus se parler, raconter qu'ils avaient une voiture, un travail, étaient mariés, avaient des enfants... Je les observais et j'attrapais avidement des bribes de conversation. Je savais que les Sourds avaient une vie après l'école, je voyais un peu ce qu'ils devenaient. Oh, ce n'était pas grand-chose, je les voyais de loin. Je picorais des informations, parce que bien sûr ce n'était pas à l'école qu'on nous expliquait des choses sur les Sourds, les personnalités importantes, l'histoire des Sourds, le congrès de Milan, la Fédération des Sourds, ce qui nous attendait dans le grand monde après les études, etc.

Jusqu'à mes quinze ans, j'ai grandi parmi mes semblables, dans un brassage permanent de LSF et de culture sourde, d'abord à l'école des garçons de Bordeaux et ensuite à celle des filles de Gradignan. Ces établissements accueillaient des Sourds par centaines. Quand je suis allé à Toulouse, au Parc Saint-Agne, en revanche, comme je l'ai dit, j'étais carrément déprimé ! La proximité avec les Sourds a toujours été réconfortante, comme une famille qui vous tient chaud. C'est important d'être avec eux, on se sent vivant ! En retournant travailler à mon ancienne école, rue de Marseille, je me suis ainsi rapproché à nouveau du monde des Sourds, ce n'est pas rien. Dans mon parcours, je ne m'en suis jamais trop éloigné.

Si on suit un chemin qui nous éloigne définitivement des Sourds, toujours parmi les entendants, notre vie s'appauvrit et on perd ses plumes. Je m'interroge sur l'état de santé mentale de ces Sourds qui ont été complètement coupés du monde des Sourds : il y en a beaucoup, que deviennent-ils ? Quand je pense au mal que je me suis donné pour m'en sortir, pour me réhabiliter, pour enfin retrouver une certaine sérénité, tout seul… Je me suis accroché comme on s'accroche à une main-courante, au bord d'un précipice ! Progresser pas à pas, en se cramponnant à la corde, glissant souvent mais sans jamais la lâcher, avec la peur au ventre de tomber comme tant d'autres, les malheureux.

L'universalité de l'expérience sourde par rapport à l'oralisme

L'oralisme est vraiment une calamité, source de bien des drames. Ses effets sur les Sourds sont dévastateurs, ils touchent les soubassements de l'identité, les capacités langagières et cognitives. L'illettrisme est généralisé : 80 % des Sourds ont le niveau du CE2[1]. Ce n'est pas à cause de la surdité, comme les entendants le croient souvent. Si l'éducation était mieux pensée, à l'écoute des besoins réels des Sourds,

1 Ce chiffre de 80 % est avancé dans le rapport de Dominique Gillot, *Le Droit des Sourds. 115 propositions : rapport au Premier ministre*, juin 1998.

les résultats scolaires seraient sûrement bien meilleurs. L'autre facette de l'échec, c'est que bon nombre d'entre eux ne maîtrisent pas leur propre langue, la LSF. Ils ne possèdent même pas une seule langue *a minima* ! Ils sont donc semi-lingues. Quand je les vois, ces Sourds oralisés, je sais exactement ce qu'on a fait d'eux, car j'ai été de ceux-là : ils ne s'appartiennent pas vraiment, on a volé leur identité de Sourd, leur âme. Ils n'existent que comme une pâle réponse au désir des entendants, désir insidieusement entremêlé de peur. Leur vie est bien plus réduite que s'ils avaient pu bénéficier de la langue des signes.

Les Sourds qui ont su se défaire de l'emprise de l'oralisme et qui vivent avec la langue des signes sont tout autres, ils sont eux-mêmes. Il n'y a pas de commune mesure entre la communication d'un Sourd dont on dit qu'il « parle » bien et ce que peut exprimer un autre Sourd dans sa langue naturelle. Des années-lumière les séparent ! Un Sourd à l'aise dans sa langue peut tout dire, faire de la poésie, monter sur scène, faire du théâtre, donner des conférences... Ses possibilités sont immenses, sans comparaison avec l'insignifiance de ce qu'il pourrait exprimer en français oral. Les quelques personnes qui émergent de la masse des Sourds oralisés et qui affichent leur réussite en matière de communication orale-vocale donnent une image trompeuse, qui ne résiste pas à un examen plus approfondi. En réalité, leurs possibilités sont considérablement réduites. J'ai eu moi-même l'occasion de recueillir les douloureuses et poignantes confidences de certains d'entre eux. En revanche, les Sourds pratiquant la langue des signes n'ont pas de problème particulier : leur vie leur appartient !

Ce que j'ai vécu n'est donc pas quelque chose de singulier. Combien de fois ai-je en effet entendu des récits de vie tellement proches de ma propre expérience ! Cette période où nous avons été condamnés à devoir articuler en français est toujours vécue rétrospectivement comme un cauchemar, quelque chose qui s'oppose à la vie ! Ce que nous ressentions était très étrange, comme si nous errions dans les limbes...

Le fait d'être exposé en permanence à une langue qu'on ne maîtrise jamais, comme c'est le cas pour les Sourds avec le français oral, provoque un amoindrissement des facultés cognitives et rend tout apprentissage extrêmement difficile. C'est comme regarder une émission télévisée cryptée sans décodeur. Mais si vous branchez le décodeur, l'image confuse, quasi indéchiffrable, devient soudain limpide, tout est clair. L'effet langue des signes sur les Sourds est tout à fait comparable à celui de ce décodeur ! Elle est pour eux naturelle, confortable, parfaitement adaptée.

Pour ma part, je me souviens de l'effort intellectuel qu'impliquait tout discours en français oral. Par exemple, quand il m'a fallu une assurance pour ma première voiture, je me suis rendu dans un cabinet d'assurance la peur au ventre. Longtemps à l'avance, je retournais dans tous les sens ce que je devrais dire, j'en avais des sueurs froides. Face au courtier d'assurance, j'articulais du mieux que je pouvais, très tendu. Mais l'échange restait fruste, c'était terrible ! Aujourd'hui, quand je dois faire ce type de démarche, je sais que j'aurai affaire à quelqu'un qui ne connaît pas la langue des signes : ce n'est pas grave, on se débrouillera avec l'écrit. Ce n'est pas de ma faute ni de la sienne, on ne parle pas la même langue et c'est tout. Cet état d'esprit rend les situations très différentes. Nous gérons mieux les obstacles à la communication et, au final, celle-ci se passe bien mieux, sans trop de tension.

Mon expérience professionnelle auprès des enfants sourds-aveugles

Au tout début de ma carrière d'éducateur, j'ai travaillé avec des Sourds-Aveugles pendant un an au centre d'éducation des Sourds-Aveugles de Larnay, près de Poitiers. Je découvrais alors le monde passionnant de ces enfants. Leur éducation est extrêmement difficile, elle n'est pas aussi idyllique que dans la légende de la célèbre Américaine Helen Keller. Elle implique un lourd encadrement et un programme très élaboré. J'ai acquis un savoir précieux en ce domaine grâce à l'intervention de William, un expert norvégien de l'éducation des Sourds-Aveugles. Il avait intégré l'établissement pendant quelques mois pour accompagner l'équipe et partager sa conception éducative. William avait le don de mettre en confiance les enfants sourds-aveugles. Il pratiquait couramment la langue des signes norvégienne et, en peu de temps, il avait intégré la langue des signes française.

Pour partager avec l'équipe sa conception d'une éducation adaptée aux enfants présentant le double handicap de l'ouïe et de la vue, il décida de réaliser des vidéos dans l'établissement. Il filma des séquences éducatives : le lever, l'habillage, le petit-déjeuner, une situation pédagogique en classe, une activité en plein air, etc. Le but était d'étudier les interactions entre l'éducateur et l'enfant dans ces diverses activités, de voir comment s'établissait la communication.

À une réunion d'équipe, William nous montra un de ces montages vidéo : on y voyait, dans plusieurs situations, une petite fille sourde-aveugle de six ans et son éducatrice. La première réaction de mes collègues fut de s'extasier devant la qualité de la communication entre leur collègue et l'enfant. Je ne partageais pas cet avis. J'ai alors demandé de repasser la vidéo, en coupant cette fois le son. Tous prirent alors conscience que, sans la parole sonore que l'éducatrice utilisait beaucoup avec l'enfant, la communication se révélait au contraire bien pauvre, les mains de l'éducatrice étant presque muettes ! Elle ne disait que quelques mots en LSF que l'enfant percevait au contact de ses mains. Mais, au final, l'ensemble du message était incompréhensible.

L'éducatrice qui avait été filmée prit bien mal mon intervention. Me jetant un regard noir de colère, elle sortit de la salle en claquant la porte. Ma demande n'était pourtant entachée d'aucune volonté de polémique, attaque ou critique personnelle. J'avais une seule intention : contribuer à la réflexion commune, pour que nous puissions tous progresser vers une meilleure compréhension des enfants accueillis et répondre au mieux à leurs besoins. Si je relate cette histoire, c'est pour dire que la présence de professionnels sourds apporte un plus à l'encadrement des enfants sourds-aveugles. En effet, de par leurs capacités visuelles plus développées, leur connaissance de la LSF et leur sensibilité exacerbée par leur expérience de Sourds, ces professionnels perçoivent des choses qui échappent la plupart du temps aux entendants.

Si William avait de grandes facilités à établir le contact avec les enfants, c'était parce qu'il avait un abord chaleureux, il les prenait à bras-le-corps, il jouait avec eux et, par-dessus tout, il prenait plaisir à être avec eux. Je garde un bon souvenir de ce remarquable éducateur. Nous étions devenus amis, nous nous voyions en dehors du travail. Il avait quelque chose de rare : ce regard qui valorise, élève, humanise...

Finalement, je ne suis pas resté dans cet établissement bien longtemps, juste une année. Il a fallu que je quitte la région à la suite d'une aventure amoureuse qui a chamboulé ma vie...

Je prenais la vie des Sourds en main

Après une longue absence, je suis revenu à Poitiers. À cette époque, celle qui, par la suite, allait devenir ma compagne, Élisabeth, assurait un cours hebdomadaire de français écrit à des adultes sourds. J'y participais en observateur puis, ensuite, en tant qu'assistant. Les stagiaires avaient déjà appris le français pendant plusieurs années, mais ils étaient en échec. Jusqu'alors, ils n'avaient vécu, de cet apprentissage, qu'une expérience de cours fondés sur l'oral. Cette expérience avait été pour eux terriblement fastidieuse, éprouvante... et inefficace. Ils découvraient alors avec bonheur une autre forme d'apprentissage, à l'aide de la langue des signes. C'était nouveau pour eux de découvrir que l'acquisition de cette langue pouvait être un plaisir, presque un jeu !

Certains stagiaires ont alors exprimé le désir d'apprendre d'autres choses que le français écrit. C'est ainsi que dans ma tête le projet d'une formation de longue durée a émergé. Ma carrière a pris une autre orientation : je me suis lancé dans l'organisation de formations.

C'était nouveau pour moi : recherche de subventions, embauche de formateurs et autres employés, gestion des salaires, etc. Je n'avais pas été formé pour ça et c'était vraiment un défi ! En plus, à cette époque-là – c'était en 1985 –, le métier d'interprète n'était pas officialisé et il n'y avait pas de services d'interprètes comme maintenant on peut en trouver dans toutes les grandes villes. Si j'ai pu faire toutes les démarches administratives, rencontrer les élus, c'est grâce à la collaboration d'Élisabeth qui m'apportait son concours comme interprète. Je n'aime pas mélanger les pinceaux, en « utilisant » ma compagne comme interprète, mais, à l'époque, je n'avais pas le choix si je voulais réaliser mon projet de créer une formation pour les Sourds. Ainsi, sa collaboration m'a été précieuse et je pouvais lui faire entièrement confiance.

J'ai donc pu rencontrer le service formation du conseil régional, le délégué de la Direction régionale de la formation professionnelle et bien d'autres organismes. Il m'a fallu présenter mon projet, mon dossier, convaincre de son opportunité, discuter programme pédagogique et finances, expliquer les besoins des Sourds, leur décrire leur situation, leur parcours scolaire... Pour ces interlocuteurs, c'était évidemment inhabituel de se trouver face à une personne sourde, de communiquer par le truchement d'une interprète. À cette époque-là, nous étions pratiquement de parfaits inconnus. Il m'a fallu à chaque fois présenter notre communauté, notre histoire, notre langue... Et aussi expliquer que l'interprète ne faisait que traduire mes paroles et que c'était moi qui parlais en langue des signes, qui étais responsable de l'affaire. Ce n'était pas évident d'emblée pour mes interlocuteurs. À chaque rencontre avec un interlocuteur administratif, c'était la stupeur quand ils découvraient que notre langue avait été interdite dans notre éducation !

Je prenais en main ma vie, c'est le cas de le dire ! Et aussi la vie des Sourds, en leur offrant des moyens de s'améliorer, de sortir d'une histoire marquée par l'échec. Échec scolaire, échec de relation avec la famille... Mon autonomie s'élargissait, j'assumais de grandes responsabilités en allant dans le sens de mes désirs, de mes rêves. Finalement, après de longs pourparlers, j'ai réussi à obtenir le financement pour une formation de six mois à plein temps. J'ai embauché plusieurs formateurs et aussi un interprète. Dix stagiaires sourds ont bénéficié de cette formation préqualifiante. Ils avaient tous eu un parcours oraliste et la formation leur a apporté une grande ouverture. L'élément essentiel dans la pédagogie, c'était évidemment la place accordée à la langue des signes. Dans ce cadre, en effet, leur langue et leur culture étaient valorisées et occupaient une place centrale. Et c'était nouveau pour eux de recevoir des cours assurés par des formateurs sourds, cela n'était jamais arrivé durant leur scolarité. De surcroît, la responsabilité et la gestion de leur formation étaient assurées par un Sourd : c'était une révolution dans leur pensée ! En effet, il était auparavant impensable pour eux qu'une personne sourde détienne un poste de responsabilité dans l'organisation d'une formation et qu'elle exerce une autorité sur une équipe mixte, composée de Sourds et d'entendants.

Je garde un merveilleux souvenir de ce stage. C'était un cadre vivant. Les stagiaires pouvaient s'exprimer et apprendre dans leur langue. Pour eux autant que pour moi, c'était dans notre vie une parenthèse riche et joyeuse.

Il est difficile de sortir de l'oppression historique

Après cette première expérience qui s'est révélée pour les stagiaires nettement positive, j'ai enchaîné sur une formation de plus longue durée, de neuf mois. J'avais désormais l'aval des administrations qui ont apprécié le premier bilan à travers le témoignage des stagiaires eux-mêmes. De réticent au début, leur regard sur moi en tant que responsable de formation est devenu positif. Elles m'accordaient leur confiance. J'avais à cette époque le projet d'étendre mes activités en montant un centre national de formation pour les Sourds. Elles étaient prêtes à me soutenir financièrement.

J'aurais pu continuer jusque-là. Malheureusement, le contexte de l'époque n'était pas favorable. Il y eut des tensions, des jalousies, des médisances. Certains Sourds n'intégraient pas la possibilité pour un des leurs de prendre en charge leur propre destin et de se passer de la tutelle des entendants. C'est souvent l'histoire des peuples minoritaires qui peinent à sortir de l'oppression historique et à emprunter le chemin de la construction collective. Derrière tout cela, il y avait quelques entendants qui avaient intérêt à garder leur pouvoir en maintenant les Sourds sous leur tutelle et qui, pour ce faire, les dressaient contre mon projet, contre ma personne.

Finalement, dépassé par ces conflits, j'ai mis un terme à mon projet. J'ai ensuite intégré le Centre de promotion sociale des adultes sourds de Paris pour occuper le poste de responsable de formation sous la direction d'Arlette Morel, elle-même sourde. J'y ai travaillé pendant un an. J'en garde un bon souvenir. À Paris, du fait du Réveil sourd, il y avait un riche foisonnement culturel chez les Sourds. J'en ai profité pour rencontrer de nombreuses personnes et pour assister à diverses manifestations. C'était l'émulation de la nouveauté. Nous étions les Christophe Colomb de la culture sourde : nous découvrions et explorions notre propre monde !

Je suis revenu à Poitiers pour m'investir dans un travail de recherche. J'ai été chargé, à la demande du président du Centre de recherche, de formation et de promotion de la langue des signes, d'une étude portant sur les besoins des Sourds de la région en matière de qualification professionnelle. Cette action a été soutenue par plusieurs organismes financiers, le conseil régional, les conseils généraux, l'AGEFIPH, etc. Et elle a été supervisée par le CNRS (Centre national de la recherche scientifique). J'ai pu mener l'affaire jusqu'au bout par la rédaction d'un gros rapport d'étude. Cette expérience a prouvé ma capacité à conduire des projets importants. La langue des signes facilite la communication à tous les niveaux, y compris pour négocier des subventions. Par le truchement des interprètes, mes interlocuteurs entendaient clairement ce que je disais. Et je m'affirmais clairement dans mon identité de Sourd capable de prendre en charge nos problèmes existentiels.

Le rapport devait déboucher sur la mise en place d'une structure régionale. Mais, à la suite du décès tragique du président, le projet est tombé à l'eau. Cet épisode réveille en moi une grande tristesse. Il révèle notre très grande vulnérabilité, notre difficulté à construire des projets collectifs. On ne se remet pas facilement de la longue privation de sa propre langue.

Le poste de directeur à l'Académie de la langue des signes française

À la demande de Guy Bouchauveau, alors président de l'Académie de la langue des signes française, j'ai ensuite occupé le poste de directeur de cette association pendant sept ans à Paris. Je faisais des allers-retours en TGV chaque semaine, partageant ma vie entre capitale et campagne, entre travail et famille. Ce centre organise pour l'essentiel des cursus d'enseignement de la LSF destinés aux entendants. Il y avait également des formations destinées aux Sourds qui voulaient s'exercer au métier d'enseignant de LSF et d'autres activités : la recherche sur les structures de la LSF et l'organisation de séminaires et de conférences. C'était un lieu vivant où la langue des Sourds avait toute sa place à longueur de journée. À l'Académie de la LSF, je dirigeais une équipe mixte de Sourds et d'entendants. J'assumais avec assez d'assurance mes fonctions de directeur et j'ai mené la barque sans trop de mal. Plutôt bien même puisque, au sein de la communauté sourde, l'Académie était devenue un symbole fort de la réussite des Sourds, de l'affirmation de nos valeurs : notre langue et notre culture. Et même, notre réputation s'étendait au-delà de nos frontières. N'empêche que ce n'était pas évident de tenir le rôle de directeur, surtout quand il s'agissait d'affirmer mon autorité vis-à-vis de mes collaborateurs entendants. Comme la plupart des Sourds, j'ai grandi dans la croyance en notre infériorité vis-à-vis des entendants. Il m'a fallu un énorme travail sur moi pour acquérir des convictions, des attitudes positives et dynamiques. Ce n'était pas facile de me défaire du passé, du poids d'une histoire stigmatisante. Enfin, je suis arrivé à surmonter, du moins en partie, ces obstacles et à trouver un certain équilibre.

En 2000, j'ai organisé un voyage d'étude en Suède pour mon personnel formateur. Le but était de lui permettre de connaître les avancées du pays en matière de politique éducative, culturelle et sociale des Sourds. Par rapport à la France, la Suède était alors en avance d'une trentaine d'années : la langue des signes suédoise était reconnue par l'État depuis les années 1970, le bilinguisme suédois-LSS (langue des signes suédoise) et écrit était recommandé et le regroupement des enfants sourds au sein de grandes écoles était encouragé. La langue des Sourds était donc reconnue en lien étroit avec la communauté sourde. Durant notre séjour d'une semaine, nous avons visité le service d'interprètes de Stockholm, un centre de recherche de pointe sur la LSS, les bureaux de la SDR (Association nationale des Sourds), deux écoles de Sourds et bien d'autres lieux. Nous avons été émerveillés par le haut niveau intellectuel et l'autonomie sociale de nos interlocuteurs suédois. Nous avons alors pu mesurer l'écart en termes de retombées sur notre vie entre une politique fondée sur l'approche médicale de la surdité et celle fondée sur la reconnaissance de la langue et de la culture du peuple sourd. Dans les pays de la Scandinavie, les parents sont encouragés à apprendre la langue des Sourds et les cours sont intégralement pris en charge par l'État.

À la recherche d'autres horizons professionnels

Après sept ans de travail au sein de l'Académie de la LSF, je voulais me diriger vers d'autres horizons. Ainsi, j'ai entrepris une formation de naturopathe dans une école privée de Paris. La formation s'étalant sur quinze mois était dense et le rythme soutenu. Mais j'ai abandonné à mi-parcours : si les moyens avaient été prévus pour l'intégration d'une personne sourde, j'aurais pu aller jusqu'au bout. Ce n'était pas le cas. Il m'a fallu me démener comme un diable pour obtenir le financement nécessaire pour l'interprétation tout le long de la formation. Le budget était d'environ 60 000 euros. L'AGEFIPH, instance nationale chargée des aides à l'insertion professionnelle des personnes handicapées, m'a accordé environ 10 000 euros. Je me suis livré pendant plusieurs mois à un véritable parcours du combattant et j'ai finalement pu obtenir 40 000 euros, ce qui correspondait à deux tiers de mes besoins. En plus, j'étais chargé de coordonner le planning des interventions des interprètes auprès de cinq services différents de l'Île-de-France et aussi d'assurer la comptabilité. Cela me prenait un temps fou et me minait les nerfs. Je n'étais donc pas dans de bonnes dispositions morales et physiques pour suivre la formation qui était assez dense. C'est pourquoi je ne suis pas allé jusqu'au bout. Il y avait aussi le fait que j'étais le seul Sourd dans le groupe. Je m'y sentais comme un étranger et c'était vraiment stressant à la longue.

Me remettant de cet échec, je me suis inscrit à une autre formation professionnelle, la formation d'animateur d'ateliers d'expression créatrice par les arts. Cela se rapproche du métier d'art-thérapeute. Je n'étais pas le seul Sourd puisqu'il y avait Florence. La présence d'une autre personne sourde aide beaucoup à l'intégration dans un groupe d'entendants, on s'y sent moins seul, moins étranger. Il y avait des interprètes lors des cours, mais pas pendant les pauses. Pendant ces moments-là, c'est bien de pouvoir parler en langue des signes. J'ai finalement pu aller jusqu'au bout de la formation.

Ma trajectoire professionnelle, on l'a compris, n'est pas une ligne droite toute tracée dès le départ par le choix d'un métier que j'exercerais tout le long de ma vie. J'ai changé plusieurs fois de métier. En fait, celui d'éducateur, je ne l'avais pas vraiment choisi. Tout jeune, je l'ai dit, j'étais passionné par l'astronomie et je voulais travailler dans les étoiles comme astrophysicien. Cette ambition me portait jusqu'à la terminale, mais la dépression me l'a fait perdre. Je ne me voyais plus motivé pour faire de longues études universitaires. La formation d'éducateur spécialisé présentait alors pour moi l'intérêt d'études relativement courtes. Et puis, surtout, je voulais travailler avec des Sourds.

Les différents métiers que j'ai exercés sont plus ou moins liés au monde des Sourds. Je ne regrette pas mes choix. Pour avoir travaillé dans différents domaines, l'éducation, la formation, la recherche, l'art-thérapie, j'ai acquis une expérience riche et diversifiée. J'ai prouvé ma capacité à occuper des postes à responsabilité. Je sais où je veux aller. En matière d'éducation des Sourds, je ne supporte pas la médiocrité, l'à peu près. Que les éducateurs ou enseignants aient un niveau nul ou médiocre en LSF me révulse. Pour moi, comme pour la plupart des Sourds, la langue des signes est le passeport obligé pour l'accès à la connaissance et à la vie en général. J'ai pu voir les dégâts du manque de LSF. Bien des vies sont considérablement limitées à cause de ça. Bien sûr, la vie des Sourds ne se résume pas à la question de la langue, mais la langue est la base essentielle du développement de la personne.

Les premiers apprentissages sociaux se font dans la famille

Revenons au fil de mon récit... Tout jeune, j'étais incapable de me projeter dans l'avenir. Si je voyais quelquefois des adultes sourds, je les apercevais de loin et c'était toujours de manière fugace. Je n'avais jamais eu aucune discussion avec l'un d'eux. Et en plus on ne nous parlait pas de la vie des Sourds dans le vaste monde, de leur histoire, de la politique à leur égard, du combat des Sourds pour leur reconnaissance, etc. Rien de tout ça ! Comme si une lourde chape de silence couvrait la mémoire de la communauté sourde. Notre avenir se réduisait à ça : il faut parler pour réussir dans le monde. Le monde était bien évidemment celui des entendants, puisqu'il n'était pas question du monde des Sourds. Notre univers était focalisé sur l'oral et les entendants.

Nous n'étions pas préparés à la vie d'adulte. Je pense par exemple au rôle de père que j'ai dû apprendre par moi-même, sans l'aide de références. Avec ma compagne Élisabeth, nous avons élevé six enfants, les quatre de son premier mariage et les deux que nous avons eus ensemble. Il m'a fallu tout inventer. Dans ma famille originelle, en effet, je ne trouvais pas les connaissances utiles pour assumer ce rôle de père : comment communiquer ? Comment exercer son autorité ? Quel équilibre entre affection et autorité ? Et bien des questions... Mon père, je l'ai dit, s'était complètement désinvesti de sa relation avec moi. Il n'y avait rien eu entre nous, si ce n'est du silence et de la peur. Pas de conversation ni de manifestation d'affection, ni même un regard de reconnaissance... Et auprès des adultes de la famille, du côté des oncles et des grands cousins, je ne trouvais pas de substitut paternel.

Mes deux grands frères avaient néanmoins avec moi ce rôle : ils me protégeaient et me guidaient. Ils m'enseignaient plein de choses. Par exemple, mon frère aîné Didier, qui s'intéressait à la philosophie, me parlait pendant de longues heures de l'existentialisme de Sartre, du mythe de Sisyphe ou de

Camus. Je m'accrochais laborieusement à ses lèvres bavardes. Je ne comprenais pas tout, mais j'évitais de le lui dire pour ne pas qu'il soit déçu. Je craignais de le décourager dans son enthousiasme à communiquer avec moi. J'étais content qu'il me parle, qu'il s'intéresse à moi et qu'il veuille partager avec moi ses réflexions, même si la lecture labiale était ardue et fatigante. Mon autre frère Bernard, plutôt branché science et technique, m'apprenait plein de choses sur le fonctionnement des machines, sur des concepts scientifiques, bien souvent à l'aide de schémas. Ses dessins de moteurs à deux et à quatre temps restent gravés dans ma mémoire. C'est bien plus facile à déchiffrer sur les lèvres qu'un discours de philo !

Élisabeth et moi vivons en couple depuis plus de trente ans. Elle est entendante. Avec elle, la vie de famille est différente de celle que j'ai connue pendant mes jeunes années. Bien sûr, ma position n'était pas la même, là n'est pas la question. La différence porte sur la communication au sein de la famille. Enfant, j'ai grandi dans une langue qui n'a jamais été la mienne malgré tous mes efforts pour l'acquérir. Quand Élisabeth et moi avons décidé de vivre ensemble, avec ses quatre enfants, nous nous sommes d'emblée mis d'accord pour que la LSF soit la langue d'usage dans la famille, notamment en ma présence. Lorsque je ne suis pas là, ma compagne et ses enfants recourent bien sûr au français oral. Cela ne les empêche pas de parler parfois la LSF entre eux. Le fait que je ne sois pas le père des quatre premiers enfants a certes compliqué les choses au début. L'aîné a ressenti l'obligation de parler la LSF comme une certaine contrainte. Il faut dire qu'il a mal vécu le divorce de ses parents et le fait que sa mère vive avec un autre homme, avec moi. Ce conflit est dans l'ordre des choses et, avec le temps, les heurts se sont tassés et les blessures apaisées.

Entre Élisabeth et moi, c'est une relation plus entre une femme et un homme qu'entre une entendante et un Sourd. Bien sûr, la différence de culture intervient en partie dans l'organisation de la vie quotidienne. Elle conditionne nos sorties culturelles et nos rencontres sociales. Par exemple, nous n'allons voir ensemble une pièce de théâtre que si elle est bilingue ou tout au moins adaptée aux Sourds. Des pièces de théâtre purement visuelles, cela existe, mais c'est rare. C'est pareil pour les rencontres sociales. Ma compagne s'intègre sans problème dans les deux mondes. Elle parle couramment la langue des Sourds et elle prend plaisir à rencontrer des Sourds. De mon côté, l'intégration dans la société des entendants est plus problématique, même dans ma propre famille ou dans celle d'Élisabeth. Ma langue y est presque totalement absente et puis je n'ai plus envie de faire des efforts pour oraliser et lire sur les lèvres. J'en ai eu mon compte ! Je préfère m'absenter de ces réunions de famille plutôt que de subir le supplice de l'étranger en mal de son propre pays ! Cette situation provoque parfois entre nous frictions et frustration. Quand on s'aime, on voudrait partager le plus de choses qui nous tiennent à cœur. La famille est importante pour notre vie. Qu'on le veuille ou non, nous sommes rattachés à l'histoire de la famille. En ce qui me concerne, j'ai fait mon deuil : je ne vais pratiquement plus voir ma famille élargie. Mais, au fond, ce n'était pas mon choix de couper les ponts. Il aurait suffi que quelques-uns aient une connaissance même rudimentaire de la langue sourde pour que je m'y sente à l'aise.

À de rares occasions, quand je consens à participer aux rencontres familiales, Élisabeth traduit parfois les conversations. C'est si bon d'échanger et cela me rétablit en quelque sorte comme membre de la famille. Mais cela reste exceptionnel, parce qu'Élisabeth est ma compagne et non mon interprète. Sinon, il y a confusion de rôles et cela peut mettre à mal le couple. Je préfère que les aides à la communication soient assurées par des professionnels neutres, indépendants de la famille, dont je monnaye les services. Comme cela, je suis libre, et je n'ai pas de dette à l'égard de qui que ce soit. Je tiens à mon indépendance.

Même sang mais langue différente

Ma mère est décédée en 2013, à la veille de ma traversée de la frontière italienne. À ce moment-là, avec cinq compagnons et compagnes, nous faisions une marche militante de mille kilomètres de Paris à Milan. Elle est partie à l'âge de quatre-vingt-douze ans, sans connaître ma langue, même pas le moindre mot. Ainsi son départ m'a laissé regret et interrogation : pourquoi n'a-t-elle pas pu s'ouvrir à ma langue ?

À l'époque de la survenue de ma surdité, à la fin des années 1950, l'oralisation était alors présentée comme la seule voie de la réussite sociale pour les Sourds. Dans le contexte où les Sourds étaient socialement dévalorisés car considérés comme des handicapés lourds, la situation des parents devait être incertaine, voire périlleuse. Malgré tout, ma mère a persisté dans sa foi en mon devenir, elle avait confiance en moi. Elle m'a entouré de mille douceurs et m'a prodigué les enseignements essentiels de la vie. En somme, elle a été pour moi pleinement mère.

Les possibilités en matière de scolarité étaient considérablement limitées et il a fallu que ma mère se démène pour que je puisse suivre des études même au-delà du baccalauréat. De même pour la communication, elle n'a pas lâché la bride en me mettant tout le temps en situation de discussion, d'échange... bref de parole. Les échanges étaient riches et diversifiés, ils n'étaient jamais placés sous le sceau de l'obligation et ils ne tombaient pas dans la banalité ou l'utilitaire. Ma mère devait être rassurée de voir que je pouvais communiquer par la parole vocale, même si j'étais loin d'atteindre le niveau des entendants. De mon côté, je faisais d'énormes efforts pour oraliser et lire sur les lèvres, mais cela me semblait normal, la satisfaction de l'échange primant sur l'inconfort et la frustration.

Jusqu'au jour où j'ai arrêté de parler avec ma voix, enfin la voix sonore, même avec les proches de ma famille. La transformation de mon comportement linguistique a été mal vue, elle a même été jugée radicale par certains. Même si, par exemple lors de voyages dans un pays dont on ne maîtrise pas la langue, ils ont pu avoir un infime aperçu de ce que nous ressentons, ils ne peuvent imaginer ce que nous vivons au quotidien et mesurer ce que cette situation induit pour nous de limitations, de frustrations, de doutes et de souffrances. Je comprends donc leur point de vue, leur réaction. Cependant, je ne pouvais ni ne voulais plus continuer à utiliser un mode de communication, celui de l'oralisation, qui m'apparaît désormais bien limité et bancal comparé à ce que peut donner la langue visuelle. Comme si, après avoir été entravé, limité pendant des années, je trouvais enfin la liberté de me déployer totalement. Comment retourner alors à l'état antérieur ?

Il n'est pas étonnant que ma mère n'ait pas compris cette transformation. Je lui écrivais souvent et dans mes lettres je ne manquais pas de lui décrire la transformation positive que m'apportait la langue des signes, ainsi que l'expérience éprouvante de l'oralisation. Je lui parlais aussi des richesses que je trouvais dans la culture sourde. Non pour la culpabiliser, mais pour qu'elle comprenne les raisons, le bien-fondé de mon choix. Une fois même, j'ai fait venir une interprète chez elle pour avoir une discussion franche. Cela m'a fait bizarre de devoir passer par le truchement d'un interprète pour nous parler, entre mère et fils ! C'était peine perdue, elle n'a jamais compris.

Je ne lui en veux pas, elle m'a donné le meilleur d'elle-même. Mais je ne peux m'empêcher de ressentir un immense regret, en rêvant à ce qu'aurait apporté à notre relation le fait qu'elle s'ouvre, tant soit peu, à la seule langue qui me permet d'être moi-même. C'est dur à vivre, la pensée que ce fossé subsiste à jamais entre nous. Mais j'arrête là d'en parler, c'est trop de souffrance.

Il faut absolument que les parents d'enfants sourds s'ouvrent à la langue et à la culture des Sourds. S'ils connaissent les rudiments de la langue visuelle, cela aide grandement la communication et, par-dessus tout, cela les rapproche sur le plan affectif. La vie devient nettement meilleure ! Tout le système fait pression sur les parents pour que l'enfant sourd colle aux normes du sonore. L'oralisation, l'appareillage prothétique et l'implantation cochléaire compliquent la vie des Sourds bien plus qu'ils ne leur apportent de réponse. Ils leur font courir le risque d'une désintégration identitaire. En voulant les transformer en entendants, l'approche oraliste fait perdre aux enfants sourds leur identité. J'ai vu bien des âmes sourdes en peine dans un no man's land. Sans langue, sans identité, il n'y a pas de vie réelle, ou bien elle est considérablement réduite. Une vie fondée sur le refus, sur le déni de la surdité ne peut être épanouie, ouverte sur le monde. Quand nous nous rencontrons entre nous, Sourds, nous disons souvent, dans les moments où nos mains se délient à qui mieux mieux : « Les Sourds sont heureux ! » Effectivement, heureux, nous le sommes. Même si la vie n'est pas toujours facile, même si nous affrontons certains jours l'indifférence des entendants, même si nous expérimentons parfois la solitude, nous ne souhaitons absolument pas devenir des entendants ! Nous ne les envions même pas ! Il y a plein de bonheur dans notre vie entre nous, grâce à nos mains-langue.

Mes enfants ont grandi dans deux langues et deux cultures

Ma compagne et moi n'avons pas eu de problème particulier pour accompagner nos deux enfants, Valentin et Guilhem. Ils ont grandi dans deux langues, deux cultures. Mes enfants ne connaissent pas ma voix, enfin ma voix sonore. Parce qu'il y a une voix visuelle et, celle-là, mes enfants l'entendent ! On dit que les Sourds sont muets, qu'ils n'ont pas de voix ou plutôt que leur voix est bizarre... Ces jugements sont établis par rapport à la normalité que représentent les entendants. Nous avons grandi dedans, dans l'idée que nous ne sommes pas normaux. En fait, notre voix n'est pas dans nos cordes vocales, mais dans les mouvements de notre corps. Valentin et Guilhem ont vécu au sein de notre famille en situation de bilinguisme. Le parler gestuel est pour eux tout à fait naturel. Cependant, la langue des signes n'existait pas dans leur scolarité, de la maternelle jusqu'au lycée. Sur l'initiative de leur instituteur au primaire, je suis intervenu plusieurs fois auprès des enfants de leur classe pour une animation sur ma langue et sur le monde des Sourds. C'était vraiment une découverte extraordinaire, celle d'une langue qui s'exprime par le corps, les mains et les yeux ! Évidemment, mes enfants étaient fiers de montrer cette langue à leurs camarades.

Entre mes enfants et moi, les échanges sont riches, grâce à la langue des signes. Les thèmes abordés sont divers. Il n'y a pas de limite. Les enfants ont toujours soif de discussions, d'échanges. Tous les styles de parole sont possibles, pour des discussions sérieuses ou pour des échanges de détente, de rire. L'expression du visage laisse apparaître l'état moral de l'interlocuteur. Nous pouvons ainsi voir s'il est détendu, excité ou triste et adapter notre parole en fonction. Notre langue permet une grande flexibilité et une grande créativité. En étant bien campé dans mon identité de Sourd, je suis au clair dans mon statut de père de famille. J'ai pu accompagner pleinement mes enfants sur le chemin de leur croissance. Si j'étais resté dans l'oralisme, la communication n'aurait pas été aussi riche ni aisée. Cela me donne des cauchemars rien que d'y penser…

Valentin et Guilhem vivent désormais leur vie d'adulte. Valentin a obtenu haut la main son diplôme de polytechnicien. Guilhem, quant à lui, n'a jamais été porté sur les études. Il est néanmoins allé jusqu'au bac. Il a choisi une vie style « baba cool » en faisant des travaux saisonniers et en se déplaçant avec sa copine dans un camion qu'ils ont superbement aménagé. Valentin a un titre socialement prestigieux, mais je suis fier autant de l'un que de l'autre. L'important pour moi est qu'ils soient heureux, qu'ils soient bien dans leur peau et qu'ils fassent leurs propres choix. Je suis convaincu que la langue des signes est pour beaucoup dans leur réussite. Non pas en tant que telle, mais en ce qu'elle me permet d'être pleinement moi-même et donc de construire avec eux une relation saine. Et aussi du fait qu'elle permet une communication aisée et pleine. Bien sûr que la langue ne suffit pas dans la relation filiale. Une multitude d'autres facteurs interviennent, notamment le facteur amour. À ce propos, un Sourd ne peut vraiment s'aimer lui-même s'il n'entretient pas un rapport positif, valorisant et dynamique à la langue des signes et à son identité sourde. Cette thèse m'est chère, ma propre expérience et celle de mes compagnons et compagnes de « surditude » me permettent de l'affirmer sans conteste. Ce qui me fait dire souvent que les mains-langue sont pour les Sourds la voie la plus sûre vers leur royaume au-dedans de soi.

Mes enfants considèrent mon identité de Sourd comme une normalité, non comme un problème, et moins encore comme un handicap. Ma compagne m'a rapporté ce que lui avait un jour raconté notre fils Guilhem. Quelqu'un lui avait demandé si c'était difficile de vivre avec un père sourd, et il avait alors répondu : « Ah non, au contraire, je sens que c'est un "plus" dans ma vie, c'est une chance, j'ai quelque chose dans ma vie que les autres, eux, n'ont pas ! » Une autre histoire concerne notre fils aîné, Valentin : en classe de terminale au LPI (Lycée pilote innovant) du Futuroscope, chaque élève devait conduire un projet interdisciplinaire tout au long de l'année, dans le cadre de l'activité complémentaire de formation (ACF). Avec deux camarades, Valentin avait choisi de réaliser un site Web dédié à la LSF et au monde des Sourds. Quand j'ai vu le résultat final, j'ai été agréablement surpris par la qualité de ce site, autant par sa présentation graphique que par son contenu qui faisait l'apologie de cette langue et de ce monde. Comme si le site était l'œuvre d'un Sourd « puissant » – terme que nous employons en LSF pour désigner un Sourd bien assis dans son identité ! Lui, mon fils entendant !

Ces deux histoires me touchent profondément : mes enfants ont une bien haute idée de leur père sourd, tout comme d'ailleurs les quatre autres enfants de la famille.

La reconstruction de mon identité

J'ai évoqué ma dépression à l'adolescence. La langue des signes m'a permis de me reconstruire, de consolider mon identité. Il y a aussi le yoga que j'ai découvert à l'âge de dix-huit ans. Son apprentissage, comme celui des philosophies orientales, invite à rechercher sa nature profonde. Au niveau où les petitesses du moi et les blessures égotiques sont dépassées pour accéder à la grandeur du soi. Il invite à faire ses propres choix et donc à ne pas être prisonnier des influences extérieures, des choix des autres. En cela, le yoga m'a permis d'être un peu plus moi, d'être plus proche de ma propre vérité. C'est ainsi que j'ai pu comprendre par l'introspection que mon corps a mal encaissé les efforts que l'oralisation m'a fait faire pendant des années. Il s'est créé des rigidités, des blocages, des nœuds physiques et psychiques, des tensions. Au niveau du ressenti corporel, la différence est marquante entre l'oral et la langue des signes. Avec nos mains parlantes, les mouvements de notre corps sont amples, harmonieux, fluides, je dirais même jouissifs. Notre corps respire mieux, il est plus détendu. Ces sensations agréables, je ne les percevais pas quand j'étais enfant. Je parlais certes avec les mains, peut-être pas une langue véritable, je n'en ai pas vraiment le souvenir, en tout cas une certaine gestualité. Cependant, mes mains étaient écrasées sous le poids de l'interdit, de la stigmatisation. Mon corps dans ses mouvements comme dans sa respiration était comprimé, oppressé. La pratique yogique m'a fait découvrir des pans de mon vécu corporel. Elle a fait apparaître une sensation chronique d'étouffement, conséquence de longues années de dressage oraliste.

Ma pratique yogique a bénéficié de l'enseignement d'André Van Lysebeth, un des grands maîtres qui a transmis le yoga en Occident. Je l'ai rencontré lors de ses séminaires annuels internationaux. Je garde le souvenir marquant de son regard qui appelle en moi ce qu'il y a de plus grand, de plus magnifique !

La psychothérapie suivie pendant plusieurs années m'a également aidé à évoluer vers plus de cohésion interne. La communication avec le premier thérapeute se faisait au début par l'oral. Ensuite, j'ai opté pour l'écrit. Ce n'était pas évident d'exprimer ses ressentis, ses affects par l'écrit, mais c'était nettement mieux que par l'oral. Je me suis ensuite tourné vers une psychanalyste qui parle ma langue. C'est encore mieux ! Cette longue démarche de compréhension de mon univers intérieur, de réappropriation de mon identité, voire de réparation, m'a paru nécessaire pour me sortir de la confusion. Car la stigmatisation de la langue sourde a un effet débilitant sur le fonctionnement de la psyché, elle entache la relation à autrui. La plupart des Sourds partagent cette expérience difficile qui atteint parfois des degrés paroxystiques. Plusieurs amis m'ont dit : « On a volé mon enfance ! » Pour surmonter la confusion, ils se retranchent derrière une façade, une carapace qui donne l'impression d'une certaine adaptation. Et pour cause, ils ne peuvent en parler, ce serait ouvrir la porte de leurs blessures et du vide sur lequel leur vie s'est construite.

Enfin, même si ma mémoire ne s'est défaite qu'en partie des traces morbides du passé, ma vie a beaucoup évolué. J'ai gagné en bien-être, en confiance, en maturité... Je me sens davantage en possession de mes moyens. En allant vers ma langue des signes, je me retrouve, je me sens plus vivant...

J'ai accepté comme les autres narrateurs de me soumettre à l'épreuve du dévoilement de ma vie. Une épreuve difficile, car je n'aime pas trop parler de moi, cela me met dans une posture inconfortable. Comme si je craignais d'attirer les foudres... De qui ? Du dieu Oral ? Dans le dévoilement de l'interdit, de notre histoire marquée par la trace mortifère du congrès de Milan, il y a quelque chose de l'ordre de la profanation. C'est ce que nous ressentons dans notre chair.

Nous avons été condamnés au silence pendant plus d'un siècle. Mais nous ne voulons plus nous taire. Nous voulons parler... avec nos mains ! Elles nous font vivre ! Puissiez-vous nous entendre non pas seulement avec les oreilles et les yeux, mais surtout avec le cœur...

Table

Jacques **109**

Philippe **161**

CPI
BUSSIÈRE

Composition Facompo, Lisieux.
Impression réalisée par CPI Bussière
à Saint-Amand-Montrond (Cher)
en décembre 2017.
Dépôt légal : février 2018
Numéro d'imprimeur : 2033973
Imprimé en France